MEJORES PENSIONES
MEJORES TRABAJOS

HACIA LA COBERTURA UNIVERSAL
EN AMÉRICA LATINA Y EL CARIBE

AUTORES

Mariano Bosch
Ángel Melguizo
y Carmen Pagés

Banco Interamericano de Desarrollo

Catalogación en la fuente proporcionada por la
Biblioteca Felipe Herrera del
Banco Interamericano de Desarrollo

Bosch, Mariano.
Mejores pensiones, mejores trabajos: hacia la cobertura universal en América Latina y el Caribe / Mariano Bosch, Ángel Melguizo, Carmen Pagés.

   p. cm.
   Incluye referencias bibliográficas.
   ISBN 978-1-59782-170-4

   1. Pensions—Caribbean Area. 2. Pensions—Latin America. 3. Labor market—Caribbean Area. 4. Labor market—Latin America. I. Melguizo Esteso, Ángel. II. Pagés, Carmen. III. Banco Interamericano de Desarrollo. Unidad de Mercados Laborales. IV. Título.
HD7130.5.B67 2013
IDB-BK-120

Las opiniones expresadas en esta publicación son exclusivamente de los autores y no necesariamente reflejan el punto de vista del Banco Interamericano de Desarrollo, de su Directorio Ejecutivo ni de los países que representa.

Se prohíbe el uso comercial no autorizado de los documentos del Banco, y tal podría castigarse de conformidad con las políticas del Banco y/o las legislaciones aplicable

Copyright © 2013 Banco Interamericano de Desarrollo. Todos los derechos reservados; este documento puede reproducirse libremente para fines no comerciales.

Índice

Agradecimientos xiii

Acerca de los autores xv

Prefacio xvii

1. La cobertura previsional: el gran reto de la región en las próximas décadas 1

2. Diez hechos básicos de la cobertura previsional en la región 22

3. ¿Por qué la cobertura es tan baja? 62

4. Cómo incrementar la cobertura previsional: lecciones que surgen de las experiencias en la región 106

5. Hacia dónde reformar 144

6. La economía política de la reforma: reforzar los marcos fiscales e institucionales 190

Anexo metodológico 214

Referencias bibliográficas 219

Cuadros

Cuadro 1.1	Tasa de pobreza por edad y país (en porcentaje): 2010	8
Cuadro 1.1.1	Análisis de incidencia de las pensiones en la pobreza y la desigualdad en países seleccionados de ALC	11
Cuadro 1.2	El gasto social en la región como porcentaje del PIB, 2009	13
Cuadro 2.1.1	Regímenes contributivos en países seleccionados de América Latina y el Caribe	27
Cuadro 2.1	Número mínimo de años requeridos para recibir una pensión contributiva	28
Cuadro 2.2	Elegibilidad y generosidad de las pensiones no contributivas en la región	38
Cuadro 2.3	Destino de los trabajadores formales un año después	47
Cuadro 3.1	Obligación de cotizar para asalariados y cuenta propistas	76
Cuadro 5.1	Regímenes especiales para trabajadores no asalariados, países seleccionados de ALC, 2010	162
Cuadro 5.2	Ingreso laboral y salario mínimo en ALC	168
Cuadro 5.2.1	Tasas de pobreza en países seleccionados de América Latina	155
Cuadro 5.3	Porcentaje de trabajadores que cotizan en 2010 y 2050: statu quo y distintos escenarios de reforma	180
Cuadro 5.4	Porcentaje de adultos mayores de 65+ con una pension contributiva en el año 2050: statu quo y escenarios de reforma	181
Cuadro 5.5	Nivel de las pensiones contributivas y no contributivas	182
Cuadro 5.6	Costo fiscal del statu quo y del escenario de reforma, 2010 y 2050 (porcentaje del PIB)	183

| Cuadro A1 | Fuentes de datos utilizadas en el libro ....217 |
| Cuadro A2 | Nomenclatura estándar para la denominación de los países ....218 |

Diagramas

Diagrama 1.1	Diseño original de los sistemas de previsión social..3
Diagrama 3.1	Un marco conceptual..65
Diagrama 3.2	Entendiendo la formalidad...87
Diagrama 3.3	Políticas ex post y su efecto en el mercado de trabajo 101
Diagrama 3.4	Políticas ex ante y su efecto en el mercado de trabajo 103
Diagrama 4.1	La pendiente resbaladiza de las pensiones no contributivas: México (2007–13), y Ecuador (2012–13) 117
Diagrama 5.1	Objetivos del sistema provisional por tipo de ciudadano/trabajador 149

Gráficos

Gráfico 1.1	Porcentaje de cotizantes sobre ocupados: 2010.............6
Gráfico 1.2	Tasa de pobreza por edad: comparaciones de países, 2010..9
Gráfico 1.3	Gasto público en pensiones no contributivas 14
Gráfico 1.4	Evolución del PIB per cápita, acumulación de factores y productividad: Estados Unidos vs. ALC 1960–2006 16
Gráfico 2.1	Distribución porcentual de población por grupos de edad en América Latina y el Caribe, 2010–2050 33
Gráfico 2.2	Pirámide poblacional en América Latina y el Caribe y en los países desarrollados, 2010–50 34

Gráfico 2.3	Personas en edad de trabajar por cada adulto mayor, 2010–50	35
Gráfico 2.3.1	Ahorro previsional de trabajadores ocupados en el Caribe, circa 2010	40
Gráfico 2.4	Porcentaje de adultos mayores (65+) reciben una pensión, contributiva y no contributiva, 2010	37
Gráfico 2.5	Incremento en los costos fiscales debido al factor demográfico de otorgar pensiones no contributivas	41
Gráfico 2.5.1	Crecimiento del PIB per cápita y porcentaje de cotizantes en relación con la PEA en países de América Latina y el Caribe, 2000–10	53
Gráfico 2.6	Porcentaje de adultos mayores (65+) que reciben una pensión, por monto de la pensión	43
Gráfico 2.7	Porcentaje de adultos mayores (65+) que recibe una pensión contributiva o no contributiva, desagregado por sexo	43
Gráfico 2.8	Tasa de participación de hombres y mujeres en América Latina y el Caribe y promedio de la OCDE, 2010	45
Gráfico 2.9	Porcentaje de cotizantes sobre ocupados, 2010	45
Gráfico 2.10	Cotizantes sobre ocupados en América Latina y el Caribe con respecto al resto del mundo	46
Gráfico 2.11	Porcentaje de hombres y mujeres por condición de afiliación según densidades de cotización: Chile, México, El Salvador y Perú	49
Gráfico 2.12	Porcentaje de ocupados y cotizantes según ocupación asalariados vs. no asalariados	50
Gráfico 2.13	Porcentaje de cotizantes sobre ocupados por decil de ingreso en ACL, 2010	51
Gráfico 2.14	Rangos del porcentaje de adultos de 65 años y más sin una pensión contributiva adecuada en 2050	54

Gráfico 2.7.1	Pensión media total en Perú según sistema: ONP y SPP, 2010–50	58
Gráfico 3.1	Esperanza de vida al nacer real y estimada, en Ciudad de México y Lima Metropolitana, 2008	68
Gráfico 3.2	Conocimiento de los sistemas previsionales en Lima Metroplitana, 2008; Ciudad de México, 2008, y Chile, 2006	69
Gráfico 3.2.1	Tamaño promedio de la empresa inspeccionada en Estados Unidos y en Brasil, 1995–2011	80
Gráfico 3.3	Porcentaje de individuos que cree que va a financiar su vejez con una pensión y piensa jubilarse en menos de cinco años, según los años cotizados	70
Gráfico 3.4	¿Cuánto ha pensado en cómo financiar su vejez? Ciudad de México y Lima Metropolitana, 2008	72
Gráfico 3.4.1	Pilares contributivo y no contributivo por nivel de ingreso en Bolivia	92
Gráfico 3.4.2	Pilares contributivo y no contributivo por nivel de ingreso en Chile	93
Gráfico 3.4.3	Pilares contributivo y no contributivo por nivel de ingreso en México y Brasil	94
Gráfico 3.5	¿Por qué los trabajadores no contribuyen? Ciudad de México y Lima Metropolitana, 2008	72
Gráfico 3.5.1	Crecimiento del número de empresas de entre 1 a 50 trabajadores, registradas en el IMSS en México, 1997–2011	99
Gráfico 3.5.2	Porcentaje de mujeres cotizantes a la seguridad social en Ecuador, de entre 30 y 45 años, grupo de tratamiento y grupo de control del Bono de Desarrollo Humano, 2000–11	100
Gráfico 3.6	Los costos de la formalidad en América Latina y el Caribe, 2010	78
Gráfico 3.7	Costos no salariales formales y subsidios a trabajadores informales por número de salarios mínimos en México	79

Gráfico 3.8	Porcentaje de trabajadores cotizantes por decil de ingresos; Colombia, Honduras y Venezuela	95
Gráfico 3.9	Cotizaciones de los trabajadores no asalariados como porcentaje de su ingreso, tercer y sexto deciles de ingreso laboral, 2010	97
Gráfico 3.10	Diferencia en el porcentaje de cotización de trabajadores asalariados en el séptimo decil de ingreso: empresas grandes (+50 trabajadores) vs. empresas medianas (6–50 trabajadores)	98
Gráfico 4.1	Porcentaje de adultos mayores (65+) que reciben una pensión, Bolivia (1989–2007) y Argentina (1990–2010)	111
Gráfico 4.2	El salario mínimo y el costo de las pensiones rurales en Brasil, valor real y contrafactual, 1995–2011	116
Gráfico 4.3	Distribución de la tasa de cotización según la escala contributiva (a) y trabajadores independientes asegurados (en número y como porcentaje del total) (b)	125
Gráfico 4.3.1	Evolución de la cantidad de trabajadores independientes que cotizan en Chile, 1986–2012	129
Gráfico 4.4	Cuentapropistas afiliados al programa del Microemprendedor Individual (MEI) en Brasil, 2009–13	127
Gráfico 4.4.1	Número de empresas activas en el régimen de monotributo de Uruguay, 2003–12	131
Gráfico 4.5	Tasa de contribución de las empresas según el nivel de facturación: régimen general (lucro presumido) y SIMPLES Nacional, Brasil, 2012	129
Gráfico 4.5.1	Ahorro previsional privado en países seleccionados de la OCDE y América Latina	137

Gráfico 4.6	Número de trabajadores domésticos y el porcentaje afiliado a la seguridad social en Ecuador, 2003–11	135
Gráfico 5.1	Costo de proporcionar una pensión del 10% del PIB per cápita	157
Gráfico 5.2	Diseño teórico del sistema de pensiones reformado	178
Gráfico 5.2.1	Nivel de beneficios en ALC y otras regiones del mundo	156
Gráfico 5.4.1	Porcentaje de trabajadores entre la línea de pobreza moderada y el salario mínimo	169
Gráfico 6.1	Moral fiscal en América Latina y el Caribe vs. OCDE: ¿cree que está justificado evadir impuestos?	193
Gráfico 6.2	El desempleo como problema en América Latina y el Caribe, según los ciudadanos	195
Gráfico 6.3	Saldos fiscales estructurales primarios en economías seleccionadas de América Latina, 2000 vs. 2007	199
Gráfico 6.4	Costo de la reforma previsional frente al gasto actual en pensiones no contributivas	200
Gráfico 6.5	Proyección del gasto en pensiones no contributivas en América Latina y el Caribe, 2010 y 2050	201
Gráfico 6.6	Presión tributaria en América Latina y el Caribe por tipo de impuesto como porcentaje del PIB	202
Gráfico 6.7	Cotizaciones sociales e impuestos a las nóminas en América Latina y el Caribe, 1987–2009	203
Gráfico 6.8	Impuestos sobre el consumo y aportes obligatorios a salud y pensiones en América Latina y el Caribe, 2010 como porcentaje del PIB	205

Recuadros

Recuadro 1.1	¿Las pensiones reducen la desigualdad?	10
Recuadro 2.1	Sistemas de pensiones: definición de conceptos	25
Recuadro 2.2	Definir la informalidad	31
Recuadro 2.3	¿Dónde está el Caribe?	39
Recuadro 2.4	Estimación de los costos a largo plazo de los pilares no contributivos	41
Recuadro 2.5	El crecimiento no va a resolver la situación en el mediano plazo	53
Recuadro 2.6	Proyección de cobertura con información limitada	55
Recuadro 2.7	Una herramienta actuarial para el análisis proyectivo de pensiones (MAPP2)	57
Recuadro 3.1	La economía del comportamiento y el ahorro previsional	71
Recuadro 3.2	La fiscalización de las empresas formales	80
Recuadro 3.3	¿Quién paga realmente las contribuciones a la seguridad social y los impuestos al trabajo?	84
Recuadro 3.4	Los efectos teóricos de las pensiones no contributivas en el mercado de trabajo	91
Recuadro 3.5	Los programas sociales y el sistema previsional	99
Recuadro 4.1	El Pilar Solidario en Chile	114
Recuadro 4.2	Una reforma laboral puede ser una buena reforma previsional	120
Recuadro 4.3	Cotización obligatoria para los independientes: el caso chileno	128
Recuadro 4.4	Simplificaciones en el pago de cuotas a la seguridad social	131
Recuadro 4.5	El ahorro en pensiones privadas en América Latina y la OCDE	137
Recuadro 4.6	La economía del comportamiento en acción	138

Recuadro 5.1 Los costos fiscales de los sistemas públicos de reparto: las reformas ineludibles 152

Recuadro 5.2 ¿Cuánto es una pensión antipobreza no contributiva adecuada? 155

Recuadro 5.3 Un pilar universal: una visión de la OIT y del Banco Mundial 160

Recuadro 5.4 Esquemas de cotizaciones compartidas en América Latina: ¿algo más que buenas intenciones? 169

Recuadro 5.5 Entendiendo bien lo que se cuantifica 176

Agradecimientos

Este libro está firmado por tres autores, pero —como suele suceder— es obra de muchas personas.

En este caso, ha sido elaborado gracias al apoyo y a los insumos de toda la Unidad de Mercados Laborales y Seguridad Social del Banco Interamericano de Desarrollo (BID). Quisiéramos destacar especialmente las contribuciones de Vicky Fazio, David Kaplan y Waldo Tapia en la revisión de las experiencias de aumento de cobertura en la región y las múltiples conversaciones técnicas con David Kaplan sobre propuestas de reforma.

Agradecemos también los valiosos comentarios de Verónica Alaimo, Victoria Fazio y Marilú Ortega, así como el indispensable apoyo técnico de Manuel González, Octavio Medina, Camila Mejía, María Laura Oliveri y Andrés Felipe Sánchez. Desearíamos finalmente reconocer la dirección inicial de Carlos Herrera y David Tuesta de BBVA Research.

Hemos tenido el privilegio de enriquecer el texto con aportes de muchos colegas de otras divisiones del BID, como Alberto Barreix, Ana Corbacho, Gustavo García, Edwin Goñi, Norbert Schady. Asimismo, Fabiana Machado y Giselle Vesga escribieron expresamente para esta libro un artículo que nos ayudó a abordar la compleja economía política.

El libro se ha beneficiado extraordinariamente de los participantes en una reunión de expertos y otros eventos que celebramos en Washington D.C., como Orazio Attanasio, Eduardo Lora, William Maloney, Vinicius Pinheiro, David Robalino, Rafael Rofman y David Tuesta. Entre ellos, nuestro especial agradecimiento a Mario Marcel, quien ha estado apoyando este proyecto desde sus inicios en sus distintas fases y en varios foros. Gracias también a Álvaro Forteza, Solange Berstein, Guillermo Cruces, Olivia Mitchell y Robert Palacios, quienes aportaron comentarios cruciales para la culminación del libro.

También ha sido de gran ayuda el proyecto conjunto que estamos realizando entre el Banco Mundial, la Organización para la Cooperación y el Desarrollo Económicos (OCDE) y el BID, *Una mirada a las pensiones en América Latina*, el cual ha generado evidentes sinergias. En este sentido, vale destacar el apoyo de Robert Palacios y

Carolina Romero (Banco Mundial), y Andrew Reilly, Monika Queisser y Edward Whitehouse (OCDE).

Y, más informalmente, este libro recoge los resultados de las conversaciones y de los intercambios que hemos aprovechado para hacer durante nuestras múltiples misiones con el BID en todos estos meses de trabajo, desde Ciudad de México hasta Buenos Aires, pasando por Kingston, San Salvador, Bogotá, Lima, Brasilia y Quito. A todas las personas que participaron, muchas gracias.

Además, el libro cuenta con contribuciones externas totalmente altruistas, que se presentan en forma de recuadros, y han sido realizadas por Nora Lustig y Carola Pessino (sobre el impacto distributivo de las pensiones), Javier Alonso y David Tuesta (sobre el modelo de BBVA Research para pensiones), Pablo Antolín, Stéphanie Payet y Juan Yermo (sobre las pensiones voluntarias en la OCDE), Chris Garroway y Juan de Laiglesia (sobre indicadores de pobreza) y Charles Knox-Vydmanov (sobre pensiones sociales).

También agradecemos el paciente y minucioso trabajo de edición de Claudia M. Pasquetti y su equipo de colaboradores, así como el diseño y la tipografía que realizó Sandra Reinecke (The Word Express Inc.) y la detallada lectura de pruebas que llevó a cabo Eva Vilarrubi (Fast Lines).

Por último, nos gustaría agradecer la inspiración, la guía y las numerosas conversaciones que hemos tenido con nuestro Vicepresidente Santiago Levy.

Mariano Bosch, Ángel Melguizo y Carmen Pagés
Washington D.C., septiembre de 2013

Acerca de los autores

Mariano Bosch es Especialista Senior en la Unidad de Mercados Laborales y Seguridad Social del Banco Interamericano de Desarrollo (BID). Desde sus inicios en el Banco en 2011, ha liderado proyectos de investigación en el área de mercados laborales, pensiones y políticas de bienestar. Antes de unirse al Banco, trabajó como consultor en el Banco Mundial y como profesor en la Universidad de Alicante. Ha publicado diversos artículos en el área de mercados laborales y desarrollo en revistas de reconocido prestigio como *American Journal, Applied Economics, Journal of Development Economics, World Bank Economic Review Labor Economics, Economics & Human Biology* y *Social Science & Medicine*. Posee un doctorado en Economía otorgado por la London School of Economics.

Ángel Melguizo es Especialista Líder y coordinador de pensiones en la Unidad de Mercados Laborales y Seguridad Social del Banco Interamericano de Desarrollo (BID). Antes de unirse al BID, trabajó como economista de la Unidad de América Latina en el Centro de Desarrollo de la Organización para la Cooperación y el Desarrollo Económicos (OCDE), contribuyendo a la publicación de *Perspectivas Económicas para América Latina*. Fue vocal asesor de la Oficina Económica del Presidente del Gobierno de España, y economista principal del Servicio de Estudios del Banco Bilbao Vizcaya Argentaria (BBVA), especializado en análisis sobre la reforma de las pensiones en América Latina, política fiscal y crecimiento económico. Sus intereses de investigación incluyen la región de América Latina, y temas de desarrollo, política fiscal y pensiones. Cuenta con un doctorado en Economía Pública y una licenciatura en Economía por la Universidad Complutense de Madrid.

Carmen Pagés-Serra es la Jefa de la Unidad de Mercados Laborales y Seguridad Social del Banco Interamericano de Desarrollo (BID). Anteriormente, se desempeñó como Economista Principal en el Departamento de Investigación del BID, donde lideró importantes publicaciones, entre ellas: *Se buscan buenos empleos: los mercados* *laborales en América Latina* y *La era de la productividad: cómo transformar las economías desde sus cimientos*, ambas obras de la serie insignia anual del Banco, Desarrollo en las Américas (DIA), anteriormente llamada Informe de Progreso Económico y Social (IPES). Es también coautora del libro *Ley y empleo: lecciones de América Latina y el Caribe*, junto con el Premio Nobel Prof. James Heckman, y autora de *La creación de empleos en América Latina y el Caribe: tendencias recientes y los retos de políticas*. Ha publicado extensamente en revistas académicas y de política líderes en las áreas de mercados laborales, seguridad social y productividad. Entre 2004 y 2006, antes de formar parte del BID, se desempeñó como Economista Senior en temas laborales en el Banco Mundial. Cuenta con una maestría en Economía de la Universidad Autónoma de Barcelona y un doctorado en Economía de la Universidad de Boston.

Prefacio

América Latina y el Caribe (ALC) ha reducido su desigualdad y su pobreza, y enfrenta las próximas décadas con mayor optimismo que en el pasado. Conforme la región crece, aparecen nuevos problemas a los que se tienen que enfrentar los responsables de conducir la política económica. Cómo proporcionar pensiones adecuadas para los adultos mayores es uno de esos problemas.

Hoy en día solo 40 de cada 100 adultos mayores tienen una pensión contributiva (en el sentido de haber contribuido para ella a través de un impuesto a la nómina), y el 20% disfruta de una pensión no contributiva (o, más correctamente, de una pensión a la que contribuyeron todos a través de impuestos generales, ya que no hay tal cosa como un beneficio no contributivo). El resto de los adultos mayores tiene que trabajar hasta edades muy avanzadas o confiar en las familias para su sustento. Por otro lado, a pesar de que hoy disfruta de una población relativamente joven, la región enfrenta un rápido envejecimiento. Los aproximadamente 40 millones de adultos mayores que había en la región en 2010 se van a convertir en 140 millones en el año 2050.

Una gran parte de la literatura sobre las pensiones en ALC se ha centrado en discutir si los sistemas de capitalización o de reparto son mejores para afrontar los retos del ahorro a largo plazo. Sin menospreciar este debate, que es fundamental por sus implicancias económicas y fiscales, ha habido un cierto vacío en la discusión sobre las causas subyacentes de la falta de cobertura previsional que transcienden la elección de uno u otro sistema. Estas causas están enraizadas en el diseño de la seguridad social en la región y en el pobre funcionamiento de sus mercados de trabajo.

Este libro ofrece un análisis de los sistemas previsionales desde la perspectiva del funcionamiento de los mercados laborales de la región. Esclarece por qué, después de más de medio siglo de haber sido creados, solo una minoría de los trabajadores de la región ahorra para su pensión en los sistemas contributivos a través de impuestos a la nómina. Además, analiza los cambios en los estatus laborales de los trabajadores y sus implicaciones para la frecuencia con la que estos cotizan para su pensión, y para los montos de las pensiones. Señala así que el problema no solo reside en la falta de cobertura, si no en la baja cuantía de las pensiones, aún las de aquellos que cotizan. Argumenta que, para poder diseñar políticas públicas en materia de pensiones, es indispensable comprender la compleja red de interacciones entre empresas y trabajadores que se observa en el mercado laboral.

Se ha aprendido mucho acerca de cómo trabajan los mercados de trabajo de la región. Empezamos a entender bien el porqué de la dicotomía entre trabajadores formales e informales, y entre empresas formales e informales. Muchos economistas han estudiado cómo determinados incentivos llevan a que trabajadores y empresas tomen una serie decisiones en el mercado de trabajo. Todavía hay mucho que aprender, pero hoy estamos mucho mejor equipados para responder a las grandes incógnitas. Lo que queda claro es que la informalidad no es algo inalterable; no es una herencia genética que los latinoamericanos hemos recibido. La informalidad es el resultado de los incentivos que empresas y trabajadores enfrentan en el mercado de trabajo, y como tal se puede modificar con las políticas adecuadas.

Este libro documenta las políticas que podrían llevar a un mejor funcionamiento de los mercados laborales para proporcionar "mejores pensiones" a todos los adultos mayores, no solo a unos pocos.

La cobertura universal debería ser un principio básico de los sistemas de pensiones, pero otro principio igualmente básico debe ser lograr la universalidad con políticas y programas que alineen los incentivos de empresas y trabajadores en la dirección de la formalidad y la productividad. Y un tercer principio básico es que los sistemas de pensiones sean fiscalmente sostenibles. No cualquier combinación de programas y políticas es deseable, ni tampoco es deseable avanzar en una dirección y retroceder en otras. Necesitamos mejores pensiones y mejores trabajos, simultáneamente. Este libro ayudará a lograrlo.

Santiago Levy
Vicepresidente de Sectores y Conocimiento
Banco Interamericano de Desarrollo
Octubre de 2013

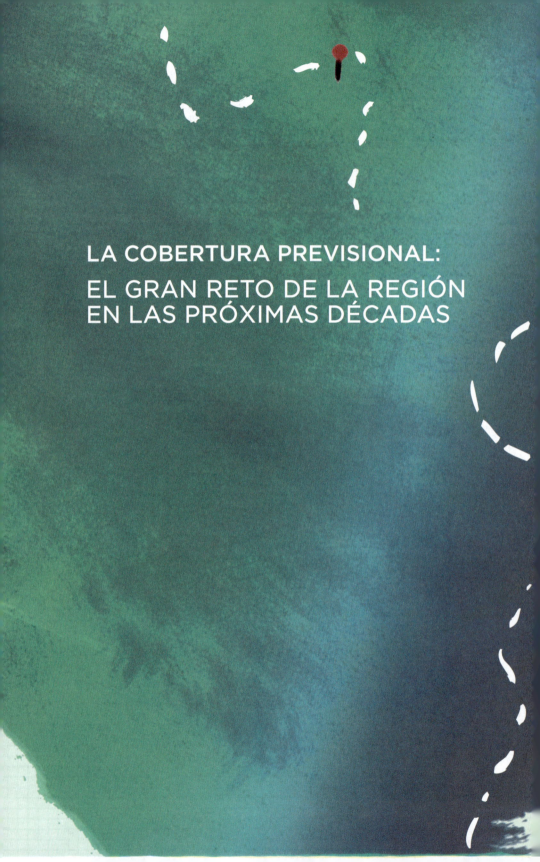

LA COBERTURA PREVISIONAL:
EL GRAN RETO DE LA REGIÓN EN LAS PRÓXIMAS DÉCADAS

1

Resumen:

En las próximas décadas, las pensiones se convertirán en uno de los ejes centrales de la política económica y social de América Latina y el Caribe. A pesar de las grandes reformas de los años noventa, la cobertura en pensiones en la región sigue siendo deficiente. Los países deberán abordar esta falta de cobertura previsional sobre la base de sus múltiples ramificaciones sociales, económicas y fiscales. Y las medidas que se adopten para solucionar este reto tendrán amplias repercusiones en la sociedad y la economía en aspectos tales como la manera en que las familias cuidarán a sus adultos mayores o la capacidad que el Estado tendrá para afrontar los costos del envejecimiento. Pero también impactarán en el modo en que el mercado de trabajo asignará los factores de producción y promoverá la productividad.

Del diseño original de la seguridad social a las grandes reformas de los noventa

Dos de los grandes objetivos de los sistemas previsionales son: en primer lugar, proporcionar un ingreso "suficiente" para satisfacer las necesidades básicas de los adultos mayores (evitar la pobreza en la vejez) y, en segundo lugar, evitar las caídas abruptas en la capacidad de consumo al llegar a la edad de jubilación (suavizamiento del consumo). Para ello, normalmente los individuos ahorran durante su vida laboral mediante aportaciones al sistema previsional para disponer de un ingreso durante su etapa laboral pasiva, cuando ya no trabajan o se reducen sus ingresos laborales.[1] Una de las preguntas fundamentales es: a quiénes se pretende asegurar contra la pobreza en la vejez y proporcionarles un mecanismo que suavice su consumo durante su vida. En otras palabras, quién va a estar cubierto.

En gran parte de América Latina y el Caribe (ALC) el diseño original de los sistemas de previsión social no tenía como objetivo cubrir a la totalidad de los adultos mayores de la región. De acuerdo con la tradición de Europa continental, el objeto de aseguramiento previsional lo constituían los trabajadores asalariados que tenían una relación de dependencia con un patrono (véase el diagrama 1.1). En este diseño, las opciones para aquellos ciudadanos que no trabajaban, como por ejemplo gran parte de las mujeres, era depender de las familias o de la asistencia social para evitar la pobreza en la vejez. Este era también el caso de los trabajadores no asalariados,[2] que inicialmente estaban excluidos de los sistemas de previsión social

---

[1] Véase Barr y Diamond (2006) para una discusión extensa de todos los posibles objetivos de los sistemas previsionales.

[2] A lo largo de este libro se entiende por trabajo no asalariado al conjunto de trabajadores remunerados que no trabajan para un empleador a cambio de un salario (trabajo asalariado). En este grupo se incluyen quienes trabajan por cuenta propia, los patrones, los comisionistas y otras categorías ocupacionales que establecen el trabajo no subordinado a un empleador, con las correspondientes obligaciones obrero-patronales. Dada la variedad de figuras contractuales en América Latina y el Caribe, esta distinción es a veces tenue (véase Levy, 2008, para una discusión exhaustiva sobre las diferencias entre trabajo asalariado y no asalariado en México).

Diagrama 1.1
Diseño original de los sistemas de previsión social

	Objetivos	Evitar la pobreza en la vejez	Suavizar del consumo
No trabajadores		Asistencia social/familias	
Trabajadores	No asalariados	Asistencia social/familias	
	Asalariados	Seguridad social	Seguridad social

Fuente: Elaboración propia.

y carecían de un mecanismo apropiado de ahorro para la vejez. Por lo tanto, por diseño, la cobertura de los sistemas de previsión social estaba destinada a ser baja.

En efecto, a finales de los años ochenta o inicios de los noventa, es decir, medio siglo después, muchos de estos sistemas previsionales de la región registraban tasas de cobertura inadecuadas. El porcentaje de adultos mayores que recibía una pensión apenas superaba el 30% en la gran mayoría de los países, y en algunos de ellos rondaba el 10% (Rofman y Oliveri, 2011).

Sin embargo, estos bajos niveles de cobertura no fueron la preocupación principal de los gobiernos a principios de los años noventa. Muchos de los sistemas previsionales de la región empezaron a presentar síntomas de problemas fiscales, en términos de sostenibilidad y de inequidad. En este contexto, el Banco Mundial (1994) fijó la agenda de la reforma estructural de las pensiones. La rápida transición demográfica, el debilitamiento de las redes informales de protección y las cargas financieras —actuales y estimadas— justificaron la puesta en marcha de un sistema de pensiones de pilares múltiples, gestionado por el sector público y el sector privado. Una parte importante de la región adoptó este programa de reforma: Perú en 1993, Colombia en 1994, Argentina en 1994 (con una nueva reforma en 2008), Uruguay en 1996, México y Bolivia en 1997, El Salvador en 1998, Costa Rica y Nicaragua en 2000 y República Dominicana en 2003 se incorporaron a la experiencia pionera de Chile (1981).

Además de esta motivación eminentemente fiscal, se esperaba que las reformas que consistían en implantar sistemas de cuentas individuales administradas por el sector privado generarían otros beneficios macroeconómicos, como un incremento del empleo y de la productividad, un mayor nivel de ahorro local, y gracias a ello una mayor inversión y el desarrollo del mercado local de capitales y financieros.[3]

Los potenciales incrementos en la cobertura previsional se fundamentaban teóricamente en que, al ofrecer una conexión clara entre contribuciones y beneficios, este tipo de reformas proporciona mejores incentivos en el mercado de trabajo que los sistemas tradicionales de reparto, de acuerdo con el cual las contribuciones se destinan a pagar las pensiones presentes de los adultos mayores. La expectativa era que, en el mediano plazo, estos estímulos provocaran un incremento paulatino del porcentaje de trabajadores que cotizaban y eventualmente del porcentaje de adultos mayores con una pensión.

Si bien no hay un método inequívoco para estimar si las grandes reformas de los años noventa produjeron los efectos deseados, sí hay un relativo consenso respecto de que redujeron la deuda implícita de los sistemas previsionales y desarrollaron los mercados de capitales (Corbo y Schmidt-Hebbel, 2003; Gill, Packard y Yermo, 2005). Pero los efectos sobre la capacidad de los mercados de trabajo de generar más empleo formal y, por lo tanto, de incrementar el porcentaje de individuos con acceso a una pensión son mucho menos evidentes. Una simple comparación entre el antes y el después de la reforma, provoca, al menos, algunas dudas sobre si aquellos países que modificaron sus sistemas previsionales crearon mucho más trabajo formal. De hecho, el porcentaje de trabajadores que contribuyen a los sistemas previsionales no aumentó en ninguno de los diez países que pusieron en marcha las reformas (CEPAL, 2006; Rofman y Lucchetti, 2006; Mesa-Lago, 2008). Sin embargo, este dato no constituye una evidencia de que las reformas no tuvieran ningún impacto positivo sobre el porcentaje de trabajadores que cotizan al sistema. Lo que sí sugiere es que no hubo una transformación radical en el funcionamiento de los mercados de trabajo y, por lo tanto, la baja cobertura ha persistido hasta nuestros días.

Las reformas de los noventa generaron un impacto tal en ALC que las investigaciones que abordaron los sistemas previsionales de la década pasada han estado atrapadas en un debate entre aquellos que destacaban las bondades de los sistemas de capitalización y los

---

[3] Véanse Lindbeck y Persson (2003) y Barr y Diamond (2006), para una visión más escéptica.

que defendían los sistemas públicos de reparto tradicionales. Este libro reconoce la importancia sustancial que tuvieron dichos cambios, pero no pretende profundizar en esa discusión.

Por el contrario, se desea abrir una discusión más amplia sobre la cobertura previsional, cuáles son sus factores determinantes, sus consecuencias y cómo se puede abordar un programa de reformas que garantice el cumplimiento de los objetivos fundamentales de los sistemas de pensiones para todos los adultos mayores de la región, con independencia del tipo de sistema por el que se opte. No es un problema sencillo de enfrentar. En los siguientes párrafos se esgrimen cuáles son las razones fundamentales para escribir un libro centrado en la cobertura previsional.

¿Por qué un libro sobre cobertura previsional?

ALC está envejeciendo rápidamente. Mientras en 2010 el porcentaje de adultos mayores de 65 años representaba el 6,8% de la población, las estimaciones señalan que en 2050 ese grupo etario será equivalente al 19,8% del total de habitantes de la región. Según estas cifras, en 2050 habrá más de 140 millones de personas con 65 años o más (casi cuatro veces más que los 40 millones que existen en la actualidad).

En este contexto, ALC enfrenta el reto de proporcionar un ingreso digno y suficiente a los millones de adultos mayores que se jubilarán en las próximas décadas. Si no se establecen los mecanismos para evitar la caída del ingreso en la vejez debido a la ausencia de un sistema previsional adecuado, los avances que se han logrado en la reducción de la pobreza y la desigualdad desde la década pasada (véanse Barros et al., 2009, y Lustig y López-Calva, 2010) podrían desvanecerse. La estructura con la que cuenta la región para afrontar este desafío es frágil: los sistemas previsionales contributivos que se ocupan de trasladar consumo presente (el que se produce cuando la persona trabaja) a consumo futuro (el que se realiza cuando el individuo no puede trabajar) no están funcionando bien. Estos sistemas se han apoyado en el mercado laboral para forzar el ahorro de los trabajadores formales, es decir de todos aquellos que tienen un trabajo donde se hacen aportaciones a un sistema de pensiones. Sin embargo, aunque existe una gran variabilidad entre países, en promedio poco más de cuatro de cada diez trabajadores de ALC cotizan a algún sistema previsional en un momento dado (véase el gráfico 1.1).

Debido a que la región tiene poca capacidad de generar empleo formal, el mercado laboral no consigue forzar el ahorro suficiente para financiar las pensiones de un gran número de trabajadores (porque hay trabajadores que nunca tuvieron un empleo formal durante su vida laboral o porque solo tuvieron trabajos formales intermitentes). Según las proyecciones de este libro, entre el 47% y el 60% de esos 140 millones de adultos mayores (alrededor de 66 millones a 83 millones de personas) va a llegar a la edad de su jubilación sin haber generado el ahorro necesario para financiar una pensión durante su vejez.

Este es un desafío enorme para los países de ALC, y va a ser uno de los grandes ejes de la política económica y social en las décadas venideras. A medida que la población vaya envejeciendo, las presiones para que haya una mayor cobertura previsional van a ir en aumento. Sobre todo, porque en 2050 los adultos mayores constituirán entre el 20% y el 30% del electorado potencial.

El rumbo que los países escojan para afrontar el reto de la baja cobertura va a tener importantes repercusiones, no solo en la capacidad para proporcionar seguridad a los adultos mayores sino también en muchas otras áreas del desempeño económico y social de la región. La falta de cobertura conlleva la pobreza de los adultos mayores y

Gráfico 1.1
Porcentaje de cotizantes sobre ocupados: 2010

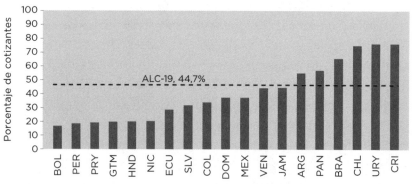

Fuente: Elaboración propia en base a encuesta de hogares (circa 2010).
Nota: ALC-19 corresponde al promedio ponderado de los 19 países analizados.

sus familias (consecuencias sociales). Pero eso no es todo. Implica, también, potenciales pasivos en las cuentas de los Estados que van a intentar cerrar la brecha de cobertura previsional (consecuencias fiscales), grandes costos de oportunidad y problemas en el mercado de trabajo (consecuencias económicas) y tensiones en el contrato social intergeneracional (consecuencias políticas).

Consecuencias sociales de la falta de cobertura

Un buen sistema previsional, con amplia cobertura, permite que la pobreza en la vejez disminuya de manera notable. Al evaluar los datos de la región se observa que los adultos mayores no son necesariamente los más pobres dentro de un país. En ALC, la tasa de pobreza promedio de los adultos mayores es del 19,3% mientras que la de los menores de 15 años alcanza el 30,7% (véase el cuadro 1.1). Sin embargo, lo que asegura que los adultos mayores no caigan en la pobreza es, precisamente, la existencia de sistemas previsionales adecuados (Gasparini, Gutiérrez y Tornarolli, 2007). Tanto es así que en países donde existe una amplia cobertura de los sistemas previsionales (medida como el porcentaje de adultos mayores que reciben una pensión), como Argentina, Bolivia, Brasil, Chile o Uruguay, la pobreza disminuye en la vejez (en algunos países de manera sobresaliente), en contraposición con muchos otros países de la región en los que el nivel de pobreza de los adultos mayores es similar o mayor al de la media nacional.

Si se comparan pares de países con niveles de ingreso y pobreza similares, pero con distinto grado de cobertura en sus sistemas de pensiones, se advierten diferencias radicales en el grado de pobreza al que se enfrentan los adultos mayores (véase el gráfico 1.2). Además, los sistemas previsionales que otorgan una amplia cobertura tienen el beneficio añadido de que, en cierta medida, disminuyen la desigualdad de los ingresos que genera el mercado de trabajo.

La ausencia de un sistema previsional adecuado provoca que los adultos mayores deban trabajar luego de la edad de jubilación. Así, en países con alta cobertura, como Argentina, Chile, Costa Rica o Uruguay, el porcentaje de mayores de 80 años que trabaja no supera

Cuadro 1.1
Tasa de pobreza por edad y país (en porcentaje): 2010

País/Región	Todos	<15	15-24	25-59	60+	65+
ARG	11,0	19,2	11,6	8,0	4,9	3,7
BOL	35,0	44,5	28,4	30,7	26,6	25,3
BRA	18,2	31,8	18,3	13,8	4,2	3,5
CHL	5,2	8,6	5,5	4,2	2,5	2,3
COL	37,8	46,3	36,3	31,0	42,2	44,3
CRI	11,6	16,7	8,7	8,5	17,0	18,5
DOM	18,7	26,8	16,6	14,0	16,0	15,6
ECU	17,6	24,0	15,1	13,8	16,2	17,2
SLV	27,1	35,2	24,9	22,4	20,3	20,7
GTM	33,9	42,4	28,9	27,6	28,2	29,1
HND	36,9	45,7	30,1	31,3	35,6	37,1
MEX	13,9	18,2	11,8	10,2	19,9	21,9
NIC	42,7	53,2	38,5	36,6	32,5	32,5
PAN	22,3	32,4	21,8	16,6	17,0	18,2
PRY	21,4	29,7	18,1	16,5	16,9	17,2
PER	25,2	36,0	21,4	20,1	19,5	20,1
URY	6,7	14,6	7,2	4,8	1,1	0,9
VEN	19,8	27,3	17,5	15,5	18,2	19,4
ALC-18	22,5	30,7	20,0	18,1	18,8	19,3

Fuente: Cotlear (2011).
Notas: Línea de pobreza US$2,5 diarios a PPA.
ALC-18 corresponde al promedio ponderado de los 18 países del cuadro.

el 5%, mientras que en países con baja cobertura, como Honduras, Nicaragua o Perú, este porcentaje se acerca al 20%.

En aquellos países donde el sistema previsional falla, el aumento de la pobreza durante la vejez se ha visto atenuado, en gran medida, debido al apoyo que las familias brindan a sus adultos mayores al funcionar como una red no oficial de protección social. Algunas estadísticas permiten refrendar esta afirmación en América Latina, el 75% de los adultos mayores vive con familiares, frente al 30% en Europa, Estados Unidos y Canadá (Naciones Unidas, 2005). Sin embargo, dos tendencias inexorables van a poner a prueba esa red de asistencia. La primera tiene que ver con los avances médicos y la expansión de los

Gráfico 1.2
Tasa de pobreza por edad: comparaciones de países, 2010

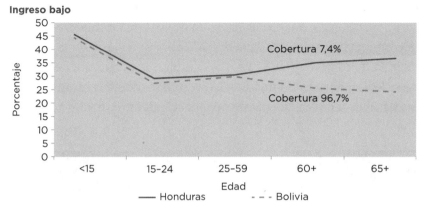

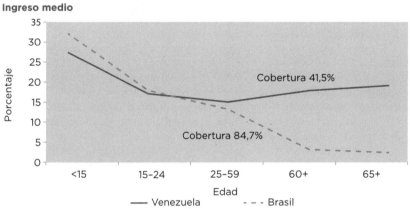

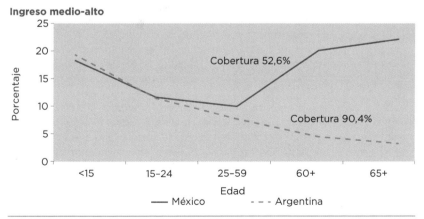

Fuente: Elaboración propia utilizando datos de Cotlear (2011).
Nota: Cobertura se refiere al porcentaje de adultos de 65 años y más que reciben una pensión.

sistemas de salud, que le permiten a la gente vivir mucho más tiempo. Reflejo de ello es que, actualmente, la esperanza de vida al nacer en ALC es de 74,2 años y se prevé que en 2050 sea de 80,3 años. Estas son, por supuesto, buenas noticias, en especial si los incrementos en la esperanza de vida vienen acompañados por mejoras en la calidad de vida. Pero no hay duda de que cambian la estructura de edades de la región de manera notable. La segunda tendencia apunta a que las familias serán cada vez más pequeñas: mientras que en 1960 una

> **Recuadro 1.1**
> **¿Las pensiones reducen la desigualdad?**
>
> ¿Están las pensiones contribuyendo a la desigualdad en ALC o reduciéndola? Para responder a este interrogante debemos abordar los dos cuestionamientos siguientes: ¿Qué son las *pensiones*? ¿Qué significa *fomentar desigualdad*?
>
> Aquí se define como *pensiones* al ingreso percibido por los hogares de parte de un sistema de seguridad social. Hay (por lo menos) otros dos tipos de *pensiones*: 1) las pensiones de un régimen (privado) de capitalización individual y 2) las pensiones no contributivas (asistencia social).
>
> Las pensiones estarían *fomentando desigualdad* si, después de adicionarlas a los ingresos pre-jubilaciones, los indicadores de desigualdad superasen el nivel observado antes de dicha adición.
>
> Los análisis de incidencia de Argentina (2009), Bolivia (2009), Brasil (2009), México (2010), Perú (2009) y Uruguay (2009) muestran los siguientes resultados, que se consignan en el cuadro 1.1.1:[a]
>
> - Las pensiones como parte del producto interno bruto (PIB) varían sustancialmente. En Brasil, Uruguay y Argentina representan el 9,1%, el 8,7% y el 7,2% del PIB, respectivamente; en México y Bolivia, representan el 3,7% y el 3,5%, respectivamente, y en Perú, solo el 0,9%.
> - En Uruguay, Argentina y Brasil, que tienen sistemas con amplia cobertura, las pensiones son promotoras de igualdad. En México y Perú generan ligeramente desigualdad. En Bolivia, sus efectos son neutrales.
>
> De acuerdo con lo anterior, a priori no es posible afirmar que las pensiones en ALC sean sistemáticamente regresivas. De hecho, en sistemas con amplia cobertura reducen sistemáticamente la desigualdad. Sin embargo, en los casos de México y Perú el hecho de que estén provocando desequilibrios es particularmente problemático, dado que los sistemas de seguridad social de estos países dependen parcialmente de impuestos generales.
>
> [a] Para referencias, véase el cuadro. El año entre paréntesis se refiere al año de la encuesta de hogares utilizada en el análisis de incidencia.

(continúa en la página siguiente)

familia promedio de la región tenía 5,9 hijos y en 2000 tenía 2,5 hijos, en 2050 se espera que la cifra llegue a 1,8 (Celade, 2011).

Una dimensión adicional de este reto es de género. Debido a la estructura familiar en la que se sostiene la mayoría de los hogares en la región, y a buena parte de las tradiciones, muchas de las tareas vinculadas con el cuidado de los adultos mayores van a recaer sobre las mujeres. En México, por ejemplo, las hijas destinan 22 horas a la semana en promedio a la atención del adulto mayor, en tanto que los

Recuadro 1.1
¿Las pensiones reducen la desigualdad? *(continuación)*

Las pensiones también son importantes para la reducción de la pobreza, especialmente en Uruguay, Brasil y Argentina. No obstante, su efecto en la reducción de la pobreza en Perú es muy pequeño. Estos resultados están asociados con la cobertura de la población de adultos mayores así como también con la significancia per cápita de las pensiones. Además, los resultados son igualmente consecuencia de la extensión de la informalidad. Sin embargo, se debe tener cuidado, ya que, por ejemplo en Uruguay, debido a la falta de sistemas adecuados de monitoreo en el pasado, las personas que nunca habían contribuido (o no habían contribuido lo suficiente) al sistema de seguridad social, recibieron pensiones de vejez.

Cuadro 1.1.1
Análisis de incidencia de las pensiones en la pobreza y la desigualdad en países seleccionados de ALC

	Argentina (2009)	Bolivia (2009)	Brasil (2009)	México (2010)	Perú (2009)	Uruguay (2009)
Pensiones como porcentaje del PIB	7,2	3,5	9,1	3,7	0,9	8,7
Gini pre-jubilaciones	0,506	0,503	0,600	0,509	0,503	0,527
Gini post-jubilaciones	0,489	0,503	0,579	0,511	0,504	0,492
Variación (en porcentaje)	-3,4%	0,0%	-3,5%	0,4%	0,2%	-6,6%
Pobreza pre-jubilaciones	16,8	20,0	20,7	13,3	15,5	8,5
Pobreza post-jubilaciones	13,0	19,6	15,1	12,6	15,2	5,1
Variación (en porcentaje)	-22,6%	-2,0%	-27,1%	-5,3%	-1,9%	-40,0%

Fuente: Lustig, Pessino y Scott (2013).
Nota: La pobreza en porcentaje se mide a partir de la línea internacional de pobreza de US$2,50 al día según la paridad del poder adquisitivo (PPA). Para Argentina el índice de Gini pre-jubilaciones/pobreza es para el ingreso neto del mercado (esto es: ingreso del mercado menos los impuestos sobre la renta y las contribuciones a la seguridad social). Para los demás países, el índice de Gini/pobreza es para el ingreso del mercado. Para definiciones y metodología véase Lustig, Nora y Sean Higgins (2013).

hijos destinan 8 (Águila et al., 2010). En Chile, el 86% de los cuidadores de adultos mayores corresponde a mujeres. En la mayoría de los casos ese papel lo desempeñan la esposa o la hija del adulto mayor (Cannobbio y Jeri, 2010).

En definitiva, la falta de cobertura, juntamente con los cambios demográficos, en muchos casos obligarán a las familias a destinar más recursos, tanto económicos como humanos, a cuidar de sus ancianos. Estos recursos económicos podrían emplearse para otros fines, como las inversiones en salud, educación o, incluso, en vivienda que las familias deben hacer para las siguientes generaciones. Además, la falta de cobertura puede forzar a algunos miembros de la familia, probablemente a las mujeres, a abandonar el mercado de trabajo para cuidar de los mayores.

Consecuencias fiscales: las presiones de los gastos visibles y los latentes

Tradicionalmente, la gran preocupación de los países de la región con relación a los sistemas previsionales públicos ha sido su sostenibilidad financiera ante los costos fiscales que genera el envejecimiento de la región. Como se comentó anteriormente, esta es una de las principales razones que impulsaron las grandes reformas de los años noventa. De hecho, los costos fiscales de los sistemas públicos de reparto y de la transición todavía están presentes en gran parte de los países del área (véase el cuadro 1.2). Es el caso de Brasil, Colombia y Uruguay, donde el gasto en seguridad social supera de modo considerable al gasto en salud y en educación combinados. Incluso en Chile, que se adelantó en casi 15 años al resto de la región, en la actualidad este costo asciende al 3% del producto interno bruto (PIB) (CEPAL, 2012).

La falta de cobertura supone un costo fiscal latente en la región. Debido a que los gobiernos democráticos de ALC no van a poder ignorar las demandas de un creciente porcentaje de la población (véase el desarrollo de las implicaciones políticas más adelante), los países deberán destinar cada vez más recursos para suplir esta falta de cobertura previsional.

Cuadro 1.2
El gasto social en la región como porcentaje del PIB, 2009

País	Total	Educación	Salud	Seguridad Social	Otros
ARG [a]	27,8	6,7	6,2	12,9	2,0
BOL [b]	18,4	8,0	3,2	5,7	1,5
BRA [a]	27,1	5,9	5,2	14,1	1,9
CHL [c]	16,7	4,7	4,1	7,5	0,4
COL [c]	14,5	3,1	1,9	8,6	0,9
CRI [d]	22,4	7,0	6,6	6,4	2,4
ECU [c]	9,4	5,4	1,8	1,7	0,5
SLV [b]	13,0	3,9	4,1	4,3	0,7
GTM [e]	8,1	3,5	1,4	1,2	2,0
HND [c]	12,2	8,0	3,5	0,7	0,0
JAM [c]	10,7	6,6	2,7	0,5	0,9
MEX [f]	11,2	3,9	2,8	3,0	1,5
PAN [c]	10,5	4,0	2,2	1,6	2,8
PRY [g]	11,0	4,7	2,3	3,9	0,2
PER	10,0	3,2	1,6	3,3	1,9
DOM [c]	7,7	2,4	1,4	2,2	1,7
URY [a]	23,3	5,2	4,9	11,6	1,7

Fuente: CEPAL (2012).
Notas:
[a] Gobierno consolidado.
[b] Se refiere al sector público no financiero.
[c] Se refiere al gobierno central.
[d] Sector público total.
[e] Administración central.
[f] Sector público presupuestario.
[g] Se refiere al gobierno central presupuestario.

De hecho, a medida que se destinan mayores recursos a cerrar las brechas de cobertura previsional, en algunos países de la región ese costo latente se está empezando a materializar. Más de la mitad de los países de ALC tiene en la actualidad algún tipo de sistema de pensiones no contributivas que otorgan beneficios pensionales que no están conectados a contribuciones pasadas. En Argentina, Bolivia, Brasil o Chile, por ejemplo, esta clase de pensiones ha conseguido incrementar la cobertura previsional hasta niveles comparables con los de países de la Organización para la Cooperación y el Desarrollo Económicos (OCDE). Esta situación se ha logrado con un esfuerzo presupuestario

Gráfico 1.3
Gasto público en pensiones no contributivas (porcentaje del PIB)

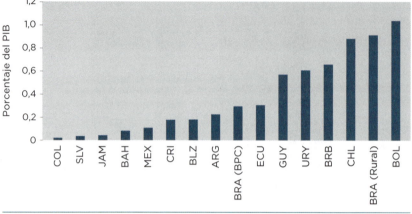

Fuente: Elaboración propia utilizando datos de HelpAge (2012).

importante. En Argentina, para citar un caso, el gasto en pensiones no contributivas aumentó hasta el 2% del PIB anual. De ese modo, el país logró elevar su cobertura previsional del 70% al 90% en apenas un año (Lustig y Pessino, 2012). Brasil destina anualmente el 0,9% del PIB a pensiones no contributivas (rurales y urbanas); Bolivia, el 1%, y Chile, alrededor del 0,9 % del PIB (véase el gráfico 1.3). Como se verá en los capítulos posteriores, el costo de las pensiones no contributivas podría llegar a triplicarse en términos del PIB como consecuencia, únicamente, del envejecimiento.

Por lo tanto, la falta de cobertura en los sistemas contributivos ya está generando pasivos no solo contingentes sino también explícitos en la forma de futuras pensiones no contributivas. La previsible extensión futura de este tipo de pensiones vuelve a resaltar los retos fiscales de la transición demográfica.

Consecuencias económicas: el valor real de las pensiones

Las experiencias de Argentina, Bolivia, Brasil y Chile aportan un mensaje claramente positivo: eliminar la pobreza en la vejez es posible. Pero, al mismo tiempo, presentan una advertencia: proporcionar esa cobertura universal exige grandes movilizaciones de recursos. Como no existen fuentes de financiamiento adicionales de fácil acceso (tributarias o no), los Estados trasladan al sistema de pensiones recursos importantes que se podrían destinar a las necesarias inversiones en infraestructura, salud y educación.

Por otra parte, la implementación de pensiones no contributivas puede tener impactos negativos en los sistemas contributivos actuales y en el funcionamiento del mercado laboral, especialmente si se desarrollan en forma paralela, incluso como alternativa, a los sistemas contributivos, y no están integrados. Dicho de manera concreta, la medida puede reducir el interés de los trabajadores, sobre todo los de ingreso medio y bajo, en obtener un empleo formal en el que se aporte a un sistema contributivo de pensiones. Esto va a ser particularmente relevante en aquellos sistemas en los que la parte no contributiva no está integrada con el sistema contributivo, y su obtención se condiciona al hecho de no haber alcanzado una pensión por la vía contributiva. En el largo plazo, este tipo de diseño tiene el potencial de generar más distorsiones en un mercado laboral que ya de por sí está produciendo poco trabajo formal y, en consecuencia, poco ahorro previsional.

Estos programas no contributivos no están restringidos a las pensiones. Tanto es así que a partir de las limitaciones del mercado laboral para proporcionar un paquete amplio de prestaciones de seguridad social a la mayor parte de los ciudadanos, han surgido en la región programas no contributivos de salud, vivienda y guarderías que se están transformando en una auténtica red de seguridad social paralela para quienes tienen un empleo informal (Levy, 2008). Aunque el mayor bienestar de los beneficiarios es tangible, es preciso señalar que este tipo de programas establece un subsidio a la informalidad que, disminuye la creación de trabajo formal[4] y, por lo tanto, impacta en la afiliación a los sistemas contributivos previsionales.

Finalmente, desde el punto de vista del desempeño macroeconómico, los sistemas de pensiones pueden configurarse como un aliado o como un lastre para el crecimiento de la productividad. En los

---

[4] Véanse Bosch y Campos (2010); Camacho, Conover y Hoyos (2009), y Amarante et al. (2011).

Gráfico 1.4
Evolución del PIB per cápita, acumulación de factores y productividad: Estados Unidos vs. ALC 1960-2006

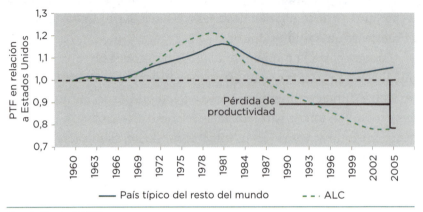

Fuente: Pagés (2010).
Nota: PTF es la productividad total de los factores que aproxima la eficiencia de la economía.

últimos 40 años la región ha perdido terreno con respecto a Estados Unidos (gráfico 1.4). En la actualidad, la razón (*ratio*) del PIB per cápita es un 40% más baja que en 1960. La mayor parte de esa caída se debe a la reducción continuada de la productividad con relación a Estados Unidos que ha tenido lugar desde principios de los años ochenta. Esta pérdida de productividad obedece, en gran parte, a la incapacidad de la región para asignar recursos de manera eficiente. Un buen diseño del sistema de pensiones podría favorecer el ahorro doméstico, así como también la formalidad y la productividad de la fuerza laboral (Pagés, 2010; Powell, 2013).

Consecuencias políticas e institucionales: (casi) todo es política

En las próximas décadas los adultos mayores de 65 años van a constituir entre el 20% y el 30% del electorado potencial en la región y, por lo tanto, sus demandas serán determinantes para elegir un gobierno u otro. En ese marco, compensar la falta de cobertura de pensiones probablemente constituya uno de los requisitos de las siguientes generaciones. Vale señalar aquí que en Europa, donde la transición demográfica está ya muy avanzada (el porcentaje de personas mayores de 65 triplica el que se observa en la región: el 16,5% vs. el 6,8%), diversos autores han mostrado la dificultad que implica llevar a cabo cualquier reforma que disminuya los beneficios previsionales para los adultos mayores (Galasso y Profeta, 2002; Mulligan y Sala-i-Martín, 1999).

Debido a la ausencia de instituciones fuertes y reglas claras de control fiscal en la región, el gasto público se podría sesgar hacia aquellos segmentos de la población que concentran un mayor peso político. Es lo que ocurre al garantizar beneficios previsionales, ya que la ganancia política es inmediata y la mayor parte del costo la pagarán las generaciones futuras. Este efecto se hará más pronunciado a medida que la población de la región envejezca.

Por otra parte, desde el punto de vista del desarrollo económico del país, destinar grandes recursos presupuestarios al gasto previsional puede no ser lo más eficiente. Es más que probable que las inversiones productivas en salud, educación e infraestructura, áreas en las que la región está retrasada, tengan mucho mayor alcance a la hora de promover el crecimiento económico a largo plazo y beneficiar a las generaciones futuras. Valga como ejemplo el caso de Brasil, que destina alrededor de un punto del PIB a proveer pensiones a cerca de 6 millones de adultos mayores en zonas rurales, mientras que gasta el 0,5% del PIB en el programa de transferencias condicionadas *Bolsa Família*, destinado a incrementar la educación y la salud de las futuras generaciones, que beneficia a más de 50 millones de personas en 11 millones de hogares.

En definitiva, la falta de un sistema adecuado para trasladar ahorro presente a ahorro futuro mediante el mercado laboral va a suponer un reto multidimensional que los países deberán enfrentar en las próximas décadas. Con excepción de Argentina y Uruguay, donde el envejecimiento de la población es avanzado, el resto de los países de ALC tienen, todavía, poblaciones relativamente jóvenes que permiten afrontar reformas con tiempo. Pero esa ventana demográfica amenaza con cerrarse muy rápidamente.

A modo de guía

Este libro tiene tres grandes objetivos. Primero, proponer un diagnóstico de la situación de la cobertura previsional en ALC. Segundo, presentar un marco conceptual que permita entender y sistematizar las lecciones que surgen de ese diagnóstico. Y tercero, ofrecer una dirección hacia donde reformar. Está claro que la región es tan heterogénea que en ella conviven realidades previsionales extremadamente diferentes. Por ello, el propósito de este libro no es prescribir recetas ni fórmulas únicas, sino ayudar a entender las causas de determinadas realidades previsionales y a establecer las posibles vías de mejora de acuerdo con la evidencia acumulada por las políticas de la región. Asimismo, el foco se centra en el funcionamiento del mercado laboral, sin entrar en detalle en cuanto a otros elementos financieros y actuariales que se tratan de manera más superficial.

Los capítulos siguientes se resumen de manera breve a continuación.

Comprender la magnitud del desafío (capítulo 2)

Los retos que afronta la región son de una gran magnitud. Para delinear este escenario, en el capítulo 2 se describe en diez hechos estilizados la situación actual de la cobertura, con los matices que generan las grandes diferencias que existen entre los países. Si bien no ha existido en ALC un flujo de reformas previsionales similar al de los años noventa, en la última década se han producido grandes innovaciones, especialmente en lo que se refiere a la expansión de pilares no contributivos. Estas transformaciones crearon una realidad previsional marcada por los contrastes, con grandes avances en la cobertura y enormes dudas sobre la capacidad de los mercados de trabajo para proporcionar un mecanismo de ahorro para la vejez capaz de afrontar la transición demográfica que se avecina en la región.

Entender que las pensiones son mucho más que pensiones (capítulo 3)

Un mensaje central que busca difundir este libro es que los sistemas previsionales tienen implicancias mucho mayores que las de encontrar mecanismos para proveer un ingreso digno a los adultos mayores. Desde el propio título, *Mejores pensiones, mejores trabajos*, la obra apunta a establecer que hay una ligazón íntima entre los sistemas de pensiones y toda la arquitectura tributaria, laboral y social que se sostiene en el mercado de trabajo. En el capítulo 3 se reflexiona acerca de la falta de cobertura y se sostiene que la situación en la que se encuentran los países de la región es fruto de un diseño original de la seguridad social y un equilibrio que deriva de las decisiones del Estado, los trabajadores y las empresas. Entender este equilibrio proporciona un contexto en el cual pensar las distintas alternativas disponibles para incrementar la cobertura en pensiones.

Aprender de lo que han hecho otros (capítulo 4)

ALC es una de las regiones del mundo con mayor cantidad de innovaciones en política social y económica. A partir de esa premisa, en el capítulo 4 se documentan, de una manera crítica, algunas de las políticas que se han implementado para aumentar la cobertura previsional. En este sentido, el texto advierte que las preguntas sin contestar casi superan a las respuestas y enfatiza que es preciso saber mucho más sobre el impacto cuantitativo y cualitativo de muchas de las medidas que los países ya están ejecutando.

Moverse en la dirección adecuada (capítulo 5)

Los puntos de partida de los países de la región, y de sus sistemas previsionales, son muy diversos. Por ese motivo no es posible plantear una recomendación específica que resuelva la problemática de todas estas realidades. Sin embargo, una buena parte de los principios, así como también de los potenciales instrumentos para aplicarlos, son relativamente generalizables. Ellos son el objeto de estudio en este capítulo. Para desarrollar el análisis, el texto propone dos ideas fuerza que funcionan como guía hacia la cobertura universal. La primera afirma que si el objetivo es, realmente, la cobertura universal, es necesario pensar en un diseño en el que el objeto del aseguramiento previsional sea el ciudadano, no el trabajador. Esta meta se puede materializar con una pensión universal para adultos mayores de cierta edad y con algún criterio de residencia. Con la certeza de que este pilar existe, o está en plena expansión en muchos países, este libro aboga por universalizarlo y dotarlo de una institucionalidad que permita su sostenibilidad fiscal en el largo plazo.

La segunda idea sostiene la necesidad imperiosa de incrementar la cobertura mediante el fortalecimiento de los sistemas contributivos obligatorios para garantizar el nivel de las pensiones en el largo plazo. Entre las medidas disponibles para alcanzar este fin figuran los subsidios a las contribuciones, las mejoras en la fiscalización en el mercado de trabajo, el aumento de la información y la educación financieras y las innovaciones en los mecanismos de ahorro para determinados colectivos. Este capítulo cuantifica las medidas monetarias y proyecta su potencial para mejorar la cobertura.

Asegurar la sostenibilidad fiscal y política de las reformas (capítulo 6)

Las reformas para conseguir la cobertura universal van a requerir recursos adicionales. Las estimaciones de este libro sugieren que un pilar universal y un subsidio importante de las cotizaciones pueden costar entre 1 y 2 puntos del PIB en 2010 aproximadamente un punto más que el gasto actual en pensiones no contributivas y pueden mantenerse constantes si se actualizan por inflación. En el capítulo 6 se analiza cuáles son las mejores fuentes de financiamiento de estos recursos y la manera más eficiente de transitar la compleja economía política de las reformas.

DIEZ HECHOS BÁSICOS DE LA COBERTURA PREVISIONAL EN LA REGIÓN

2

Resumen:

Algunos países de la región han fracasado en proporcionar un mecanismo adecuado de ahorro para la vejez y una gran mayoría de los adultos mayores no recibe pensión alguna. Otros han conseguido grandes avances en materia de cobertura previsional a través de beneficios no contributivos que se han extendido de manera espectacular durante la última década. Sin embargo, en mayor o menor medida, todos los países de la región tienen grandes dificultades en proporcionar un canal de ahorro continuo a sus trabajadores en el mercado de trabajo. Casi un siglo después de implantar las primeras leyes de seguridad social, y pese a las grandes reformas de los años noventa, en la mayoría de los países de la región las futuras generaciones de trabajadores se enfrentarán a una situación muy preocupante. En 2050 entre el 47% y el 60% de los adultos mayores no habrá ahorrado lo suficiente para financiarse una vejez digna. La situación de las mujeres es aún más grave por su menor conexión con el mercado de trabajo. En este capítulo se dimensiona la magnitud de la tarea por delante.

Definición y medición de la cobertura

En la región conviven sistemas de reparto y beneficio definido, de capitalización individual y contribución definida, y sistemas mixtos. Las ventajas y desventajas de ambos sistemas en términos de sostenibilidad fiscal y reparto del riesgo entre trabajadores y Estado ya son conocidas.[1] No obstante, en la práctica todos los sistemas previsionales de la región tienen un reto común: la falta de capacidad para garantizar una pensión adecuada a una parte importante de los adultos mayores de la región.

El contexto

La cobertura previsional es un concepto difícil de definir, medir y también proyectar. Al contrario de otros seguros (salud, accidente o vida), en cuyo caso la contribución que se realiza en un momento dado implica la cobertura inmediata contra ese riesgo, para alcanzar la cobertura previsional en la vejez se requiere una sucesión prolongada de contribuciones. Un individuo que contribuye hoy a un sistema de pensiones no necesariamente está cubierto contra el riesgo de pobreza en la vejez. De este modo, mientras que establecer quién está recibiendo una pensión hoy es una tarea relativamente sencilla, saber quién va a recibir una pensión mañana resulta mucho más complicado. Hay tres circunstancias que complican la posibilidad de establecer esta proyección:

- *En primer lugar, muchas personas que aportan a un sistema de pensiones en un momento dado (o incluso durante algunos años) no recibirán pensión alguna.* En muchos sistemas de pensiones se exige una contribución mínima en términos de años para tener acceso a una pensión (véase el cuadro 2.1). Por ejemplo, en Perú si no se contribuyó al sistema público de pensiones durante al menos 20 años, no se recibe pensión. De manera similar, en algunos sistemas de contribución definida si no se llegó a cierto número de años de cotización a la edad de retiro, no es posible convertir

---

[1] En el recuadro 2.1, véase un resumen basado en Barr y Diamond (2006).

Recuadro 2.1
Sistemas de pensiones: definición de conceptos

Aunque este libro no pretende ser un manual de pensiones, de todos modos conviene definir algunos conceptos que serán de utilidad en los próximos capítulos.

Tipología de sistemas de pensiones

Sistemas de beneficio definido (BD). En estos sistemas el nivel de la pensión está determinado por una regla basada en la historia de las contribuciones del trabajador. La regla de beneficios se puede establecer en referencia al último salario o a un período más amplio (por ejemplo, los cinco o diez últimos años de contribuciones).

Sistema de contribución definida (CD). En estos sistemas la pensión se determina por el valor de los activos acumulados por un individuo durante su vida laboral. Los beneficios pueden ser retirados de una sola vez, a partir de retiros programados o comprando una anualidad, que proporciona un ingreso mensual hasta el final de la vida del individuo.

Pensiones no contributivas (PNC). Los beneficios pensionales no responden a ningún tipo de aporte o contribución del individuo. Se pueden otorgar universalmente, como en Bolivia, o estar focalizados, por ejemplo, a condición de tener un determinado nivel de ingreso o no recibir pensión contributiva (normalmente el Estado establece un nivel de pensión y su ajuste a lo largo del tiempo).

Financiamiento

Totalmente financiados. Los beneficios pensionales se pagan de los activos acumulados en el plan de pensiones.

Parcialmente financiados. Los beneficios pensionales se pagan, en parte, de los activos acumulados y, en parte, de las contribuciones presentes de los trabajadores o de impuestos generales del Estado.

Sin fondos. Los beneficios pensionales se pagan de las contribuciones o de impuestos generales del Estado.

A los sistemas parcialmente financiados o sin fondos se les suele denominar de reparto, o PAYG según sus siglas en inglés (*pay as you go*).

Aunque en teoría las combinaciones de sistema y financiamiento pueden ser variadas (véase Barr y Diamond, 2006), en la región los sistemas de beneficio definido están o parcialmente financiados o sin fondos lo que implica una transferencia intergeneracional de trabajadores activos (que pagan contribuciones) a adultos mayores que contribuyeron en el pasado y reciben pensiones. Es en el caso de estos sistemas que la creciente presión demográfica va a implicar mayores riesgos fiscales. Los sistemas de contribución definida están totalmente financiados y por lo tanto las pensiones de cada generación se financian con sus propios ahorros. Las pensiones no contributivas constituyen un caso extremo de sistema de beneficio definido

(continúa en la página siguiente)

> **Recuadro 2.1**
> **Sistemas de pensiones: definición de conceptos** *(continuación)*
>
> en el cual no hay contribuciones y por lo tanto se tienen que financiar con impuestos generales.
>
> **Los distintos sistemas distribuyen los riesgos de manera diferente**
> Se deben distinguir dos riesgos principales de los sistemas previsionales: el riesgo de longevidad y el riesgo financiero.
>
> El **riesgo de longevidad** se deriva del hecho de que el trabajador/asegurado sobreviva su previsión de vida. Esto hace que los fondos acumulados para financiar la pensión del individuo puedan agotarse.
>
> El **riesgo financiero** se deriva de la dependencia que tiene el valor del ahorro pensional de la rentabilidad que se obtenga de su inversión en los mercados financieros, cuya volatilidad produce tasas que pueden llegar incluso a ser negativas.
>
> En el caso de los sistemas de beneficio definido es el Estado, o la entidad pública o privada promotora del plan quien asume ambos riesgos, el de longevidad y el financiero, tanto en la etapa activa del afiliado (mientras contribuye) como en su etapa pasiva (mientras recibe una pensión).
>
> En los sistemas de contribución definida es el afiliado el que asume los riesgos de longevidad y financieros en su etapa activa. Al alcanzar la edad de jubilación el afiliado puede optar por dos productos: renta vitalicia o retiro programado, o en ocasiones por un retiro total de los fondos.
>
> Si opta por adquirir una renta vitalicia, el afiliado deberá entregar su capital acumulado a una compañía de seguros, la que a partir de ese momento asumirá el riesgo de longevidad y el financiero. En el caso en que opte por un retiro programado, el afiliado mantiene la propiedad de su monto acumulado, y la administradora del fondo le abonaría mensualmente una renta que recalcularía anualmente en función del rendimiento financiero obtenido y de la estimación de esperanza de vida actualizada. Por lo tanto, el afiliado asumiría también durante su etapa pasiva los riesgos de longevidad y financiero.
>
> **Los sistemas de la región**
> En la región conviven una rica variedad de sistemas. Antes de las grandes reformas de los años noventa, todos los países tenían sistemas de beneficios definidos en mayor o menor medida financiados. Luego de la reforma chilena de 1981, nueve países más pasaron a sistemas de contribución definida. Sin embargo, los sistemas de beneficio definido aún persisten, incluso en los países donde se reformaron. En Chile, El Salvador, México y República Dominicana siguen existiendo de manera transitoria hasta su desaparición. En Colombia y Perú conviven de manera paralela (y permanente) con los sistemas de contribución definida, de tal forma que los trabajadores pueden elegir uno u otro. Y finalmente en Costa Rica, Panamá y Uruguay, están integrados con los sistemas de contribución definida, de tal modo que las pensiones que otorgan estos países son una combinación de beneficios derivados de ambos sistemas.
>
> *(continúa en la página siguiente)*

Recuadro 2.1
Sistemas de pensiones: definición de conceptos *(continuación)*

Cuadro 2.1.1
Regímenes contributivos en países seleccionados de América Latina y el Caribe

País	Régimen contributivo	
	Régimen de beneficio definido	Régimen de contribución definida
Argentina	√	
Bahamas	√	
Barbados	√	
Belice	√	
Bolivia	√	
Brasil	√	
Chile	√ (T)	√
Colombia	√ (P)	√
Costa Rica	√ (I)	√
Ecuador	√	
El Salvador	√ (T)	√
Guatemala	√	
Guyana	√	
Haití	√	
Honduras	√	
Jamaica	√	
México	√ (T)	√
Nicaragua	√	
Panamá	√ (I)	√
Paraguay	√	
Perú	√ (P)	√
Rep. Dominicana	√ (T)	√
Trinidad y Tobago	√	
Uruguay	√ (I)	√
Venezuela	√	

Fuente: Elaboración propia utilizando información de los sistemas previsionales.
Nota: T = transitorio; P = paralelo; I = integrado.

los ahorros en una pensión periódica. En este caso, si bien la persona recibe en un solo pago la cantidad de ahorro acumulada al momento de jubilarse, según su patrón de consumo, puede que ese monto único no cumpla su función de seguro contra la pobreza en la vejez.

- *Muchas pensiones contributivas serán insuficientes.* Se tiende a hablar de individuos cubiertos (con pensión) y descubiertos (sin pensión); la realidad es mucho más compleja. Es cierto que hay una parte importante de la población adulta mayor que nunca contribuyó a un sistema de pensiones. Sin embargo, también es cierto que, como veremos más adelante, para aquellos que estuvieron afiliados, el porcentaje de tiempo de afiliación a un sistema de pensiones, denominado densidad de cotización, varía mucho entre individuos, ya que algunos cotizan prácticamente toda su vida y muchos tienen densidades de cotización bajísimas o muy discontinuas. Esto es especialmente prominente en ALC, donde hay una alta transición entre trabajos formales e informales. La

Cuadro 2.1
Número mínimo de años requeridos para recibir una pensión contributiva

País	Años	País	Años
Argentina	30	Guyana	15
Barbados	10	Honduras	15
Belice	10	Jamaica	29
Bolivia	—	México	25
Brasil	30/35	Nicaragua	15
Chile	—	Panamá	18
Colombia	23,5	Paraguay	25
Costa Rica	37,5/38,5	Perú	20
Cuba	25	República Dominicana	—
Dominica	10	Trinidad y Tobago	15
Ecuador	30	Uruguay	30
El Salvador	25	Venezuela	15
Guatemala	15		

Fuente: Pallares-Millares, Romero y Whitehouse (2012).
Nota: Cuando los años mínimos de cotizaciones difieren entre hombres y mujeres, se presentan en el cuadro como H/M.

consecuencia es que hay una gran diversidad en el nivel de las pensiones. Algunas de esas pensiones están por debajo de la línea de pobreza, o son una fracción muy pequeña de los ingresos previos de los trabajadores.

- *Las personas que contribuyeron poco, o nunca contribuyeron a un sistema de pensiones pueden recibir una pensión.* Algunos sistemas tienen pilares no contributivos de acuerdo con los cuales las personas elegibles reciben una pensión, aun cuando no hayan realizado ningún tipo de contribución durante sus vidas laborales. Este tipo de pilares no contributivos están proliferando en la región. Por ejemplo, en Bolivia, donde históricamente menos del 20% de la población activa contribuye a un sistema de pensiones, tiene unas tasas de cobertura cercanas al 90% de la población gracias a la existencia de una pensión universal (*Renta Dignidad*). De manera similar, las pensiones rurales en Brasil dan cobertura a alrededor del 90% de la población rural, cuando apenas el 5% de la población rural empleada contribuye.

Por lo tanto, proyectar quién va tener una pensión adecuada en un futuro es una tarea extremadamente complicada, tanto para los individuos, que muchas veces desconocen las reglas de los sistemas previsionales, como para el propio Estado, que en ocasiones carece de datos y herramientas para llevar a cabo esa predicción. En definitiva, el porcentaje de afiliados, o incluso el porcentaje de cotizantes en un momento dado a un sistema de pensiones, es una medida muy imperfecta de cuál va a ser el porcentaje de adultos mayores cubiertos por un plan de pensiones cuando esas generaciones lleguen a la edad de jubilación. Sin embargo, esta información es la única que en muchos casos se posee para llevar a cabo estas predicciones.

En este contexto, los países necesitan tanto buenos datos, como buenas herramientas para poder estimar qué porcentaje de adultos mayores va a estar cubierto por una pensión contributiva y de qué monto será ésta, solo así se podía cuantificar la magnitud del problema de cobertura y poder estimar el costo potencial de cerrar esa brecha.

En éste y los capítulos siguientes se emplea información de las encuestas de hogares de los países que establecen tanto quién tiene actualmente una pensión como quién está actualmente afiliado/contribuyendo a un sistema de pensiones. Asimismo, en la medida de lo posible, se utilizan los datos disponibles de registros administrativos que aportan información básica de los afiliados/cotizantes a un sistema de pensiones y, lo que es más importante, de densidades de cotización de esos afiliados.

Algunas definiciones

A lo largo de este libro se distingue entre: 1) la contribución a un sistema de pensiones a través del mercado laboral, que denominaremos *ahorro previsional*, y 2) el tener acceso a un ingreso "adecuado" durante la vejez, que denominamos *cobertura previsional*.[2] Sin embargo, el adjetivo "adecuado" es de difícil definición. Normalmente una pensión se considera adecuada si supera un umbral absoluto (por ejemplo, una o dos veces la línea de pobreza), pero además si constituye una proporción significativa del ingreso del trabajador durante su vida laboral.[3] Mientras que obtener el nivel de la pensión presente de los individuos de las encuestas de hogares es algo sencillo, saber qué porcentaje representa sobre el salario pasado del trabajador a nivel individual requiere una gran riqueza de datos administrativos, que muy pocas veces se posee.

En general, el ahorro previsional se refiere a los aportes realizados de forma obligatoria al sistema de pensiones. Este ahorro previsional se genera en lo que se considera un trabajo formal. Aunque la definición de formalidad es también compleja (véase el recuadro 2.2), para el propósito de este libro un trabajo formal es un trabajo en el cual el individuo y su empleador realizan aportes a la seguridad social. Es decir, trabajadores formales y cotizantes son equivalentes.

---

[2] En rigor, en los sistemas de beneficio definido no hay ahorro individual dado que las cotizaciones de hoy pagan las pensiones de hoy (véase el recuadro 2.1); sin embargo, hay un ahorro nocional en tanto que los trabajadores cotizan/ahorran hoy para tener una pensión en el futuro.

[3] Por ejemplo la Organización Internacional del Trabajo (OIT), en su Convenio 102, establece que la pensión de un trabajador que cotizó 30 años a un sistema de pensiones debe equivaler al menos al 40% del salario de referencia.

Recuadro 2.2
Definir la informalidad

Definir la informalidad (y en contraposición la formalidad) no es trivial. Desde que el antropólogo británico Keith Hart (1973a) comenzara a utilizar este concepto para referirse al emergente *cuentapropismo* en Ghana, muchos autores e instituciones han empleado la terminología con cierta ambigüedad. Las definiciones de informalidad muchas veces vienen determinadas por lo que se puede medir en la práctica. Las dos más comunes son: la *definición productiva*, que considera informales a aquellos trabajadores, tanto no asalariados como propietarios, que trabajan en unidades de producción de pequeño tamaño (menos de cinco empleados), y la definición de *protección social*, según la cual un trabajador es formal si está cubierto por el paquete de prestaciones sociales que ofrece la seguridad social del país. Otras definiciones se basan en la existencia de un contrato de trabajo escrito o no, y en el estatus de legalidad del trabajador como elementos diferenciadores entre trabajos formales e informales.

En este libro llamaremos trabajador informal a aquel que no cotiza a un sistema de pensiones en un momento determinado. Esta definición, aunque práctica para el propósito de este volumen, no está exenta de problemas.

Muchos trabajadores de la región no están obligados a cotizar, por lo que pueden ser a la vez informales (según la definición de este libro) pero legales, dado que no están incumpliendo ninguna normativa vigente en el país. El ejemplo claro sería un trabajador no asalariado en países como Bolivia, Ecuador o México, donde la afiliación para este colectivo de trabajadores es opcional.

Además, establecer quien cotiza en un momento dado no es siempre sencillo. Aunque la mayor parte de las encuestas recogen esta información, en algunos casos solo se reporta para asalariados (Argentina, Ecuador, Paraguay, Perú, República Dominicana y Venezuela) y en otros solo se reporta si el trabajador está afiliado o no (Bolivia y República Dominicana), lo cual implica que en algún momento cotizó, pero no que necesariamente sigue haciéndolo.

Esta conceptualización se complica incluso más desde la perspectiva de la empresa. Es difícil hablar de empresas totalmente formales o informales. Busso, Fazio y Levy (2012), profundizando en el caso de México, argumentan que hay empresas que pueden contratar tanto a trabajadores asalariados (por los que tienen que cotizar) como a trabajadores no asalariados (sobre los que no tienen la obligación de cotizar). Al mismo tiempo, hay empresas que cotizan solo por una parte de los asalariados por los que sí están obligadas a cotizar. Por ejemplo, en México solo el 20% de los trabajadores trabaja en empresas que son legales y formales (es decir, que solo contratan asalariados y que registran a todos sus asalariados en la seguridad social). Alrededor de otro 20% se desempeña en empresas ilegales e informales (es decir, que solo contratan asalariados y no los registran en la seguridad social). El resto de los trabajadores trabaja en empresas mixtas, que cumplen la legalidad en algunos casos y en otros no, o que emplean una combinación de trabajadores con distintas obligaciones con respecto a la seguridad social.

Dentro de la cobertura previsional, este libro distingue entre lo que llamamos *cobertura contributiva*, como la de aquellos individuos que reciben una pensión financiada por sus ahorros en forma de contribuciones, y *cobertura no contributiva*, como la de quienes obtienen una pensión que no fue financiada por sus propios ahorros. Anticipamos que en ocasiones no se va a poder distinguir entre las dos, dado que las fuentes de información no lo permiten.

Por último, no es el objetivo de esta publicación efectuar un análisis actuarial de cada uno de los países de la región, ni de la variedad de sistemas y reglas previsionales, por extensión y requisitos de información. Sin embargo, sí se pretende dar una perspectiva cuantitativa a este análisis. En muchas secciones se realizan proyecciones de cobertura y gasto previsional. Estas proyecciones se basan en hipótesis estilizadas que sirven para ilustrar argumentos importantes de discusión. En la medida de lo posible se distinguen las estimaciones fiables, que dependen de variables cuya evolución se conoce bien (como la demografía), de las estimaciones que son difíciles de cuantificar en el largo plazo y de las que se posee información limitada (como las densidades de cotización).

Diez hechos sobre la cobertura previsional en América Latina y el Caribe

Hecho I: La región envejece rápidamente.

El porcentaje de adultos de 65 años o más sobre el total de la población se va a casi triplicar en las próximas décadas (véase el gráfico 2.1). La región se está beneficiando de un gran *bono demográfico*, situación en la que hay muchos jóvenes por cada adulto mayor, pero que será de corta duración. En 2010 había en la región 38 millones de adultos de 65 años o más. En 2050 esta cifra será de 140 millones (Celade, 2011). Esto implica que el número de adultos mayores se va a incrementar en 2,6 millones por año entre 2010 y 2050. La región va a pasar de tener 9,6 personas en edad de trabajar por cada adulto mayor en 2010 a 3,2 en 2050.

Este aumento de la población adulta mayor se va a deber a un rápido crecimiento de la esperanza de vida al nacer (de 74,2 años

Gráfico 2.1
Distribución porcentual de población por grupos de edad en América Latina y el Caribe, 2010-2050

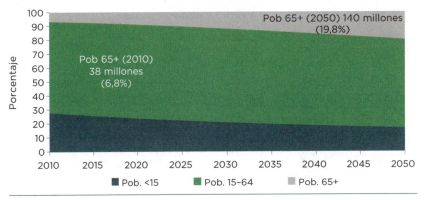

Fuente: Celade (2011) y Naciones Unidas (2010).

en 2010 a 80,3 años en 2050), combinado con una caída de la tasa de fertilidad (de 2,1 en 2010 a 1,8 en 2050). La transición demográfica es un hecho, no es una variable de decisión de los gobiernos de la región. Dentro de 40 años las pirámides poblacionales de los países de la región van a ser muy parecidas a las de los países avanzados (gráfico 2.2).

Una de las consecuencias más importantes de este cambio demográfico es que las familias que hoy son las grandes proveedoras de servicios de cuidado y apoyo para adultos mayores van a verse sometidas a una presión creciente. Hay serias dudas acerca de que la red de protección social que es la familia vaya a poder resistir el envejecimiento poblacional que se avecina en la región. La relación de apoyo a los padres ancianos, que se define por el cociente entre la población de 80 años y más y la de 50 a 64 años, va a pasar de 10 en 2000 a 30 en 2050 y a 67 en 2100. En virtud de los patrones de cuidado de adultos mayores que se observan hoy en la región, serán las mujeres (hijas, hermanas, nueras y sobrinas) las que se harán cargo de los adultos mayores (Celade, 2011).

Sin embargo, como en muchos otros aspectos, la región esconde grandes heterogeneidades en términos de envejecimiento. Hay países que ya están en una fase de envejecimiento de la población similar a la de los países europeos. En Uruguay y Argentina había en 2000 4,8

Gráfico 2.2
Pirámide poblacional en América Latina y el Caribe y en los países desarrollados, 2010-50

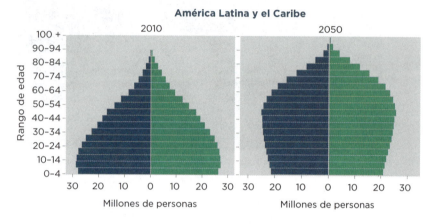

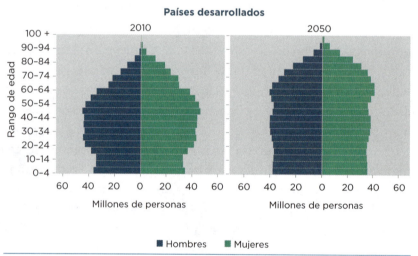

Fuente: Celade (2011) y Naciones Unidas (2010).
Nota: Los países más desarrollados incluyen Europa, América del Norte (sin México), Australia, Nueva Zelanda y Japón.

y 6,3 personas en edad de trabajar por cada adulto mayor, respectivamente. Estas cifras se reducirán a 4,0 y 5,1 en 2050. Otros países están envejeciendo muy rápidamente. Así, en el año 2000 Brasil, Costa Rica, Ecuador, México, Panamá y República Dominicana contaban con alrededor de 11 personas en edad de trabajar por cada adulto mayor, pero en 2050 habrá seis jóvenes por cada adulto mayor. Otros países, aunque también envejecen, van a disfrutar de unas décadas más de

Gráfico 2.3
Personas en edad de trabajar por cada adulto mayor, 2010-50

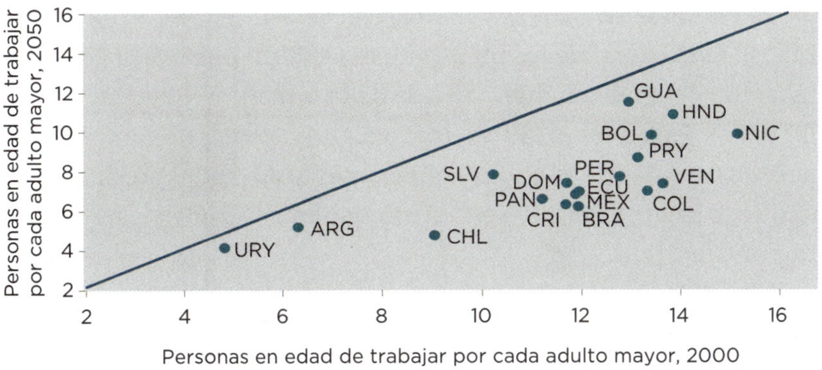

[Gráfico de dispersión: Personas en edad de trabajar por cada adulto mayor, 2050 (eje Y) vs. Personas en edad de trabajar por cada adulto mayor, 2000 (eje X). Países mostrados: URY, ARG, CHL, SLV, DOM, ECU, PAN, PER, CRI, MEX, BRA, BOL, PRY, VEN, COL, GUA, HND, NIC.]

Fuente: Celade (2011).

bono demográfico. De este modo, Bolivia, Guatemala, Honduras y Nicaragua llegarán al año 2050 con unas 10 personas en edad de trabajar por cada adulto mayor (gráfico 2.3).

Entre otras consecuencias, esta transición demográfica colocará a la política de pensiones como uno de los grandes ejes de las políticas públicas. Los gobiernos van a tener que hacer frente a las demandas de un segmento creciente de la población que llega al final de su vida laboral sin los ahorros necesarios para financiar su vejez. En democracia, es improbable que los gobiernos vayan a poder ignorar estas demandas, dado que el porcentaje de adultos mayores va a ir obteniendo mayor poder político conforme avance la transición demográfica. En 2010, la población de 65 años o más representaba alrededor del 10% del electorado. En 2050 será el 23% y en algunos países como Chile representará hasta el 27% del electorado. Si a esto añadimos que la propensión a votar de los adultos mayores es superior a la de los jóvenes, el porcentaje de adultos mayores en el electorado efectivo puede suponer el 30% (Machado y Vesga, 2013).

En los países de la región con sistemas de beneficio definido sin financiamiento o parcialmente financiados (véase el recuadro 2.1), el envejecimiento de la población va a imponer importantes presiones fiscales en el futuro. Los sistemas de reparto que se fundamentan en contribuciones presentes para pagar las pensiones de hoy van a tener que afrontar retos importantes. Pero no solo estos sistemas sino también los países con capitalización y contribuciones definidas y los de esquemas mixtos recibirán el impacto de la presión demográfica. El costo fiscal de los pilares no contributivos en expansión en la región depende en gran medida de la transición demográfica de los países. Países como Chile o México, con sistemas de contribución definida, también van a verse directamente afectados por el envejecimiento de la población y están ampliando rápidamente sus pilares no contributivos.

Hecho II: El porcentaje de adultos mayores que hoy recibe una pensión contributiva es bajo, pero se han conseguido importantes aumentos en cobertura a través de pilares no contributivos.

La cobertura (medida como porcentaje de adultos mayores con acceso a una pensión) en la región es baja. Como promedio, en ALC, poco más de cuatro de cada diez adultos mayores disfruta en la actualidad de una pensión contributiva (gráfico 2.4). Casi un siglo después de haberse implantado las primeras leyes de seguridad social, y pese a las grandes reformas de los años noventa, el acceso a una pensión contributiva es relativamente limitado.

En la región coexisten diversas realidades previsionales. En países como El Salvador, Honduras o República Dominicana el porcentaje de adultos mayores con una pensión está por debajo del 15%. En otro grupo de países (Colombia, Ecuador, Nicaragua, Perú y Venezuela) entre el 20% y el 40% de la población adulta recibe una pensión. Solo países como Brasil, Argentina, Chile y Uruguay tienen una cobertura contributiva superior al 50% de la población adulta mayor.

Sin embargo, en los últimos años ha habido grandes aumentos en materia de cobertura previsional, debido a la expansión de las pensiones no contributivas. La proporción de adultos mayores que reciben una pensión se eleva a más de seis de cada diez, una vez que se consideran los pilares no contributivos. Una fracción importante de los adultos mayores en países con amplia cobertura recibe una pensión no contributiva: en Uruguay, el 11%; en Argentina el 25%, en Chile el 26% y en Brasil el 36%. A este grupo de países pronto se

Gráfico 2.4
Porcentaje de adultos mayores (65+) reciben una pensión, contributiva y no contributiva, 2010

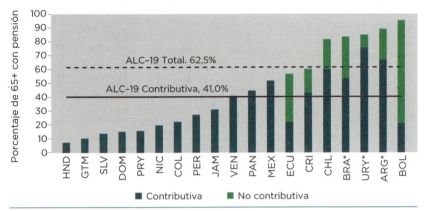

Fuente: Elaboración propia utilizando encuestas de hogares (circa 2010).
Nota: La división entre pensiones contributivas y no contributivas en Argentina, Brasil y Uruguay se ha obtenido dividiendo el número de beneficiarios de estos programas por el número de adultos mayores de 65 años. Esto puede resultar una medida imperfecta en aquellos países donde se puede ser beneficiario a una edad más temprana. Para Colombia, El Salvador y Paraguay no se registra quién recibe una pensión no contributiva en las encuestas de hogares.

unirá México, que acaba de aprobar una reforma de acuerdo con la cual se extienden beneficios no contributivos para toda la población de 65 años o más que no tenga una pensión contributiva. Quizás el caso más paradigmático sea el de Bolivia, donde el sistema contributivo apenas consigue movilizar el ahorro de un 20% de la población ocupada, pero gracias a un sistema universal el 97% de los adultos mayores tiene acceso a una pensión.

Estas pensiones no contributivas tienen distinta generosidad y elegibilidad. Algunas de ellas son universales (condicionadas a tener una edad) como en Bolivia; otras son condicionadas a no recibir otra pensión contributiva, como en México, y/o a estar por debajo de un determinado nivel de ingresos (o línea de pobreza), como en Chile y Colombia. Otras se condicionan a estar en zonas rurales, como en Brasil y originalmente México. La media en la región es de US$5,4 por día, pero varía entre los US$0,8 ofrecidos por Jamaica y los US$14 dólares según la paridad del poder adquisitivo (PPA) otorgados por Venezuela (cuadro 2.2).

Cuadro 2.2
Elegibilidad y generosidad de las pensiones no contributivas en la región

País	US$ por día a PPA	% PIB per cápita	% LP (2,5$)	Edad	Elegibilidad
ARG	7,0	14,4	279,9	70	Focalizada - Pobreza
BHS	10,5	12,0	420,7	65	Focalizada - No tener pensión
BLZ	3,2	13,8	126,6	67 (H) 65 (M)	Focalizada - Pobreza
BOL	2,0	15,0	79,9	60	Universal
BRA (BPC)	11,0	32,6	441,1	65	Focalizada - Pobreza
BRA (Rural)	11,0	32,6	441,1	60 (H) 55 (M)	Focalidad - Trabajadores rurales
BRB	14,0	22,0	561,5	65 y 6 meses	Focalizada - No tener pensión
CHL	6,5	13,6	260,8	65	Focalizada - Pobreza
COL	1,5	5,1	60,6	57 (H) 52 (M)	Focalizada - Pobreza
CRI	6,3	20,2	253,9	65	Focalizada - Pobreza
DOM	4,4	0,6	177,4	60	Focalizada - Pobreza
ECU	2,5	11,8	99,1	65	Focalizada - Pobreza
GTM	2,7	20,1	107,7	65	Focalizada - Pobreza
GUY	3,8	18,3	152,1	65	Universal
HND	0,1	1,5	5,6	65	Focalizada - Pobreza
JAM	0,8	3,0	30,1	60	Focalizada - Pobreza
MEX	2,1	4,8	84,9	70	Focalizada/No tener pensión
PAN	5,5	0,5	220,8	70	Focalizada - No tener pensión
PER	2,6	0,3	103,5	65	Focalizada- regional y no tener pensión
PRY	4,6	1,0	184,7		Focalizada - Pobreza
SLV	3,4	16,9	135,5	70	Focalizada - Pobreza
TTO	19,8	1,2	792,1	65	Focalizada - Pobreza
URY	9,9	27,8	395,4	70	Focalizada - Pobreza
VEN	14,2	40,8	569,9	60 (H) y 55 (M)	Focalizada - Pobreza

Fuente: Elaboración propia utilizando Helpage (2012), PRAF, Honduras (2011) e Indicadores Mundiales de Desarrollo del Banco Mundial (2013).
Nota: H: Hombres, M: Mujeres; LP = línea de pobreza; PPA: paridad de poder adquisitivo.

Recuadro 2.3
¿Dónde está el Caribe?

Existe un claro déficit en materia de investigación acerca de la previsión social en los países caribeños con respecto al resto de la región. La razón principal es la falta de disponibilidad de datos.

Mientras que en otros países de América Latina los datos se generan de manera regular, el panorama para los países del Caribe es bastante diferente. Países como Argentina, Brasil y México poseen encuestas de panel con datos comparables desde inicios de 1990 con un buen nivel de desagregación. Por el contrario, la mayoría de los países del Caribe no han producido datos de forma regular en los últimos años, y muy pocos cuentan con datos de panel o con una buena variedad de indicadores.

Por otra parte, la falta de datos y el análisis de los mismos difieren entre los países caribeños. Por ejemplo, Jamaica cuenta con una encuesta de condiciones de vida y una encuesta laboral para 2012, donde se incluyó un módulo de informalidad, lo que hizo posible por primera vez distinguir entre trabajadores formales e informales, un componente esencial para el análisis económico en la región y que este libro intenta explotar. Sin embargo, el acceso a estos datos aún es limitado, y existen obstáculos en cuanto a la información sobre programas sociales y laborales. El panorama es distinto en países como Bahamas y Barbados, en donde los datos de las encuestas de hogares no se encuentran al día o no son públicos para los investigadores.

Cualquier análisis de cobertura pensional en el Caribe se ve limitado por esta escasez de datos, a pesar de que todos los países disponen de datos administrativos. El nivel de análisis que permiten estos últimos es inferior al que podría realizarse mediante una producción periódica a través de encuestas de hogares. Además, existen varios problemas relacionados con este tipo de datos. En primer lugar, se trata principalmente de registros con objetivos de control tributario. De este modo, la preparación de dichos datos para su análisis longitudinal demanda largos períodos e importantes recursos humanos de parte de la institución que administra los datos y del investigador. En segundo lugar, en la mayoría de los casos, estos datos se producen anualmente sin nivel de detalle y no permiten ver —por ejemplo— las lagunas de cotizaciones a lo largo del período. En tercer lugar, dada la relación de estos datos con objetivos impositivos es casi imposible observar el ingreso de los individuos y por ende tener un diagnóstico acertado del sistema.

Teniendo en cuenta estas falencias, se ha realizado un esfuerzo por obtener datos administrativos para cuatro países del Caribe que permiten apreciar una gran heterogeneidad entre países en términos de cobertura pensional. Por una parte, en Barbados y Bahamas el porcentaje de trabajadores cotizantes supera el 80%, muy por encima del promedio de los demás países caribeños. Por otra, Jamaica y Trinidad y Tobago presentan una realidad que se asemeja a la media de los demás países latinoamericanos, con cifras que oscilan entre el 30% y el 60%. Un panorama similar se puede observar en cuanto a los adultos mayores que reciben pensiones. Mientras que en Barbados casi todos los adultos mayores gozan de ellas, países como Jamaica apenas un tercio están cubiertos.

(continúa en la página siguiente)

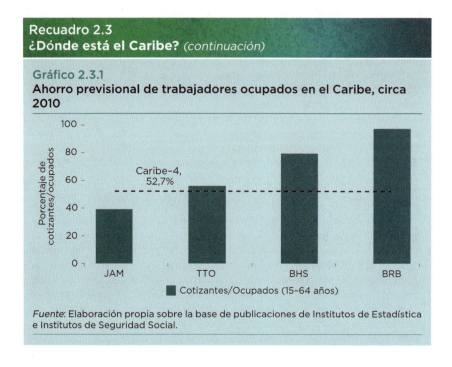

Recuadro 2.3
¿Dónde está el Caribe? *(continuación)*

Gráfico 2.3.1
Ahorro previsional de trabajadores ocupados en el Caribe, circa 2010

Fuente: Elaboración propia sobre la base de publicaciones de Institutos de Estadística e Institutos de Seguridad Social.

Hecho III: Los avances que se consiguieron a través de pilares no contributivos son muy importantes, pero traen aparejadas cuestiones de sostenibilidad.

La expansión de la cobertura a través de pilares contributivos está determinada por tres variables: la evolución demográfica, la focalización de la pensión y la generosidad con respecto al producto interno bruto (PIB) per cápita (véase el recuadro 2.4).

El factor demográfico representa el gran reto para la región. En promedio, entre 2010 y 2050 la razón (*ratio*) de la población de 65 años o más con respecto al total de la población va a multiplicarse por 2,8. Esto significa que, por ejemplo, un programa de pensiones no contributivas que cubre al 10% de los adultos mayores de un país y cuesta un punto del PIB en 2010, debido al factor demográfico (al hecho de que va a haber muchos más adultos mayores en el futuro), costará, como media, 2,8 puntos del PIB en 2050 (gráfico 2.5). Este factor demográfico va a ser mucho más elevado en países como Costa Rica y México, y menor en Argentina y Uruguay. La forma en que se ajusten la focalización y la generosidad de estas pensiones determinará si son financiables a futuro.

Recuadro 2.4
Estimación de los costos a largo plazo de los pilares no contributivos

El costo de una pensión no contributiva relativo al PIB está determinado por:

$$\frac{C_t}{PIB_t} = \frac{P_t^E \times F_t^E \times VP_t}{PIB_t}$$

Donde, C_t es el nivel de gasto total en pensiones no contributivas en unidades monetarias, P_t^E es el número de personas de una determinada edad o mayores (por ejemplo, mayores de 65 años o más), F_t^E es el porcentaje de personas de esa edad a la que se quiere otorgar una pensión no contributiva y VP_t representa el valor de la pensión no contributiva, todos ellos indexados en el momento t.

Una manera más intuitiva de ver la evolución de estos costos, introduciendo el total de población (P_t), permite reescribir el costo relativo al PIB de la siguiente forma:

$$\frac{C_t}{PIB_t} = \frac{P_t^E}{P_t} \times F_t^E \times \frac{VP_t}{PIBpc_t}$$

Esta identidad pone de relevancia las tres fuerzas principales que van a determinar la evolución del costo de las pensiones no contributivas con respecto al PIB: i) el factor demográfico, ii) la focalización de la pensión y iii) la generosidad de la pensión con respecto al PIB per cápita.

Gráfico 2.5
Incremento en los costos fiscales debido al factor demográfico de otorgar pensiones no contributivas (1 = no varía)

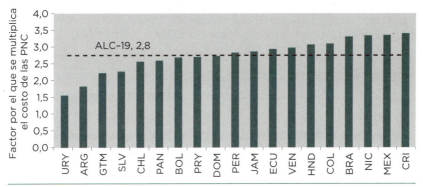

Fuente: Elaboración propia utilizando encuestas de hogares (circa 2010).

Hecho IV: Un alto porcentaje de las pensiones que se otorgan en la región no es suficiente.

No todas las pensiones que se otorgan en la región, ya sean contributivas o no contributivas, son suficientes (gráfico 2.6). Muchos de estos beneficios no colocan al perceptor ni siquiera por encima de la línea de pobreza y, por lo tanto, es muy poco probable que puedan proporcionan un adecuado suavizamiento del consumo. Por ejemplo, en Bolivia, donde un alto porcentaje de adultos mayores recibe una pensión, según estimaciones basadas en encuestas de hogares, el 78% de las pensiones que se otorgan está por debajo de la línea de pobreza absoluta (US$2,5 diarios según la PPA). De manera similar, en Ecuador y México el 62% y el 40% de las pensiones que se otorgan están por debajo de la línea de pobreza de US$2,5 diarios.

En otros países, aunque prácticamente la totalidad de los beneficios pensionales está por encima de la línea de pobreza moderada (US$4 diarios), una gran parte de las pensiones no supera los US$10 diarios (Chile, 49%; Costa Rica, 64%). Este tramo entre US$4 y US$10 es considerado un segmento de vulnerabilidad económica, y puede no constituir un buen suavizamiento del consumo para muchos trabajadores (véase Ferreira et al., 2013).[4]

Hecho V: Las mujeres tienen menos y peores pensiones.

La cobertura tiene una importante dimensión de género. Las mujeres enfrentan menores niveles de cobertura por su menor conexión con el mercado de trabajo durante su vida. Debido a que su participación laboral es entre 20 y 40 puntos porcentuales inferior a la de los hombres, el porcentaje de éstos últimos que está recibiendo una pensión es como media un 7% superior al de las mujeres (65% vs. 61%) (gráfico 2.7).

Sin embargo, las diferencias entre hombres y mujeres son, en cuanto a pensiones contributivas, incluso más grandes. El porcentaje de mujeres en la región que consigue financiar su vejez con una pensión contributiva es sustancialmente menor que el de los hombres. Esto

---

[4] En Brasil, a partir de 2012, debido a los incrementos del salario mínimo al cual están indexadas las pensiones no contributivas, la totalidad de las pensiones han quedado por encima de los US$10 diarios.

Gráfico 2.6
Porcentaje de adultos mayores (65+) que reciben una pensión, por monto de la pensión

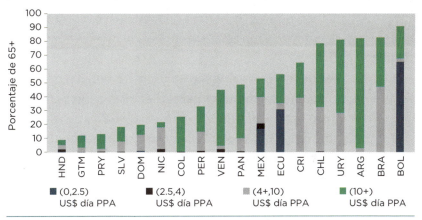

Fuente: Elaboración propia en base a encuestas de hogares (circa 2010).
Nota: PPA = paridad de poder adquisitivo.

Gráfico 2.7
Porcentaje de adultos mayores (65+) que recibe una pensión contributiva o no contributiva, desagregado por sexo

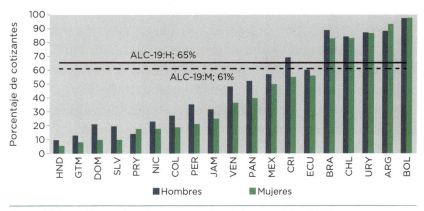

Fuente: Elaboración propia en base a encuestas de hogares (circa 2010).

es especialmente llamativo en países donde la cobertura del sistema contributivo de pensiones es limitada. En Bolivia, México o República Dominicana, el porcentaje de hombres mayores de 65 años que recibe una pensión contributiva es el doble que el de las mujeres, y en Colombia o Perú asciende a alrededor del 50%.

Las pensiones no contributivas han conseguido cerrar las brechas de cobertura previsional contributiva entre hombres y mujeres en muchos países. Argentina, Bolivia, Brasil, Chile y Uruguay apenas presentan diferencias en cobertura (al menos en el porcentaje de adultos mayores que reciben una pensión) entre niveles educativos y género (gráfico 2.7).

Las mujeres tienden a recibir pensiones menores, precisamente porque un porcentaje mayor de mujeres tiende a recibir pensiones no contributivas. Como media en la región, el 48% de las pensiones se ubica por encima de los US$10 por día para los hombres, mientras que para las mujeres es de alrededor del 43%. El 14% de las pensiones que reciben las mujeres está por debajo de la línea de pobreza moderada (US$4), comparado con un 10% en el caso de los hombres.

Hecho VI: El ahorro previsional obligatorio generado en el mercado de trabajo es escaso.

A pesar de los éxitos de algunos de los países de la región para ampliar la cobertura, el ahorro previsional que financiará las pensiones contributivas futuras sigue siendo muy bajo, incluso en países que hoy tienen amplia cobertura.

En la gran mayoría de los sistemas de pensiones del mundo el ahorro previsional se genera en el mercado de trabajo. Por lo tanto, la capacidad de un ahorro sistemático para el futuro va fuertemente ligada a dos factores: la participación en el mercado de trabajo y la capacidad de este mercado de trabajo de generar ahorro previsional. Éstas no son buenas noticias para los sistemas de pensiones de la región. Primero, porque las tasas de participación femenina son todavía bajas y eso va a dejar a una gran proporción de mujeres sin una pensión en la vejez (gráfico 2.8), y segundo, porque los mercados laborales en ALC no hacen un buen trabajo a la hora de movilizar ese ahorro para la vejez. En promedio, poco más de cuatro de cada diez trabajadores cotiza a la seguridad social en un momento dado (gráfico 2.9). Esto implica que en un momento dado unos 130 millones de personas están trabajando sin ahorrar para una pensión. Muchos de ellos también sin cobertura en salud.

A pesar de que las mujeres participan menos en el mercado de trabajo (gráfico 2.8), como media, y si se toma como condición el estar

Gráfico 2.8
Tasa de participación de hombres y mujeres en América Latina y el Caribe y promedio de la OCDE, 2010

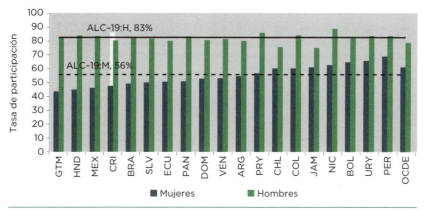

Fuente: Elaboración propia utilizando encuestas de hogares (circa 2010) y OCDE (2010c).

ocupadas, el porcentaje de mujeres que cotiza en la región es virtualmente igual al de los hombres: 45%. Esto refleja la situación de países como Argentina, Brasil y México, donde no hay apenas diferencias (menos de un punto porcentual) en el porcentaje de cotizantes entre hombres y mujeres trabajadores. Otros países sí presentan asimetrías de género, pero no siempre en la misma dirección. Por un lado, en Costa Rica y Perú, los hombres cotizan 12 y 6 puntos porcentuales más que las mujeres, respectivamente. Por otro, en República Dominicana y

Gráfico 2.9
Porcentaje de cotizantes sobre ocupados, 2010

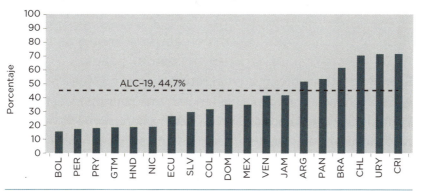

Fuente: Elaboración propia utilizando encuestas de hogares (circa 2010).

Gráfico 2.10
Cotizantes sobre ocupados en América Latina y el Caribe con respecto al resto del mundo

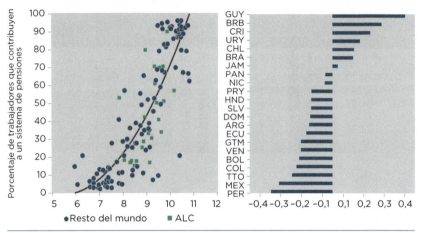

Fuente: Elaboración propia de autores utilizando encuestas de hogares (circa 2010) e Indicadores del Desarrollo Mundial del Banco Mundial.

Venezuela son las mujeres las que cotizan alrededor de 6 puntos porcentuales más que los hombres.

Este problema de falta de ahorro previsional va más allá del hecho de que la región esté en una zona de ingreso medio. La región se encuentra muy por debajo de lo que debería estar en su capacidad de generar este ahorro previsional. De los 22 países de la región analizados, en 15 su cobertura activa está por debajo de lo que su PIB per cápita prediciría. Países como Colombia, México y Perú deberían tener una tasa de contribución entre 15 y 20 puntos porcentuales superior, dado su nivel de ingreso (gráfico 2.10).

Hecho VII: La dinámica de los mercados de trabajo de la región genera grandes lagunas de contribuciones.

El *stock* de trabajadores que están cotizando hoy no refleja fielmente el porcentaje de personas que tendrán una pensión en el futuro. Acumular el capital necesario en un sistema previsional de capitalización (o alcanzar derechos pensionales en uno de beneficio definido) requiere historias de cotización prolongadas de 15, 20 o más años.

Uno de los grandes descubrimientos recientes de la literatura sobre los mercados laborales de la región es que lejos de estar segmentados entre trabajos "buenos" (formales) y trabajos "malos" (informales), los trabajadores transitan de manera bastante fluida entre estos dos tipos de trabajo. Efectivamente, un creciente número de estudios (Bosch y Maloney, 2006 y 2010; Pagés et al., 2009; Pagés y Stampini, 2009; Levy, 2008; Hoek, 2002; Bosch y Pretel, 2012; Goñi, 2013) muestra que no es correcto hablar de trabajadores formales o trabajadores informales, sino de trabajadores cuando son formales y cuando son informales. En México, por ejemplo, un 41% de los trabajadores habrá tenido al menos un empleo informal y uno formal durante los últimos cinco años, frente a un 23% de trabajadores que solo tuvo empleos formales y un 31% que solo tuvo empleos informales en el mismo período (Encuesta de Trayectorias Laborales, 2011). Incluso en colectivos donde esperaríamos la existencia de poco trabajo formal vemos que este flujo entre formalidad e informalidad es grande. En Ecuador, el 40 % de los hombres que eran elegibles para la transferencia condicionadas y que se encontraban cerca del umbral de elegibilidad tuvieron un trabajo formal entre 2002 y 2009, cifra que alcanza el 53% entre los jóvenes de 15 a 30 años (Bosch, Maldonado y Schady, 2013).

Aunque no muchos países cuentan con datos de panel, para los países con estos datos longitudinales se encuentra una elevada rotación entre tipos de empleo (asalariados formales e informales) y también entre el empleo asalariado y no asalariado (véase el cuadro 2.3). En promedio, el 21% de los trabajadores que son formales hoy

Cuadro 2.3
Destino de los trabajadores formales un año después (en porcentaje)

País	Inactividad	Desempleo	Cuenta propia	Informalidad asalariado	Formalidad
ARG	5	3	2	7	83
COL	6	7	4	9	75
ECU	3	1	4	7	85
MEX	7	2	3	13	75
PER	3	3	7	8	79
VEN	5	3	7	7	77
Promedio	5	3	5	9	79

Fuente: Para Colombia Bolivia, Ecuador, Perú y Venezuela: Goñi (2013), México: Bosch y Maloney (2006), Argentina: Pagés y Stampini (2008).

en día no lo será dentro de un año. Alrededor del 9% serán trabajadores asalariados informales, otro 4% serán trabajadores no asalariados y el resto habrán transitado al desempleo o a la inactividad. El flujo de vuelta a la informalidad es de similar intensidad, de manera que el *stock* de formalidad es relativamente estable, excepto en períodos de recesión (véase Bosch y Maloney, 2006). Además, estas cifras subestiman la rotación existente, dado que no capturan las transiciones dentro de un mismo año.

Este patrón de entrada y salida de la formalidad hace que las densidades de cotización de los afiliados sean bajas y el ahorro acumulado para la vejez resulte insuficiente para financiar una pensión adecuada. Por ejemplo, Chile tiene uno de los sistemas previsionales más consolidados de la región, con el 96% de los hombres de entre 20 y 65 años afiliados al sistema de pensiones. Sin embargo, de los hombres afiliados, el 38% cotiza menos del 50% del tiempo que podría haber cotizado (gráfico 2.11).[5]

En otras partes de la región el panorama para las generaciones de trabajadores que se jubilarán en las próximas décadas es incluso más acuciante. En Perú y México el 50% y 40% de los hombres en edad de trabajar nunca cotizó, respectivamente, y de aquellos que estuvieron afiliados el 45% en México y el 49% en Perú cotizan menos del 50% del tiempo. En El Salvador, gracias a una fuerte campaña de afiliación por parte de las administradoras de fondos de pensiones (véase Argueta, 2011), el 85% de los hombres está afilado, pero el 60% cotiza menos del 50% del tiempo.

Para las mujeres, acumular ahorros para la vejez va a ser más complicado. Primero, porque las tasas de afiliación de las mujeres son mucho menores: 75% en Chile, 55% en el Salvador, 35% en México y 23% en Perú. Y segundo, porque en algunos países las densidades de cotización para las que se afiliaron son incluso menores que las de los hombres. El 60% y el 55% de las mujeres en Chile y México,

---

[5] Otros sistemas en los cuales el porcentaje de cotizantes en un momento dado es alto presentan problemas similares. Forteza et al. (2009) observan que el 46% de los afiliados al antiguo Sistema Integrado de Jubilaciones y Pensiones (SIJP) de Argentina y el 42% de los hombres que contribuyen al sistema cotizan menos de la mitad de su vida laboral.

Gráfico 2.11
Porcentaje de hombres y mujeres por condición de afiliación según densidades de cotización: Chile, México, El Salvador y Perú

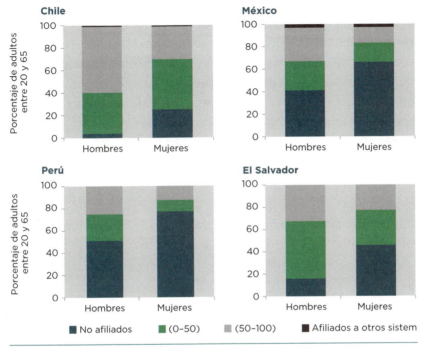

Fuente: Elaboración propia utilizando datos de Forteza et al. (2009) para Chile, Argueta (2011) para El Salvador, SBS y SPP para Perú, CONSAR para México.

respectivamente, han cotizado menos de la mitad del tiempo que estuvieron afiliadas.

Hecho VIII: El ahorro previsional es especialmente bajo e irregular para algunos grupos de trabajadores.

Por lo expuesto, para entender la falta de ahorro previsional es necesario comprender la estructura de los mercados laborales en ALC. Se puede sostener que existen, principalmente, dos tipos de trabajadores en la región: los asalariados que están subordinados a una empresa y los trabajadores no asalariados (por cuenta propia y patrones). Como se vio en el capítulo 1, esta distinción determinaba quién estaba obligado a cotizar en el diseño original de la seguridad social. Varias décadas después, la dicotomía entre asalariados y no asalariados sigue siendo relevante para entender los bajos niveles de ahorro previsional. Mientras que los asalariados cotizan alrededor del 63% como media (con muchas variaciones entre países, desde el 80% de Uruguay o Chile al 30% de Guatemala o Bolivia), quienes trabajan en forma independiente apenas alcanzan el 16%. Parte de esta gran diferencia radica en que en algunos países los trabajadores no asalariados no están obligados a cotizar (aunque en prácticamente todos los sistemas lo pueden hacer voluntariamente), pero también responden al hecho de que aun cuando sea obligatorio, es difícil de forzar esas contribuciones y por lo tanto en la práctica es como si las contribuciones fueran voluntarias (Auerbach, Genoni y Pagés, 2007) (gráfico 2.12).

Gráfico 2.12
Porcentaje de ocupados y cotizantes según ocupación: asalariados vs. no asalariados

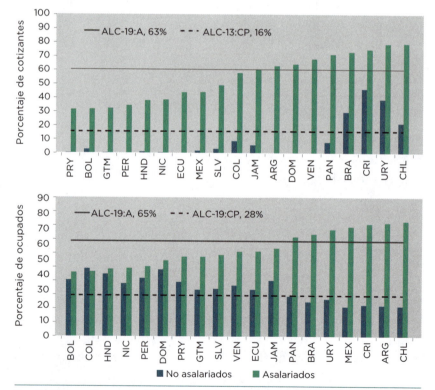

Fuente: Elaboración propia utilizando encuestas de hogares (circa 2010).
Nota: En Argentina, Ecuador, Paraguay, Perú, República Dominicana y Venezuela no se reporta si los trabajadores no asalariados cotizan a los planes de pensiones.

Entre los asalariados, el tipo de empresa para el que se trabaja también es determinante para entender los patrones de ahorro previsional. El ahorro previsional es mucho más bajo en el caso de los trabajadores de empresas pequeñas (véase el gráfico 2.13). Las microempresas y las empresas pequeñas son prácticamente indetectables para el Estado, y muy pocas satisfacen sus obligaciones y las de sus trabajadores con la seguridad social. Como media apenas un 20% de los trabajadores que se desempeñan en empresas de menos de cinco empleados cotizan a la seguridad social, mientras que este porcentaje se eleva al 70% en las grandes empresas (las que tienen más de 50 empleados). Esto supone que los descubiertos del futuro van a ser los trabajadores que tuvieron un ingreso menor durante su vida laboral.

En resumen, para los trabajadores asalariados de ingresos bajos y prácticamente la totalidad de los trabajadores no asalariados, los sistemas previsionales no funcionan en forma efectiva. Muy pocos de los trabajadores asalariados de los dos o tres primeros deciles contribuyen a un sistema de pensiones. País tras país, los deciles bajos y en algunos casos los deciles medios de la distribución de ingreso están practicante desconectados de las instituciones de seguridad social.

La buena noticia es que los trabajadores asalariados de altos ingresos, en los cuatro deciles más altos de la distribución del ingreso,

Gráfico 2.13
Porcentaje de cotizantes sobre ocupados por decil de ingreso en ACL, 2010

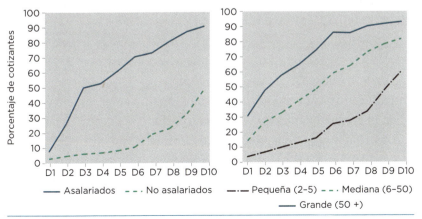

Fuente: Elaboración propia utilizando encuestas de hogares (circa 2010).

tienen altas tasas de contribución, y se espera que estén cubiertos en el futuro. Para este segmento de los trabajadores los sistemas previsionales parecen estar funcionado correctamente. Sin embargo, son una minoría en la región.

En el medio de la distribución se sitúan las nuevas clases medias emergentes en la región, que muestran una relación irregular con los sistemas. La proporción de asalariados contribuyentes de ingreso medio se sitúa entre el 30% y el 70%, según el país. Los trabajadores no asalariados de altos ingresos entrarían dentro de este segmento. Pero probablemente gran parte de este segmento no acumule ahorro suficiente para financiar su vejez.

Hecho IX: El crecimiento económico ayuda, pero no soluciona el problema (al menos en el mediano plazo).
La solución a la falta de cobertura no va a llegar únicamente gracias a un buen desempeño macroeconómico. Si se asume que el crecimiento futuro será similar al experimentado en los últimos años, y que la relación entre crecimiento y aumento de cobertura se mantendrá también constante (véase el recuadro 2.5), se puede proyectar que, en los próximos 40 años, el crecimiento económico aumentará el porcentaje de trabajadores que contribuye en un momento dado en alrededor de diez puntos porcentuales. Esto, junto con la incorporación de la mujer al mercado de trabajo, generará aumentos en la cobertura previsional de entre 15 y 20 puntos porcentuales entre 2010 y 2050, según el país. Aunque estos son avances importantes, resultarán insuficientes para satisfacer las necesidades de los más de 140 millones de adultos mayores que la región tendrá en 2050.

Hecho X: La cobertura de los sistemas previsionales (contributivos) va a ser baja mañana.
La panorámica futura previsional de la región es un espejo de la situación actual del mercado de trabajo. Debido a los bajos porcentajes de contribuyentes y a la alta rotación entre trabajos formales e informales, muchos adultos mayores no tendrán pensión mañana, o bien porque nunca han contribuido a la seguridad social, o porque las contribuciones han sido insuficientes. A pesar de que existen grandes diferencias entre los países de la región, esta problemática está

Recuadro 2.5:
El crecimiento no va a resolver la situación en el mediano plazo

Sin duda, el crecimiento económico en el largo plazo va a suponer una mejora natural el ahorro previsional y la cobertura, pero nuestras estimaciones indican que no va a ser suficiente para incrementar la cobertura en un período aceptable. Una simple regresión del porcentaje de cotizantes sobre trabajadores con respecto al PIB per cápita en una muestra de corte transversal de 18 países de la región resulta en una elasticidad de 0,2. Esto significa que un país donde el porcentaje de cotizantes sobre trabajadores es del 40% aumentará hasta el 60% cuando doble su PIB per cápita. Cuando se estima esa misma ecuación con efectos fijos de país, la elasticidad baja hasta 0,07, requiriendo multiplicar el PIB casi por tres para que se alcance un incremento de cotización similar. Otros estudios (Packard, 2001; Djankov et al., 2002; Loayza y Rigolini, 2011; Loayza, Oviedo y Servén, 2005b) estiman una elasticidad cercana al 0,1. Esto supone que para las siguientes generaciones de trabajadores los patrones de ahorro previsional no van a cambiar radicalmente a lo largo de su vida laboral.

Este argumento se refuerza si observamos la experiencia histórica de algunos países para los cuales se dispone de series largas de empleo formal. México apenas ha incrementado su tasa de formalización en los últimos 20 años. Brasil, que ha generado 10 millones de trabajos formales en los últimos cinco años, solo recientemente recuperó la tasa de formalidad que tenía a principios de los años ochenta.

Gráfico 2.5.1
Crecimiento del PIB per cápita y porcentaje de cotizantes en relación con la PEA en países de América Latina y el Caribe, 2000-10

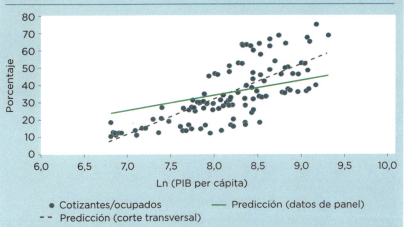

Fuente: Elaboración propia en base a datos de Rofman y Oliveri (2011).

presente en casi todos los sistemas, incluso en los que aparentemente tienen una cobertura mayor, especialmente en la parte baja de la distribución de ingresos.

Según las proyecciones de este libro, y en función de los distintos supuestos, en 2050 entre el 47% y el 60% de los adultos mayores de la región no habrán generado ahorros suficientes para financiarse una pensión adecuada (véase el recuadro 2.6). Esto significa que entre 66 y 83 millones de personas tendrán que seguir trabajando más allá de los 65 años o depender de la ayuda de familiares y/o del Estado para poder tener un ingreso adecuado durante su vejez (gráfico 2.14).

Este dato va a variar sustancialmente por país. En aquellos países para los que el mercado laboral genera ahorro previsional (Brasil, Chile, Costa Rica, Uruguay) el porcentaje de adultos mayores que no se podrán financiar una pensión contributiva adecuada en 2050 estará entre el 15% y el 40%. Para otros países, las perspectivas son mucho más pesimistas. Para Bolivia, Guatemala y Perú, incluso en los mejores escenarios de las simulaciones, la cobertura contributiva dejaría a alrededor del 70% de la población mayor de 65 años sin acceso a una pensión contributiva.

Gráfico 2.14
Rangos del porcentaje de adultos de 65 años y más sin una pensión contributiva adecuada en 2050

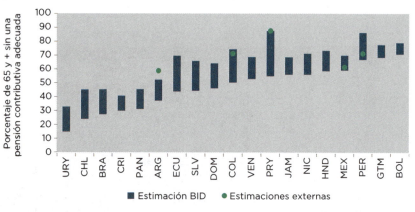

Fuente: Cálculos propios y estimaciones externas. Estimaciones externas: Argentina, MTSS (2003); Colombia, BBVA (2008); México, BBVA (2007); Paraguay, OIT (s/f) y Perú, MAPP2, BBVA (2008).
Nota: Véase el recuadro 2.5 para mayores detalles. Los puntos representan estimaciones de cobertura previsional realizadas por otras instituciones bajo distintas metodologías. Por ejemplo, la estimación de Paraguay se refiere a la población mayor de 60.

Recuadro 2.6
Proyección de cobertura con información limitada

Para poder llevar a cabo una estimación fiable del porcentaje de adultos mayores que acumularán suficientes recursos para financiar una pensión adecuada en el futuro se requieren dos indicadores básicos:

Primero, se requiere saber cuántos de los adultos mayores que se vayan a jubilar en un determinado año han pasado alguna vez por el mercado de trabajo. Aunque esto es poco relevante para los hombres, dado que prácticamente el 100% pasa por el mercado de trabajo durante su vida activa, muchas mujeres no lo hacen. Este es el dato que va a cambiar en las próximas décadas. La Comisión Económica para América Latina y el Caribe (CEPAL) hace una proyección de cuál va a ser la población activa hasta 2050 por género. De esta proyección se infiere el porcentaje de mujeres de una determinada cohorte que va a participar en el mercado de trabajo de 2010 a 2050. Se estima que en el conjunto de la región esta cifra va a pasar del 45% en 2010 al 75% en 2050.

Segundo, de aquellos individuos que pasan por el mercado de trabajo, se requiere conocer cuáles son sus densidades de contribución, es decir: qué porcentaje de tiempo de sus vidas laborales contribuyeron a un plan de pensiones. En este libro se utilizan principalmente las encuestas de hogares, y en raras ocasiones se puede identificar la densidad de cotización al sistema de pensiones de los trabajadores. La única información relevante que se posee es si trabajan o no y qué porcentaje de trabajadores cotiza (o están afiliado) en un momento determinado a los sistemas previsionales.

Una manera sencilla (pero a la luz del hecho VII, cuestionable) de calcular la futura cobertura previsional sería considerar que los que están contribuyendo hoy lo hacen el 100% de su vida laboral. Si esto fuera así, todos los contribuyentes de hoy estarían cubiertos en un futuro (en adelante, definido como *método 1*). A la luz de la alta rotación entre trabajos formales e informales, esta aproximación es muy imperfecta, pero nos da una primera estimación de cómo la situación del mercado laboral de hoy va a influir en la cobertura previsional futura.

Otra manera de proceder es intentar extraer las densidades de cotización de los trabajadores de las encuestas de hogares. Se trata de calcular el porcentaje de contribuyentes por decil (o por cualquier otra subdivisión), tomar ese porcentaje como la densidad de contribución del decil y calcular cuántos de los deciles de contribución de salarios pueden llegar a lo largo de su vida laboral a una densidad de cotización suficiente para generar una pensión contributiva (*método 2*), asumiendo que esta densidad es el 50% (la mitad de la vida activa del trabajador).Ninguno de estos dos métodos tiene en cuenta las especificidades de cada uno de los sistemas de la región. Por ejemplo, como se puede apreciar a partir del cuadro 2.1, en muchos países una pensión contributiva solo se alcanza tras cumplir un número de años de contribución.

Utilizando las proyecciones de densidades por deciles del método 2 y el simulador de pensiones del BID-Banco Mundial-OCDE (2013), obtenemos las tasas de reemplazo que resultarían en cada uno de los sistemas.

(continúa en la página siguiente)

> **Recuadro 2.6**
> **Proyección de cobertura con información limitada**
> *(continuación)*
>
> Consideramos que los deciles que tienen una tasa de reemplazo de al menos el 30% se pueden considerar cubiertos (*método 3*). De todos modos, en los tres métodos se necesita proyectar lo que ocurrirá con las densidades de cotización de cada cohorte. En esta simulación se asume que el porcentaje de contribuyentes y las densidades de cotización evolucionan, de acuerdo con una elasticidad con respecto al PIB per cápita de 0,1. Es decir, cuando se dobla el PIB per cápita, el porcentaje de contribuyentes y las densidades de cotización de cada uno de los deciles aumenta en 10 puntos porcentuales.
>
> Se efectúan simulaciones para tres tipos de crecimiento per cápita anual en el período 2010-50: 1%, 2,5% y 5%. Aunque ninguno de los tres métodos sustituye a un análisis actuarial detallado por país (véase el recuadro 2.7), constituyen una buena aproximación de los niveles de cobertura previsional a los que se van a enfrentar los países en las próximas décadas y son consistentes con las estimaciones independientes de otras instituciones, como la Organización Internacional del Trabajo (OIT), el Banco Mundial o el Banco Bilbao Vizcaya Argentaria (BBVA).

El camino hacia la cobertura universal

La región está empezando a dar los primeros pasos de una serie de iniciativas previsionales y, en oposición a las reformas de los años ochenta y noventa, cuyo énfasis se centró en reducir los riesgos fiscales, esta vez la cobertura universal es uno de los objetivos principales.

Como se ha puesto de manifiesto en este capítulo, el punto de partida en el que se encuentra la región es desafiante y los cimientos sobre los cuales se debe expandir la cobertura son frágiles. El bajo nivel de cobertura contributiva es un hecho en la gran mayoría de los países de la región. La realidad es que, independientemente del sistema previsional (beneficio definido, contribución definida o mixto, no se está generando suficiente ahorro en el mercado laboral para financiar las pensiones de los adultos mayores en la región. Esto es especialmente cierto para algunos países, y algunos colectivos como las mujeres, los trabajadores no asalariados, las empresas pequeñas y los trabajadores de bajos ingresos.

Y sin embargo ha habido grandes avances en la protección de los adultos mayores. Los pilares no contributivos han conseguido en muy

Recuadro 2.7
Una herramienta actuarial para el análisis proyectivo de pensiones (MAPP2)

Proyectar quién va a estar cubierto es una tarea compleja. Algunas instituciones han desarrollado sus propios modelos para llevar a cabo esta predicción. En concreto, el Banco Bilbao Vizcaya Argentaria (BBVA) ha desarrollado una herramienta sofisticada para el cálculo y la predicción actuarial de las pensiones: el Modelo de Análisis Proyectivo de Pensiones (MAPP2). Este se enmarca dentro del grupo de la llamada "contabilidad generacional", que surge a partir de los trabajos de Auerbach, Gokhale y Kotlikoff. (1991, 1994). En éstos se trata de modelizar el sistema a partir de la máxima información institucional disponible; suponiendo que los agentes se comportarían de acuerdo con la evidencia estadística pasada y elaborando a partir de distintos escenarios plausibles.

Con el MAPP2 se ha buscado segmentar a los individuos representativos con las principales características determinantes de su relación con el sistema de pensiones. En concreto, el modelo puede trabajar con poblaciones diferenciadas por sexo, edad y nivel de educación alcanzado (primaria e inferior, secundaria, estudios universitarios). Estas características permanentes determinarán elementos clave como la tasa de afiliación, la tasa de cotizantes, el salario de cotización, etc. La caracterización de los individuos representativos es especialmente importante cuando existe una fuerte transición en la tipología de los individuos. En concreto, cuando hay una transición en sus características educativas, es decir: cuando el nivel de estudios alcanzado por las generaciones jóvenes es muy superior al nivel de las personas próximas a la jubilación. Así, el modelo introduce heterogeneidad para 60 tipos de individuos, en cada edad puntual de la pirámide de población. En concreto, los individuos se clasifican según edad, sexo, nivel de estudios alcanzados (tres niveles) y 10 deciles de distribución de ingreso.

El MAPP2 se ha utilizado para proyectar el sistema de pensiones de Chile, Colombia, México y Perú. Estos sistemas suelen ser complejos. Por ejemplo, en el caso de Perú, el MAPP2 tiene que modelar tanto el Sistema Nacional de Pensiones (SNP), que es de reparto, como el Sistema Privado de Pensiones (SPP), que es de capitalización, y la interacción entre ellos. Para ello, se utilizan probabilidades de encontrarse en uno u otro sistema, en cuyo caso la suma de ambas formas, clasificadas por edad, sexo y nivel de estudios, es igual a 1. Cada uno de estos sistemas cuenta con distintos datos iniciales. En el caso del componente de pensiones nacional peruano de reparto, SNP, los módulos del modelo utilizan bases de datos provistas por la Oficina de Normalización Previsional (ONP). Ésta cuenta con 2,5 millones de observaciones de afiliados, con datos del último aporte efectuado, la fecha en que se realizó el mismo y el monto aportado. En cuanto a los pensionistas, la base del SNP cuenta con información para 470.000 casos, con información sobre género, edad, estado civil, fecha de jubilación, modalidad de jubilación y monto de la pensión.

El MAPP2 permite simular con extremado detalle muchos de los parámetros de interés. A partir de esta estimación se sabe que alrededor del

(continúa en la página siguiente)

> **Recuadro 2.7**
> **Una herramienta actuarial para el análisis proyectivo de pensiones (MAPP2)** *(continuación)*
>
> 70% de los adultos mayores no tendrá acceso a una pensión en el año 2050. Pero, además, se obtienen otros resultados adicionales de interés, como los niveles de pensión media hasta el año 2050 para cada uno de los sistemas (gráfico 2.7.1). Al observar el gráfico, se pueden distinguir dos grupos en el SPP: el de aquellos que al momento de jubilarse contarán con un bono de reconocimiento por los aportes realizados en el SNP antes de la reforma de 1992 que creó el SPP, y el de quienes carecen de dicho bono, que son los trabajadores que empezaron a aportar luego de la reforma. Así, la diferencia de las pensiones promedio entre un jubilado del SPP con bono y uno sin bono será de aproximadamente S/. 500 durante el lapso de 2011 a 2035, fecha en que disminuirán las generaciones que recibían bonos generosos, para luego converger.
>
> Este tipo de herramientas permite un grado de desagregación y detalle que es sumamente importante a la hora de evaluar el estado de los sistemas previsionales y sus potenciales reformas. La contrapartida es que requiere una cantidad de información que muchas veces no está disponible.
>
> **Gráfico 2.7.1**
> **Pensión media total en Perú según sistema: ONP y SPP, 2010–50** 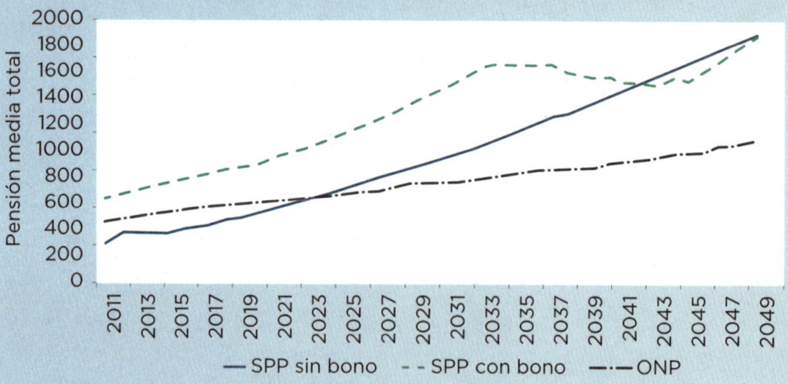
>
> *Fuente*: MAPP2-BBVA Research.

poco tiempo cerrar la brecha de cobertura en varios países. Aunque esto es una gran noticia para la región, la expansión de este tipo de pensiones de manera generalizada es, de por sí, un testimonio de que los sistemas contributivos tradicionales no han podido proporcionar un buen mecanismo de ahorro previsional para los adultos mayores.

Las pensiones no contributivas vuelven a poner encima de la mesa la transición demográfica como un factor de riesgo fiscal. Pero quizá la gran incógnita de este tipo de pensiones sea cómo van a impactar en los incentivos para aportar a los sistemas contributivos tradicionales y, por consiguiente, en las perspectivas a largo plazo del ahorro previsional. En la mayoría de los países las pensiones no contributivas no están integradas en un sistema global. Muchas veces, solo aquellos que no contribuyeron pueden acceder a este tipo de pensiones y por ello es más probable que generen mayores incentivos para la informalidad.

El reto de conseguir una cobertura previsional universal va a pasar necesariamente por algún tipo de pilar no contributivo, pero también por el incremento del ahorro previsional en la región. Este incremento solo se puede lograr con una mejora sustancial en la forma en la que el mercado de trabajo funciona, y esa mejora requiere cambios importantes en el diseño de la seguridad social.

Conclusiones

La región envejece rápidamente y la presión demográfica va a situar la cobertura previsional como uno de los principales ejes de las políticas públicas en las décadas venideras.

En promedio, hoy el nivel de la cobertura previsional contributiva es bajo. Solo cuatro de cada diez adultos mayores tiene una pensión de esa naturaleza. Algunos países han logrado importantes avances en el porcentaje de adultos mayores que están recibiendo una pensión. Sin embargo, esas mejoras no han provenido de un mayor ahorro o un mejor funcionamiento del mercado de trabajo, sino de la expansión de programas no contributivos que otorgan beneficios a adultos mayores que no lograron contribuir lo suficiente durante su vida laboral.

Aunque con grandes diferencias entre países, el fracaso del mercado laboral a la hora de movilizar suficiente ahorro previsional, especialmente entre trabajadores no asalariados de bajos ingresos, es síntoma de que las estructuras para trasladar el ahorro de hoy a la pensión de mañana no están funcionado. Incluso en los sistemas de pensiones más consolidados de la región la participación en los mismos es esporádica y deja grandes lagunas en las contribuciones de los trabajadores.

Se estima que entre el 47% y el 60% de los adultos mayores de la región no tendrán acceso a una pensión contributiva en 2050. Esto supone que el Estado o las familias tendrán que apoyar financieramente a entre 66 y 83 millones de adultos mayores para financiar su vejez.

En el próximo capítulo se analiza pormenorizadamente la conexión entre el mercado de trabajo y el funcionamiento de los sistemas previsionales, y se detalla cuáles son las posibles rutas para incrementar la cobertura de una manera sostenible, eficiente y equitativa.

¿POR QUÉ LA COBERTURA ES TAN BAJA?

3

Resumen:

La falta de cobertura previsional en la región tiene varias causas. Una de ellas es el diseño del sistema, que se centra en el ahorro obligatorio de los trabajadores asalariados. La otra está relacionada con el funcionamiento imperfecto de los mercados laborales, que deben forzar ese ahorro. Las decisiones del Estado, los trabajadores y las empresas han creado un equilibrio en el mercado laboral en el que un porcentaje bajo de trabajadores cotiza regularmente a los sistemas previsionales. Este capítulo presenta un marco conceptual para entender la situación descripta y para guiar las reformas necesarias a fin de ampliar la cobertura. En particular, expone los dilemas a los que se enfrentan los responsables de la política económica cuando buscan definir un régimen previsional que sea social, fiscal y económicamente sostenible.

Entender para reformar

Desde el diseño, la mayoría de los sistemas previsionales del mundo basa el aseguramiento en contribuciones obligatorias obrero-patronales sobre el ingreso laboral. Por eso la baja cobertura de las pensiones está directamente conectada con la escasa generación de trabajo formal en la región.[1] Para entender las razones de esta situación, y comprender los efectos de potenciales reformas previsionales, este capítulo presenta un marco conceptual que combina tres grandes bloques interrelacionados (véase el diagrama 3.1): la dificultad para producir ahorro de largo plazo; los problemas de diseño y funcionamiento de los sistemas para generar este ahorro en América Latina y el Caribe (ALC), y el desarrollo de una seguridad social paralela que emerge ante la falta de capacidad de los sistemas tradicionales para crear una seguridad social adecuada.

El problema del ahorro en el largo plazo

El punto de partida es el problema básico que los sistemas de pensiones intentan resolver: trasladar consumo durante los años productivos de vida a consumo futuro durante los años de jubilación (Barr y Diamond, 2006). Si bien puede parecer una tarea sencilla, en la práctica resulta extremadamente difícil porque los individuos se encuentran con una serie de retos que obstaculizan la acumulación de un nivel de ahorro adecuado para el largo plazo. Estos problemas incluyen desde la incertidumbre que generan las decisiones a futuro hasta factores psicológicos que afectan la toma de decisiones. Aunque la mayoría de las dificultades de trasladar consumo presente a consumo futuro es común a todos los países, en la región existen algunas particularidades (como el bajo nivel de ingreso comparado con el de países desarrollados) que pueden entorpecer aún más la decisión de ahorro por el alto costo de oportunidad que tiene cada peso ahorrado en términos de consumo en necesidades vitales no satisfechas.

---

[1] En este libro, la figura trabajo formal define aquellos empleos que están registrados y cotizan a la seguridad social, independientemente de la categoría laboral o el tamaño de la empresa. En contraposición, se entiende por empleos informales a aquellos (asalariados o no asalariados) que no cotizan a la seguridad social.

Diagrama 3.1
Un marco conceptual

Fuente: Elaboración propia.

Diseño y funcionamiento de los sistemas previsionales

Los sistemas previsionales de la región, por influencia de los que existen en Europa continental, nacieron con el objetivo de proporcionar un ingreso adecuado en la vejez a los trabajadores, no a todos los ciudadanos de una determinada edad. Tampoco al conjunto de los trabajadores, sino a los trabajadores asalariados que trabajan en relación de dependencia, lo que deja afuera a los trabajadores no asalariados, las empleadas domésticas y los trabajadores no remunerados, entre otros. Aunque los sistemas se han ido expandiendo para incluir más tipos de trabajadores, la realidad es que aquellos ciudadanos que no pasan por el mercado laboral, lo hacen irregularmente o tienen trabajos no asalariados de manera continuada no van a estar cubiertos por el sistema previsional.

Además, los sistemas previsionales en ALC ni siquiera funcionan de un modo correcto para aquellos trabajadores para los que fue originalmente concebido. Al ligar el ahorro previsional con la participación en el mercado de trabajo formal se vincula la cobertura futura con el cumplimiento, no solo de las obligaciones previsionales sino también de toda una serie de costos y regulaciones (costos de salud, salarios mínimos, costos de despido) que determinan los resultados del mercado laboral. Esto genera un nexo entre cualquier política que afecte el mercado de trabajo (laboral, tributaria y social) y el sistema previsional. Debido a la persistencia de altos niveles de evasión de las regulaciones laborales en el empleo formal, la participación en los sistemas previsionales dista mucho de generalizarse entre los asalariados, y mucho menos en el conjunto de los trabajadores de la región (véase el capítulo 2).

Políticas que rediseñan la seguridad social
Ante la incapacidad del sistema de proporcionar niveles adecuados de cobertura mediante el régimen contributivo se están poniendo en marcha programas no contributivos que, además, permiten dar respuesta a la falta de empleo formal. Estas iniciativas cierran brechas de cobertura en salud y pensiones que dejan los sistemas tradicionales, pero por lo general tienen poca o ninguna integración con estos. Tanto es así que en algunos casos los planes solo están disponibles para aquellos trabajadores que no participaron en sistemas contributivos. El peligro es que la ausencia de un diseño integral pueda incidir negativamente en la participación de los individuos en los sistemas previsionales contributivos. Como consecuencia, se conformaría un círculo vicioso de baja cobertura de los sistemas contributivos, se crearían mecanismos no contributivos que producirían una escasa probabilidad de contribuir y, por lo tanto, surgiría una mayor necesidad de seguir instituyendo y financiando instrumentos paralelos alternativos.

Entender la forma en que interactúan estos tres bloques es fundamental para identificar dónde está el núcleo del problema que impide el buen funcionamiento de los sistemas actuales y para diseñar las mejores opciones de política económica a fin de incrementar la cobertura previsional.

En busca de un marco conceptual

El problema de lograr ahorro de largo plazo (bloque I)
Existen múltiples razones que hacen difícil ahorrar a 20, 30 o 40 años para financiar consumo en la vejez. Estas razones están relacionadas

con problemas de información, con el comportamiento y la manera en que los seres humanos toman decisiones, con la miopía o la fuerte preferencia por consumir en el presente y/o con recursos demasiado limitados o muy irregulares para ahorrar a futuro.

Sacrificar consumo actual (cuando se es joven) en beneficio del consumo de mañana (cuando se es mayor) es una tarea compleja. Si los individuos de 20 años fueran capaces de calcular sus necesidades futuras y, sobre esa base, de prepararse financieramente para la vejez, el Estado tendría un rol menor en el diseño de sistemas previsionales. Pero este no es el caso. La gran mayoría de las personas no realiza esa estimación ni toma las medidas necesarias para asegurar los recursos que le harán falta en la vejez. Por eso el Estado debe intervenir, para forzar el ahorro a partir de contribuciones obligatorias. Entre los elementos que dificultan la decisión del ahorro a largo plazo figuran:

- *Incertidumbre*: un problema fundamental es que la decisión acerca de cuánto ahorrar para la vejez se toma con información incompleta, en un contexto de elevada incertidumbre (Barr y Diamond, 2006). En efecto, una serie de preguntas que son determinantes para llegar a la resolución correcta de consumo y de ahorro a corto y a largo plazos no tiene respuesta. ¿Cuántos años voy a vivir? ¿En qué condiciones viviré? ¿Cuánto tiempo voy a poder trabajar? ¿Cuál va a ser el rendimiento de mis ahorros? Son algunas de las dudas que enfrentan los individuos al contar con muy poca o ninguna información sobre las variables fundamentales que definen el ahorro a largo plazo. Para entender mejor qué datos tiene la población y cómo se toman decisiones acerca del ahorro previsional, en 2008 el Banco Interamericano de Desarrollo (BID) implementó algunas encuestas sobre seguridad social en el distrito federal de México y en Lima Metropolitana (Perú). Los resultados sugieren, por ejemplo, que las personas tienden a subestimar la esperanza de vida, en buena medida porque esta ha crecido rápidamente en los últimos tiempos. La minimización puede alcanzar, aproximadamente, entre 2,5 años y 3,6 años, de acuerdo con la edad del ciudadano encuestado (véase el gráfico 3.1). Si la estimación de la esperanza de vida es un indicador de los recursos que se elige apartar para la vejez, los individuos estarían subestimando los ahorros que se necesitan en el largo plazo en alrededor de entre un 20% y un 30% en ambos países.

- *Falta de información*: otro problema asociado a la decisión de ahorro de largo plazo es que muchas personas parecen tener muy poco conocimiento acerca de cómo se calculan las pensiones o los requisitos para obtener una pensión. En países como Chile, Perú (Lima) y México (D.F.) menos de un 10% de los entrevistados en la encuesta sobre seguridad social dijo saber la forma en que se calculan las pensiones. Un porcentaje similar reconoció que desconoce cuáles son los aportes sobre el salario y un número limitado de los consultados afirmó que conoce la edad de jubilación (el 72% en Chile, el 48% en México [D.F.] y el 41% en Perú [Lima]) (véase el gráfico 3.2).

Esta falta de información parece llevar a los individuos a realizar cálculos muy poco acertados acerca de los recursos con los que van a contar durante su jubilación. Muchos trabajadores incluso confían en obtener una pensión aun cuando han hecho aportes claramente insuficientes. En las encuestas de seguridad social mencionadas se les preguntó a las personas cuánto tiempo habían cotizado a un sistema de pensiones, a qué edad pensaban

Gráfico 3.1
Esperanza de vida al nacer real y estimada, en Ciudad de México y Lima Metropolitana, 2008

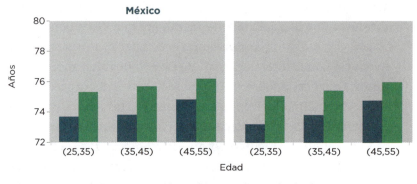

Fuente: BID (2008) y Celade (2011).
Nota: La esperanza de vida estimada corresponde a la esperanza de vida condicionada a haber cumplido 30, 40 y 50 años, respectivamente, en cada uno de los países.

Gráfico 3.2
Conocimiento de los sistemas previsionales en Lima Metropolitana, 2008; Ciudad de México, 2008, y Chile, 2006 (en porcentaje)

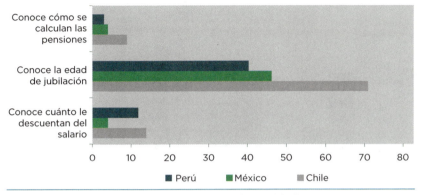

Fuente: EPS de Chile (2006) y EPS de México y Perú, BID (2008).

jubilarse y cómo planificaban financiar su vejez. De manera sorprendente, una parte importante de los entrevistados contestó que pensaba financiar su vejez con una pensión, sin tomar en cuenta que sus años de cotización eran insuficientes para generarla. En concreto, entre quienes realizaron aportes al sistema de pensiones durante menos de cinco años y consideran jubilarse en menos de cinco años, un 55% en Perú y un 18% en México asumen que van a financiar la vejez con una pensión (véase el gráfico 3.3).

- *Factores de comportamiento*: aun si los individuos vivieran en un mundo con información perfecta, y la procesaran de manera adecuada, es probable que no tomaran las decisiones correctas para asegurar el financiamiento de su vejez. Así lo afirma una rama emergente de la literatura especializada, llamada economía del comportamiento, que analiza las decisiones de los individuos. De manera sistemática, los individuos no toman decisiones "racionales", ya sea por impaciencia, dejadez, inercia o por falta de canales que faciliten la elección de la opción óptima. En general, las personas adoptan el camino que implica no elegir o no actuar, una conducta que las lleva a retrasar para el futuro decisiones que es mejor asumir hoy (como ahorrar para la vejez) o incluso las conduce a no tomar esa decisión óptima nunca (véase el recuadro 3.1).

Gráfico 3.3
Porcentaje de individuos que cree que va a financiar su vejez con una pensión y piensa jubilarse en menos de cinco años, según los años cotizados

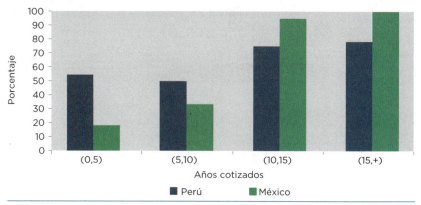

Fuente: Elaboración propia sobre la base de la EPS en México y Perú, BID (2008).

Esa tendencia a la inercia, o a no tomar decisiones, podría explicar por qué la mayoría de los trabajadores parece haber pensado muy poco en el modo de financiar su vejez, incluso aquellos trabajadores que se encuentran cerca de la edad de jubilación. Las encuestas sobre seguridad social que se realizaron en México, D.F., y Lima Metropolitana indican que alrededor del 70% de los trabajadores de entre 25 y 35 años no ha pensado en cómo va a financiar su vejez. Aún en las cohortes más cercanas a la edad de jubilación, entre el 50% y el 60% de los trabajadores de 50 a 55 años ha pensado poco o nada en ello.

- *Falta de ingresos:* otro de los obstáculos que podrían explicar la falta de cotizaciones y, en general, la dificultad para el ahorro de largo plazo es el hecho de tener ingresos insuficientes que impidan alcanzar un nivel mínimo de consumo. Según las encuestas sobre seguridad social (BID, 2008), una gran mayoría de los trabajadores que no cotiza a un plan de pensiones dice no hacerlo por falta de recursos. Alrededor del 30% de los que no contribuyen argumenta que es por falta de ingresos suficientes (véase el gráfico 3.5). La hipótesis señala que no contar con capacidad de ahorro es una restricción importante para acumular una cantidad adecuada de recursos para la vejez y que esta situación podría estar detrás de la alta correlación existente entre la renta per cápita de

Recuadro 3.1
La economía del comportamiento y el ahorro previsional

En cientos de instituciones alrededor del mundo los estudiantes de primer año de economía aprenden que los agentes económicos toman sus decisiones de consumo de forma racional, es decir, eligen el nivel de consumo que les permite alcanzar mayor satisfacción, según las restricciones presupuestarias que determinan su capacidad de compra.

Una nueva rama académica, que se ubica entre la economía y la psicología, pone en entredicho esta manera de pensar. La economía del comportamiento (véase, por ejemplo, Thaler y Sunstein, 2008) argumenta que los agentes económicos toman decisiones sobre la base de reglas simples, que no siempre contemplan las preferencias. Más bien consideran el contexto y el modo en que este se le presenta a quien toma la decisión. Según la economía del comportamiento, la incapacidad de prestar atención a todos los detalles en cada decisión de la vida y la aversión al riesgo provocan que la tendencia natural de los agentes económicos sea la de no hacer cambios en el statu quo, incluso si esos cambios son muy beneficiosos. En definitiva, las decisiones que se toman sobre el consumo, el ahorro y la inversión están impregnadas de una gran inercia, lo que sesga el resultado de esas decisiones hacia la opción de no elegir. Esta teoría explicaría por qué se pagan suscripciones a revistas que nunca se leen o cuotas de gimnasios a los que nunca se va.

En el contexto del ahorro previsional esta hipótesis se traduce en el hecho de que muchos individuos no ahorran porque nunca toman la decisión de hacerlo. También lleva al hecho de que ciertas opciones por defecto tengan una importancia inusitada. Una significativa serie de estudios realizados en Estados Unidos (Choi et al., 2004; Madrian y Shea, 2001) documenta que la inscripción de los trabajadores por defecto en un plan de pensiones 401(k) aumenta enormemente la tasa de participación en los planes, que pasa del 30% al 90% para algunos grupos de trabajadores. Esta inscripción por defecto implica que cuando un individuo inicia un nuevo trabajo es registrado automáticamente en un plan *a menos que indique su preferencia por no estar*. A priori, si un trabajador eligiera de manera óptima su nivel de ahorro, la opción por defecto no debería tener ninguna relevancia, algo que la evidencia desmiente de forma rotunda.

Si bien la inscripción por defecto es muy efectiva para aumentar la participación en programas de ahorro, las opciones por defecto también pueden ser contraproducentes: los sistemas consiguen altas tasas de participación, pero la gran mayoría de los trabajadores se queda "anclada" en las tasas de contribución por defecto, que suelen ser muy bajas (entre el 2% y el 3%). Así es el poder de la inercia.

Otra de las lecciones que ofrece la economía del comportamiento en el contexto del ahorro indica que reducir las dificultades de inscripción incrementa las tasas de participación, aunque en menor medida que las opciones por defecto (Madrian, Laibson y Choi, 2009; Beshears et al., 2011; Madrian y Shea, 2001), y que enviar recordatorios a los individuos para que tomen acciones de ahorro puede ser una herramienta útil, en particular si los recordatorios están enfocados en conseguir un objetivo específico de ahorro (Karlan et al., 2012). Algunas de estas experiencias serán exploradas con más detalle en el siguiente capítulo.

Gráfico 3.4
¿Cuánto ha pensado en cómo financiar su vejez?
Ciudad de México y Lima Metropolitana, 2008

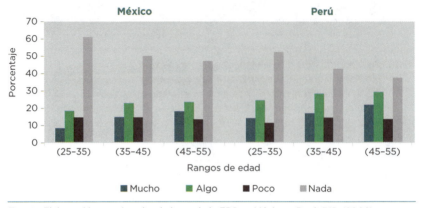

Fuente: Elaboración propia sobre la base de la EPS en México y Perú, BID (2008).
Nota: Responden solo las personas de entre 22 y 55 años.

Gráfico 3.5
¿Por qué los trabajadores no contribuyen?
Ciudad de México y Lima Metropolitana, 2008

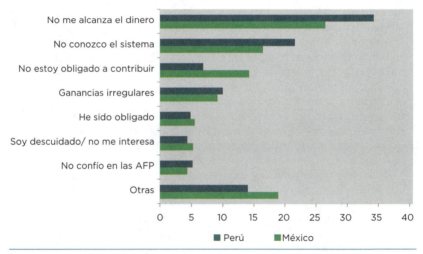

Fuente: Elaboración propia sobre la base de la EPS en México y Perú, BID (2008).

un país y la proporción de trabajadores que ahorran en un plan de pensiones, y entre el nivel de ingreso de los individuos y su probabilidad de cotización.

- *Otras prioridades:* para los individuos y las familias de ingresos más bajos, ahorrar en el largo plazo para financiar una pensión puede no ser una decisión óptima. Si un hogar empieza a tener capacidad de ahorro por encima del nivel de supervivencia, tal vez lo más eficiente sea invertir en más y mejor educación, tanto de los adultos como de los hijos, así como también en salud, o en la compra de una vivienda en propiedad.

El diseño y el funcionamiento de los sistemas previsionales (bloque II)

Frente a las dificultades de los individuos para ahorrar individualmente en el largo plazo, los sistemas previsionales tienen la función de trasladar consumo presente a consumo futuro de manera eficiente. Sin embargo, no consiguen proporcionar una pensión a una parte importante de los adultos mayores en la región. Por dos razones: i) porque no fueron diseñados para brindar una cobertura universal en pensiones a todos los ciudadanos y ii) porque su buen funcionamiento está ligado a la capacidad de los mercados laborales de generar trabajo formal. A continuación se ofrecen argumentos que sugieren que ambas razones contribuyen a los bajos niveles de ahorro previsional en América Latina.

El diseño de la seguridad social: ¿asegurar trabajadores o ciudadanos?

Los sistemas de protección social de la región nacieron bajo la influencia del sistema *bismarckiano* de seguro social implementado en Alemania a fines del siglo XIX, que sostiene la idea de que los beneficios sociales son para los trabajadores que los adquieren a través de contribuciones copagadas con el empleador. Según Bismark, el motivo principal era que "el verdadero agravio del trabajador es la inseguridad de su existencia; no está seguro de si siempre tendrá trabajo, no está seguro de si siempre estará sano y prevé que un día será demasiado mayor para trabajar". Este tipo de sistema se extendió rápidamente por Europa continental y fue adoptado por los países de ALC a mediados del siglo XX.

Con esta arquitectura e impulsados por la conferencia de la Organización Internacional del Trabajo (OIT) en Santiago de Chile en 1936, los Institutos de Seguridad Social se establecieron en la región. El Instituto Ecuatoriano de Seguridad Social, por ejemplo, se fundó en 1935, y durante los años cuarenta atravesó una serie de expansiones. Perú abrió su Instituto de Seguridad Social en 1936. Otros países lo siguieron: Argentina (1946), Colombia (1945), Costa Rica (1941), El Salvador (1949), Guatemala (1946), México (1943), Panamá (1941), Paraguay (1943), Uruguay (1943) y Venezuela (1946). Esta tendencia regional continuó en los años cincuenta con Bolivia (1956), Honduras (1957) y Nicaragua (1956). Una de las resoluciones centrales de la conferencia de la OIT fijó el trabajo asalariado como el objetivo básico del aseguramiento social mediante una combinación de deducciones del salario y contribuciones patronales.

Este modelo fue adoptado principalmente por tres razones: i) había sido exitoso en los países europeos, ii) las limitaciones de los gobiernos de la región para proveer beneficios y recaudar impuestos hacían poco factible el establecimiento de un modelo que garantizase una cobertura universal y iii) se esperaba que los beneficios de la seguridad social desempeñaran un rol redistributivo en transferir recursos de los patronos a los obreros (Kaplan y Levy, 2012).

Si bien los países de Europa continental proporcionaban seguridad social mediante las contribuciones obligatorias de los trabajadores, había alternativas. El plan Beveridge de 1942 sugería "cubrir a todos los ciudadanos sin ningún límite superior de ingreso, pero reconociendo los distintos medios de vida (…): i) empleados, esto es, personas cuya ocupación habitual es empleado bajo un contrato de servicios; ii) otros ocupados, categoría que incluye empleadores, comerciantes y trabajadores independientes de todo tipo; iii) amas de casa, esto es, mujeres casadas en edad de trabajar; iv) otros ocupados sin ingreso; v) individuos que se encuentren por debajo de la edad de trabajar, iv) jubilados (…). Las seis clases de ciudadanos recibirían un ingreso por pensión (…) pagado por el ministerio de Finanzas".

A partir de este diseño inicial, poco a poco los distintos países de la región fueron incluyendo otros colectivos de trabajadores en la estructura básica de los sistemas previsionales, como los trabajadores no asalariados, los empleados domésticos y los empleados no remunerados (véase el cuadro 3.1). En la actualidad, aproximadamente la mitad de los países obliga a los trabajadores no asalariados a cotizar; en algunos de ellos se les permite contribuir de manera voluntaria y en una minoría ni siquiera se les permite contribuir.

Este diseño es especialmente problemático para los países de la región por al menos dos razones: i) una fracción elevada de empleados trabaja como no asalariado, ii) estudios realizados en los últimos diez años, que permiten ver no solo dónde se desempeña un trabajador en un momento dado, sino también la secuencia de trabajos que un mismo empleado tiene en el transcurso del tiempo, confirman que existe una importante movilidad entre trabajos no asalariados y asalariados (véase el capítulo 2, hecho VII). El paso de un empleo en el que es obligado a cotizar a uno en el que no lo es en muchos casos genera para el trabajador una secuencia errática de aportes que afecta la densidad de las contribuciones y la pensión final que puede obtener.

Por este motivo, un sistema diseñado para proveer a los trabajadores un mecanismo de ahorro para el futuro no puede ser universal. Aunque el funcionamiento del sistema previsional fuera perfecto, ciertos grupos de ciudadanos no tendrían acceso a una pensión en la vejez. Éste es el caso, por ejemplo, de colectivos que no son parte de la fuerza de trabajo o tienen una menor conexión con el mercado laboral, como las mujeres. En los países de altos ingresos de la OCDE, donde el funcionamiento del sistema es bueno y la gran mayoría de los trabajadores aporta regularmente, las lagunas de cobertura que dejan los diseños *bismarckianos* se solucionan fácilmente con una cobertura universal de los trabajadores, que redunda en la totalidad de los adultos mayores a través de las familias, y con programas limitados de pensiones asistenciales para colectivos particulares. En ALC, sin embargo, estos problemas de cobertura se acentúan por el hecho de que muchos trabajadores quedan explícitamente fuera por diseño, ya sea por la importancia de estos grupos en la región o por la elevada movilidad, que hace que en algún momento dado de la vida muchos trabajadores se desempeñen en trabajos que no exigen cotizar. A estos problemas de diseño es necesario adicionarles los de funcionamiento, que se describen a continuación.

Funcionamiento del sistema: el mercado laboral como mecanismo de ahorro previsional
Como el objeto del aseguramiento social lo constituyen los trabajadores asalariados, el funcionamiento del mercado laboral juega un papel crucial en la generación de ahorro previsional. La vertebración del sistema

previsional a través del mercado de trabajo liga la política tributaria, la política laboral y la política social. En otras palabras, cualquier cambio en impuestos, instituciones laborales y beneficios sociales tiene el potencial de afectar indirectamente el sistema previsional y viceversa. El diseño de estas políticas (previsional, tributaria, laboral y social) va a dar forma a los costos y beneficios a los que se enfrentan los tres grandes decisores en el mercado laboral: Estado, trabajadores y empresas.

El Estado como juez y parte en el mercado de trabajo
Además de delinear las líneas maestras del sistema previsional, el Estado tiene un protagonismo determinante en su funcionamiento. Sus roles principales son tres:

Cuadro 3.1
Obligación de cotizar para asalariados y cuenta propistas

País	Asalariados		No asalariados		
	Obligatoria	Voluntaria	Obligatoria	Voluntaria	Excluidos
Argentina	x		x		
Bahamas	x		x		
Barbados	x		x		
Belice	x		x	x (n)	
Bolivia	x			x	
Brasil	x		x		
Chile	x (a)	x (e)	x (i)	x	
Colombia	x		x		
Costa Rica	x (b)		x (j)		x (p)
Ecuador	x			x	
El Salvador	x	x (f)		x	
Guatemala	x			x	
Honduras	x			x	
Jamaica	x			x	
México	x			x	
Nicaragua	x			x	
Panamá	x (c)		x (k)	x (o)	
Paraguay	x				x
Perú	x		x (l)	x (p)	

(continúa en la página siguiente)

1. El Estado establece los costos y beneficios de operar en la formalidad, que incluyen los aportes obligatorios por parte de empresas y trabajadores para financiar salud y pensiones, así como también otros costos que las empresas tienen que afrontar si se establecen formalmente. Es el caso de los costos de apertura, los salarios mínimos, los costos de despido u otras regulaciones. Los costos no salariales de la formalidad pueden alcanzar el 50% del salario (véase el gráfico 3.6). Por otro lado, el Estado también es un actor clave para fijar la calidad de los beneficios que derivan de esos aportes, pues cuenta con un control importante en la provisión (ya sea de manera directa o por medio de la supervisión de los entes proveedores) y en la regulación de los mismos.

Cuadro 3.1
Obligación de cotizar para asalariados y cuenta propistas
(continuación)

País	Asalariados		No asalariados		
	Obligatoria	Voluntaria	Obligatoria	Voluntaria	Excluidos
Rep. Dominicana	x	x (g)			x
Uruguay	x (d)	x (h)	x (m)	x (h)	
Venezuela	x		x		

Fuente: Elaboración propia, sobre la base de SSA (perfiles de países) y SSA (2008, 2012).
Notas:
[a] Para trabajadores que ingresaron en la fuerza de trabajo luego del 31 de diciembre de 1982.
[b] Trabajadores mayores de 54 años en 2005 permanecen en el sistema de seguro social, no en el de cuentas individuales.
[c] Obligatorio para nuevos ingresantes a la fuerza de trabajo desde 2008 en el sistema de cuentas individuales.
[d] Obligatorio en el sistema de seguro social.
[e] Protección voluntaria para trabajadores cubiertos por seguridad social antes de enero de 1983.
[f] Voluntario para aquellas personas que tenían 36 años o más en 1998.
[g] Voluntario para trabajadores del sector público, y trabajadores del sector privado mayores de 45 años en 2003.
[h] En las cuentas individuales la cobertura es voluntaria para los asalariados y no asalariados con ingresos mensuales de $24.709 o menos.
[i] Cobertura gradualmente extendida a los trabajadores no asalariados entre 2012 y 2015.
[j] Obligatorio en el sistema de seguro social pero excluidos de cuentas individuales.
[k] El sistema de cuentas individuales es obligatorio para trabajadores no asalariados menores de 35 años en enero de 2007 y con ingresos superiores a B/.500 por mes.
[l] El seguro social es obligatorio para algunos tipos de trabajadores no asalariados.
[m] Es obligatorio en el seguro social.
[n] En el caso de individuos menores de 65 años que se convirtieron en trabajadores no asalariados y han pagado como mínimo 150 contribuciones como empleados.
[o] No es obligatoria para todos los tipos de trabajadores no asalariados.
[p] Solo aplica a cuentas individuales.

Gráfico 3.6
Los costos de la formalidad en América Latina y el Caribe, 2010

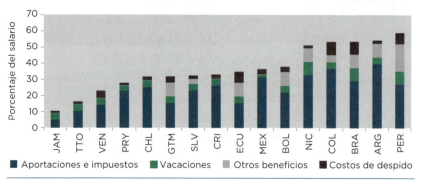

Fuente: Pagés (2010).

2. El Estado decide cuáles son los beneficios (subsidios) que recibe un trabajador que es informal. Los costos y beneficios relativos de ser formal o informal van a ser importantes para determinar el equilibrio en la distribución de empleos formales. En algunos casos, las diferencias entre los costos de la formalidad y los subsidios a la informalidad pueden ser muy relevantes, sobre todo entre los trabajadores de bajo ingreso. Por ejemplo, en México los costos de la formalidad (como porcentaje del salario) son más altos para los trabajadores de bajo ingreso porque la salud se financia con un pago fijo del 20,4% del salario mínimo, lo que supone un costo relativo mucho mayor para quienes ganan menos. Al mismo tiempo, el Estado proporciona una serie de subsidios a los trabajadores informales, que aumentan, relativamente, cuanto menor es el ingreso. El resultado es que la diferencia entre el costo de la formalidad y el subsidio a la informalidad para los trabajadores del primer decil de ingreso supera el 70% (véase el gráfico 3.7). Si la valoración de los beneficios formales no es muy diferente de la valoración de las ventajas de la informalidad hay muy pocos incentivos para que los trabajadores de bajos ingresos obtengan empleos formales.

3. El Estado determina el grado de cumplimiento de las normas que él mismo impone. La elección del grado de fiscalización funciona como una señal hacia las empresas y los trabajadores acerca de cuán costoso es operar en el sector informal. En ocasiones, la

Gráfico 3.7
Costos no salariales formales y subsidios a trabajadores informales por número de salarios mínimos en México

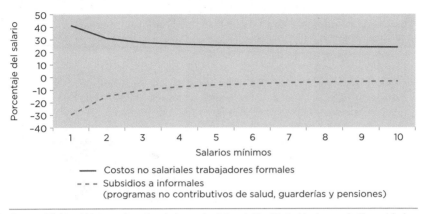

Fuente: Elaboración propia, sobre la base de datos del Instituto Mexicano de Seguridad Social, y Antón, Hernández y Levy (2012).

señal indica que si una empresa es lo suficientemente pequeña o informal no será multada por incumplir la norma. Por ejemplo, en Argentina las actividades irregulares están explícitamente excluidas de la fiscalización del Estado, que se centra en empresas que ya se han establecido formalmente (véase el recuadro 3.2). Otro aspecto importante de la connivencia entre el Estado y la evasión de las contribuciones puede estar asentado en una falta de capacidad institucional para detener la fuga de recursos. Éste es el motivo que se encuentra detrás de la decisión de eximir el pago de contribuciones sociales a trabajadores no asalariados y trabajadores domésticos en muchos países.

En definitiva, en los países de la región existe ambivalencia sobre cuál es la función objetivo del Estado en cuanto a la existencia del trabajo informal. Por un lado, se castiga el empleo informal ilegal con cuantiosas multas nominales a las empresas que no cumplen con la normativa. Por el otro, se fiscaliza, principalmente, a empresas que ya tienen un vínculo con las instituciones oficiales, porque están registradas o porque algunos de sus trabajadores son formales. De la misma manera, se proporciona un marco de incentivos complejo para trabajadores y empresas, por medio de beneficios a los trabajadores

Recuadro 3.2
La fiscalización de las empresas formales

Varios países de la región están haciendo esfuerzos por supervisar más el mercado de trabajo. Entre ellos, Brasil y Argentina, donde en los últimos años se ha producido un importante incremento en la fiscalización.

Como respuesta al elevado índice de trabajo no registrado que desde inicios de los años 2000 afecta el empleo asalariado, en 2003 Argentina puso en marcha el Plan Nacional de Regularización del Trabajo. El foco de la fiscalización se colocó, explícitamente, en empresas formales que tuvieran ya una trayectoria de cotización a la seguridad social y en aquellas en las que se hubieran detectado irregularidades previas. De manera intencional se obvió a las economías de subsistencia. En concreto, de acuerdo con el Ministerio de Trabajo, Empleo y Seguridad Social de Argentina, la planificación de la fiscalización respondía a la siguiente estrategia: "Se focaliza en aquellas actividades económicas que se encuentran en expansión, evitando de esa forma castigar a los sectores más débiles de la economía formal, priorizando empresas y sectores que posean capacidad contributiva. La delimitación de la esfera de acción deja de lado economías informales y/o de subsistencia".

Brasil es otro de los países que han implementado un agresivo programa de supervisión fiscal. A pesar de que el número de inspectores de trabajo se ha mantenido constante desde mediados de los años noventa (la cifra ronda los 3.000), la fiscalización se ha ido centrando cada vez más en empresas de mayor tamaño. Mientras que en 1995 la empresa registrada tenía, en promedio, 45 empleados, en 2011 este número alcanzó los 120 trabajadores, una cantidad muy cercana a la media de Estados Unidos. Esto ha permitido pasar de regularizar 250.000 trabajadores al año a regularizar cerca de 700.000.

Gráfico 3.2.1:
Tamaño promedio de la empresa inspeccionada en Estados Unidos y en Brasil, 1995–2011

Fuente: Ministerio de Trabalho (Brasil) y Administración de Seguridad y Salud Ocupacional (OSHA, por sus siglas en inglés).

(continúa en la página siguiente)

> **Recuadro 3.2**
> **La fiscalización de las empresas formales** *(continuación)*
>
> A pesar de que probablemente fiscalizar las empresas más grandes y formales es eficiente desde el punto de vista de la recaudación, el mensaje que se transmite es que mientras la empresa sea pequeña puede pasar inadvertida para el Estado, mientras que crecer y cotizar puede tener para la empresa el costo añadido de ser fiscalizada. Esto es algo que los microemprendedores informales podrían tomar en cuenta al adoptar una decisión sobre el tamaño de la empresa.

formales a cambio de contribuciones, mientras que al mismo tiempo se ofrecen beneficios dirigidos de un modo específico a los trabajadores no formales (como el Seguro Popular en México, el régimen subsidiado de salud en Colombia, así como también programas de pensiones no contributivas destinadas únicamente a los informales). Parte de esta ambivalencia puede obedecer a que el Estado reconoce al sector informal como una fuente importante de generación de empleo: una menor permisividad con el trabajo informal redundaría en más trabajo formal, pero probablemente también en mayor desempleo (Almeida y Carneiro, 2012).

Los trabajadores y los costos y beneficios de la formalidad

Los beneficios nominales de la formalidad para los trabajadores son claros. En la gran mayoría de los países, un trabajo registrado da acceso a servicios de salud y planes previsionales, entre otras ventajas. Sin embargo, la variable clave no es solo cuáles son los beneficios sino también cuánto valoran los trabajadores estos beneficios en relación con los aportes que deben realizar. Si la valoración es igual o mayor que el aporte, entonces el trabajador podría estar dispuesto a asumir, en forma de menores salarios netos, los costos de la formalidad. Sin embargo, si la valoración es baja, probablemente el trabajador no estará dispuesto a aceptar esas reducciones y la empresa tendrá que asumirlas, en forma de menores beneficios, menor empleo formal o mayores precios.

La pregunta es cuánto están dispuestos a pagar los trabajadores. Y la respuesta no es muy alentadora ya que la dificultad para estimar las necesidades durante la vejez y una fuerte dosis de miopía e inercia sugieren que la inclinación a aportar a sistemas previsionales en general es baja, más aun, posiblemente, entre las personas de bajos ingresos. Si bien no hay información sistemática al respecto, la evidencia disponible indica que las valoraciones (o la disposición a pagar) no son altas. Sobre todo en el caso de los sistemas previsionales. En Ecuador, por ejemplo, ante la propuesta "si le ofrecieran un plan de jubilación con buenos servicios y pensiones suficientes, ¿cuánto estaría dispuesto a pagar mensualmente?", un 27% respondió que no estaría dispuesto a pagar nada (INEC, 2007). En promedio, los trabajadores se inclinarían a renunciar al 4% del sueldo mensual, algo similar a lo que estarían dispuestos a pagar por un sistema de salud. En la práctica, los asalariados ecuatorianos tienen que pagar un 6,6% de su salario, mientras que el empleador tiene que abonar otro 3,1%, para financiar las pensiones (BID, Banco Mundial y OCDE, 2013). De la misma manera, en Colombia los trabajadores se aprestarían a destinar entre un 13% y un 20% de su salario a un paquete integrado que incluyera pensiones y salud (Cuesta y Olivera, 2010). Sin embargo, el costo del paquete que tienen que pagar entre empresas y trabajadores es de alrededor del 50%.

Además, el nivel de ingreso influye en la disposición a pagar. En Ecuador, el 46% de los trabajadores en el decil más bajo de la distribución respondió que no estaría dispuesto a cotizar absolutamente nada a un plan de pensiones, mientras que en los estratos medios esa cifra baja al 34%. Incluso el 23% del decil más rico reporta que no estaría dispuesto a contribuir ni un solo dólar a un sistema previsional que otorgara prensiones justas.

Un punto crucial que suele pasar desapercibido es que este análisis costo/beneficio de lo que implica ser formal para el trabajador no se hace en términos absolutos sino que se compara con los costos y la valoración de los beneficios de ser informal. El incremento de programas no contributivos en salud y pensiones altera el análisis costo/beneficio que realizan los trabajadores acerca de si buscar trabajos formales o no. Levy (2008) sugiere que para los trabajadores poco cualificados en México, una vez asimilada la valoración que los trabajadores formales e informales tienen de los respectivos paquetes que les ofrece el Estado, el "impuesto neto" por ser formal es del 34% del salario. Este impuesto consiste en la suma de la porción de los servicios que los trabajadores formales tienen que pagar y no valoran y los servicios que los trabajadores informales reciben y no deben pagar.

En última instancia, la valoración que los trabajadores hagan de los beneficios relativos de ser formales va a determinar hasta qué punto la empresa puede trasladar los costos de la formalidad en forma de menores salarios y, por lo tanto, en qué medida va a reaccionar la demanda de trabajo ante cambios en las contribuciones a la seguridad social. La evidencia que ofrece la región insinúa que parte de este costo recae en la empresa, aunque en la literatura especializada no existe un consenso acerca de este resultado (véase el recuadro 3.3).

Las empresas y los costos y beneficios de la formalidad

Las empresas recaudan el ahorro de los trabajadores y lo canalizan hacia las cuentas del Estado o al sistema financiero. Si las empresas pudieran trasladar los costos de las contribuciones en pensiones, salud y otros beneficios sociales (o incluso costos de los que la empresa es responsable) a los trabajadores en forma de menores salarios serían meros intermediarios. Por lo tanto, a las empresas les resultaría indiferente contratar trabajadores de manera formal o informal. Sin embargo, existen varias razones que les impiden a las empresas ser simples intermediarias:

1. Como se expuso anteriormente, los trabajadores pueden no valorar los beneficios al precio de costo y no están dispuestos a renunciar a menores salarios. En ese caso, si una empresa quiere contratar según la ley vigente tal vez deba asumir costos que por ley no le corresponden.
2. Variables institucionales como los salarios mínimos impiden a las empresas trasladar la totalidad de estos costos a los trabajadores con salario mínimo o con salarios cercanos a este valor.
3. Los costos de la formalidad implican para las empresas mucho más que cotizaciones a los beneficios sociales. Aunque el cumplimiento directo de las obligaciones sociales no es elevado y es posible trasladarlo en menores salarios, *forzar* el ahorro previsional de los trabajadores significa aceptar otras obligaciones establecidas por el código laboral, como indemnizar a los empleados en caso de despido, y regulaciones laborales adicionales (salario mínimo,

Recuadro 3.3
¿Quién paga realmente las contribuciones a la seguridad social y los impuestos al trabajo?

¿Cuál es el efecto real de reducir las cotizaciones sociales y los impuestos laborales? Durante las últimas dos décadas, numerosas instituciones académicas internacionales han recomendado rebajar las cotizaciones sociales para impulsar la creación de empleo. Detrás de esta propuesta aparece un abanico sorprendentemente diverso de justificaciones económicas. Para algunos (Comisión Europea, 1994; OCDE, 1994), la reducción de los impuestos al trabajo es un medio para bajar los costos laborales y, en consecuencia, favorecer la demanda laboral. Para otros (Prescott, 2004), la reducción de impuestos aumentaría el salario neto y la oferta de trabajo. En tanto, en las economías emergentes, especialmente en América Latina, algunos autores destacan los efectos positivos de las rebajas de impuestos sobre la formalidad (Levy, 2008; Pagés, 2010).

Cualquiera de las opciones exige saber quién es realmente el que tiene la carga tributaria. En el caso de las contribuciones sociales sobre las empresas, éstas pueden ser absorbidas por las compañías (con el aumento de los costos laborales, la disminución de sus beneficios después de impuestos), pueden ser *trasladadas hacia atrás* a los empleados (mediante la reducción de los salarios netos) o *trasladadas hacia adelante* a los consumidores (con la suba de los precios de los productos). En última instancia, se trata de una cuestión empírica.

La literatura sobre el tema está lejos de transmitir una posición unánime. Basta observar trabajos recientes para advertir que los resultados varían desde traslación plena a menores salarios (Gruber, 1997, para Chile; Alesina y Perotti, 1997, para una muestra de países nórdicos o anglosajones), hasta traslación parcial o nula (Cruces, Galiani y Kidyba, 2010 para Argentina; Heckman y Pagés, 2003, para una muestra de economías de la OCDE y América Latina, y Kugler y Kugler, 2008, para Colombia). Es importante remarcar que en países con alta informalidad, cuando no hay traslación y, por lo tanto, se produce una reducción del empleo formal, los salarios en el sector informal pueden verse afectados debido al incremento en la oferta de trabajadores informales.

Esta falta de consenso deriva de las dificultades de medición. Es sumamente complejo aislar el efecto de cambios tributarios, porque generalmente afectan a todos por igual, son muy graduales y/o se combinan con otras reformas en los mercados de bienes o servicios. De ahí la necesidad de aprovechar reformas de calado para diseñar buenas evaluaciones experimentales.

Por otra parte, sin desatender esta cautela, la economía laboral ha destacado diferentes factores políticos y socioeconómicos que afectan la distribución final de la carga fiscal entre trabajadores, empresa y consumidores:

1. *Las instituciones económicas y laborales*, en especial el grado de centralización y coordinación de la negociación salarial, la interacción con el

(continúa en la página siguiente)

> **Recuadro 3.3**
> **¿Quién paga realmente las contribuciones a la seguridad social y los impuestos al trabajo?** *(continuación)*
>
> *salario mínimo y la eficacia del sector público*: las cotizaciones impactan de manera menos negativa en el empleo si la negociación colectiva es muy centralizada o muy descentralizada, si el salario mínimo es bajo y si el gobierno es eficaz en el gasto (Calmfors y Driffill, 1988; Alesina y Perotti, 1997; Daveri y Tabellini, 2000; Kugler y Kugler, 2008).
> 2. *El tipo de sistema pensional y, sobre todo, la percepción de la relación entre impuestos y pensiones*: si los agentes perciben un efecto pleno de vinculación, los impuestos sociales se convierten en un salario diferido y no elevan los costos laborales (Gruber y Krueger, 1990; Gruber, 1994a y 1994b; Disney, 2004).
> 3. *El horizonte temporal*: la existencia de rigideces nominales en salario y precios implica que las cotizaciones tienden a tener mayor impacto sobre el empleo en el corto plazo (Hamermesh, 1993).
>
> Además, los resultados se ven influidos por la definición de la carga fiscal debido a que las bases de los impuestos indirectos, de los impuestos sobre la renta a personas físicas y de las contribuciones sociales de empleados y empleadores difieren, al igual que sus efectos económicos (OCDE, 1990 y 2007). González-Páramo y Melguizo (2013) corroboran cuantitativamente estos resultados con un ejercicio de meta-análisis realizado sobre un conjunto de 52 estudios empíricos. En promedio, los trabajadores asumen desde el 70% de la carga tributaria en las economías continentales y anglosajonas, por medio de menores salarios, hasta casi el 90% en los países nórdicos. Este efecto sobre los ingresos es mucho menor en el corto plazo, cuando las empresas asumen la mitad de la carga fiscal.
>
> Entender el impacto real de estas políticas es especialmente importante para América Latina, por los retos que afrontan los países de la región para reestructurar y garantizar la sostenibilidad de sus sistemas de pensiones, con una fortísima incidencia de la informalidad laboral.

regulaciones sanitarias y medioambientales) cuyos costos pueden ser sustanciales.

Al mismo tiempo, algunos costos asociados a la formalidad son difíciles de cuantificar y pueden generar una enorme incertidumbre, que se agregará al costo de contratar formalmente. El ejemplo más claro es el de los costos de despido. En la mayoría de los países de la región los costos de despido de un trabajador formal son altos (Heckman y Pagés, 2003) y pueden variar mucho según el grado de litigiosidad del sistema y el tipo de cesantía. En México, por mencionar un caso, si el empleado demanda a la empresa por despido injustificado y el juez dictamina en su favor, la empresa deberá pagar todos los salarios devengados desde el despido del trabajador hasta la resolución del juicio. La incertidumbre que generan estos costos laborales potenciales puede desincentivar la contratación de empleo formal, particularmente en empresas pequeñas y medianas que no tienen los mecanismos para hacer frente a los posibles costos extraordinarios.

Por último, dentro del cálculo de costos y beneficios de la formalidad para la empresa entra el grado de fiscalización en el mercado de trabajo. Éste determina cuán costoso es para una compañía operar en la informalidad. Un nivel de fiscalización alto puede disuadir a las empresas de operar en la informalidad a pesar de que los costos de ser formal sean elevados e impedir que las empresas de baja productividad, que solo podrían operar informalmente, se creen. La evidencia empírica indica que la inspección en la región está concentrada en las empresas grandes que ya son formales, con lo cual hay un incentivo mucho menor a contribuir para las empresas pequeñas, que perciben que incumplir la ley tiene un costo relativamente bajo.

El equilibrio en el mercado de trabajo: las distintas caras de la informalidad

La interacción entre el Estado, los trabajadores y las empresas se puede representar como un equilibrio de cuatro cuadrantes, que constituyen las cuatro posibles combinaciones, según los costos superen la valoración de los beneficios o no para empresas, eje vertical, y para trabajadores, eje horizontal (véase el diagrama 3.2). La división entre los cuadrantes está determinada por el marco institucional de costos y beneficios que proporciona el Estado, así como por la percepción que tienen los trabajadores y las empresas de esos beneficios.

Dentro de este esquema, los trabajadores no asalariados se diferencian de los asalariados en su relación con la seguridad social, ya que son trabajador y empresa al mismo tiempo. Esto sitúa a todos los no asalariados en los cuadrantes I y IV. Es importante distinguir a este grupo del grupo de trabajadores asalariados por dos razones: i) en algunos países los no asalariados no están obligados a cotizar y

Diagrama 3.2
Entendiendo la formalidad

	Costo > v(beneficio) Trabajador	Costo < v(beneficio) Trabajador
Costo > v(beneficio) Empresa	I. Informalidad como elección No asalariados de baja valoración de la SS y sin mecanismos de ahorro forzoso. • La informalidad es óptima. Asalariados que no valoran la SS y trabajan para empresas pequeñas que evaden fácilmente. • La informalidad es óptima: no se cumplen los objetivos sociales.	II. Exclusión Asalariados que valoran la SS pero trabajan para empresas pequeñas que evaden fácilmente. • Informalidad que excluye.
Costo < v(beneficio) Empresa	III. Evasión Asalariados que no valoran la SS pero trabajan para empresas grandes con dificultades para evadir. • La incidencia de la SS en las empresas. • Búsqueda de mecanismos para no contribuir.	IV. Formalidad óptima Asalariados que valoran la SS y trabajan para empresas que no evaden. • La formalidad es óptima. No asalariados de alta valoración de la SS pero no tienen mecanismos de ahorro forzoso. • Contribuir es óptimo pero pueden no contribuir por falta de mecanismos.

Fuente: Elaboración propia.
Nota: SS representa los beneficios de la seguridad social.
v(beneficio) = Valoración de los beneficios de la formalidad

ii) independientemente de su estatus legal, no disponen de un mecanismo de ahorro forzoso. Esta distinción tiene consecuencias importantes. Primero, un trabajador que no desea ser formal puede tomar la decisión de emplearse por su cuenta. Segundo, los trabajadores no asalariados, estén obligados o no a cotizar, tienen que tomar una acción proactiva para efectivizar una aportación a la seguridad social, razón por la cual su ahorro no es el resultado exclusivo de una retención obligatoria.

- *Cuadrante I: la informalidad como elección.* Los costos de la formalidad exceden sus beneficios, tanto para empresas como para trabajadores. Aquí se sitúan también los no asalariados que no valoran suficientemente los beneficios de la formalidad como para asumir sus costos. Es de esperar que en este cuadrante se sitúen las empresas con una menor valoración de los beneficios de la formalidad: empresas poco intensivas en capital y en financiamiento externo y empresas que pueden hacerse invisibles al Estado de un modo sencillo (microempresas y pequeñas empresas). Entre los trabajadores se ubicarán en este cuadrante aquellos que tengan una menor valoración de los beneficios de los programas previsionales y de salud, tales como personas con baja cultura previsional o bien una enorme miopía, o personas de bajos ingresos con un alto costo de oportunidad para el ahorro de largo plazo. Es importante enfatizar que en este caso los objetivos individuales de empresas y trabajadores se cumplen, pero los objetivos sociales no. Esto es particularmente importante debido a que las decisiones individuales pueden no ser óptimas desde el punto de vista del ciclo vital por miopía, dejadez, desinformación, lo cual puede crear inconsistencia temporal y un consumo demasiado escaso durante la vejez.

- *Cuadrante II: la informalidad como exclusión.* Los costos de la formalidad son mayores que la valoración de los beneficios para las empresas, pero no para los trabajadores. En este cuadrante se situarían los trabajadores que están dispuestos a renunciar a parte del salario líquido para obtener otros beneficios de la seguridad social, pero no encuentran empleo en una empresa que registre formalmente a sus empleados. Sería el caso, por ejemplo, de los trabajadores que valoran los beneficios de la formalidad y se ocupan en una empresa pequeña o en una microempresa que no quiere registrarlos porque eso implicaría incurrir en otra serie de costos asociados a la formalidad (costo de despido, regulación fitosanitaria) que a la empresa no le conviene pagar porque existe una baja probabilidad de que la fiscalicen. Este cuadrante corresponde a la visión tradicional de la informalidad como el resultado de mercados segmentados (véase Perry et al., 2007).

- *Cuadrante III: la informalidad como evasión.* Los costos de la formalidad son mayores que la valoración de los beneficios para los trabajadores, pero no para las empresas. Este cuadrante refleja el caso de empresas que por su tamaño o su visibilidad deben contratar formalmente, pero emplean trabajadores que tienen una valoración baja de la formalidad. Como transferir el costo de la seguridad social al trabajador resulta más difícil, desde el punto de vista de la compañía contratar estos trabajadores es más caro. Sería el caso, por ejemplo, de empresas grandes que contratan a personas con baja disposición a renunciar al consumo presente. Esto explicaría por qué aun en empresas grandes (con más de 50 empleados), alrededor de un 10% de los trabajadores permanece en la informalidad.

- *Cuadrante IV: cuando la formalidad es óptima.* Este es el cuadrante donde se generan los trabajos formales porque la valoración de los beneficios de la formalidad es superior a los costos, tanto para trabajadores como para empresas. En ese marco, las relaciones que se establecen son formales. Aquí se espera encontrar trabajadores con mayor disposición/capacidad para contribuir a la seguridad social (como suelen ser los empleados de mayores ingresos o con una educación superior) y empresas que por su visibilidad, su tamaño o bien por necesidad de capital externo deben operar en el sector formal.

Cierre del círculo: políticas que rediseñan la provisión de seguridad social (bloque III)

El último bloque, que completa el marco conceptual, corresponde a las políticas que los gobiernos están llevando a cabo para reducir la falta de cobertura en pensiones que revierten en un cambio de incentivos en el equilibrio del mercado laboral antes descrito. En respuesta a la carencia de protección en la vejez que generan los sistemas que se basan en contribuciones a la nómina, los gobiernos han ido implementando, en paralelo con los regímenes tradicionales, programas de seguridad social no contributivos.

Desde el punto de vista conceptual, estas políticas intentan, en cierta medida, pasar de un diseño de protección del trabajador a un diseño de protección del ciudadano. El ejemplo más claro es *Renta Dignidad*, en Bolivia, una pensión no contributiva que se otorga a todos los ciudadanos de una determinada edad, al margen de su historia laboral o el nivel de renta (con una rebaja del 25% si el individuo recibe una pensión del sistema contributivo). Sin embargo, muchas de estas políticas no están focalizadas en el ciudadano sino en el trabajador que no estuvo registrado o no lo está. En México, por citar un caso, el seguro popular de salud está disponible solo para aquellas personas que no están cotizando a un servicio de salud contributivo.

Las pensiones no contributivas en México o Brasil se otorgan únicamente si se comprueba que la persona no está recibiendo una pensión del sistema contributivo.

Además, debido a que estas políticas surgen como apéndices de un sistema que ya está funcionando, suele haber duplicaciones y solapamientos con otros programas de protección social. En México, aparte del programa federal de pensiones no contributivas "65 y más" (antes, 70 y más), existen 16 planes estatales que otorgan subsidios a adultos mayores con distinta generosidad y variados criterios de elegibilidad. En el estado de Baja California se puede acceder a estos beneficios no contributivos desde los 60 años mientras que en otros estados hay que esperar hasta los 70. La generosidad también varía: de los $759 al mes de México, D.F. (US$106) a los $300 al mes (US$42) de Zacatecas. En algunos de estos estados, este beneficio se puede sumar al subsidio federal mientras que en otros está condicionado a no recibir ningún otro plan social (Águila et al., 2010).

Estos programas son esenciales para conseguir una cobertura universal en pensiones. Sin embargo, los responsables de política económica deben tener en cuenta que, como ilustra el equilibrio del mercado de trabajo que muestra el bloque II, su existencia revierte en las decisiones costo/beneficio de los trabajadores y las empresas. Cuánto estén disminuyendo la disposición a cotizar va a depender de varios factores, entre ellos, de en qué cuadrante se encuentren los trabajadores informales y en cómo el diseño y la implementación de los programas no contributivos muevan los márgenes costo/beneficio entre formalidad e informalidad (véase el recuadro 3.4).

¿Por qué en la región hay tantos trabajadores informales?

Los hechos descritos en el bloque II indican que el equilibrio del mercado laboral en la región genera el 55% de los trabajos en los cuadrantes I, II y III, donde no se aporta a un sistema previsional. En qué cuadrante en particular se ubican los trabajadores informales es el tema de un importante debate académico, en el que todavía no se ha llegado a un consenso. Mientras algunos autores consideran que los

> **Recuadro 3.4**
> **Los efectos teóricos de las pensiones no contributivas en el mercado de trabajo**
>
> Una de las grandes innovaciones de las últimas décadas ha sido la expansión, sin precedentes en la región, de las pensiones no contributivas. Este tipo de pilares ha tomado muchas formas, tanto en su nivel de generosidad como en quiénes son susceptibles de recibirlas (véase el cuadro 2.2 en el capítulo 2), pero ha permitido a millones de adultos mayores acceder a un ingreso. Sin embargo, estas subvenciones generan interrogantes importantes. Cómo afectan la participación en el mercado de trabajo y cuánto influyen en los incentivos a participar en los sistemas contributivos, los tópicos más significativos, se abordan a continuación.
>
> **Efectos en la participación laboral**
> Al disponer de un ingreso adicional, el beneficiario de una pensión no contributiva considera menos atractiva la opción de participar en el mercado laboral. Esto es lo que normalmente se denomina un efecto ingreso. Todas las pensiones no contributivas, al margen de su diseño, generan algún tipo de efecto ingreso, que va a derivar en una reducción de la oferta laboral del beneficiario. Hay evidencia, documentada de manera bastante amplia, de que los beneficiarios de las pensiones no contributivas dejan de trabajar en mayor o menor medida al ser elegibles a este tipo de subsidios. Ese es el resultado que estos programas persiguen: que los adultos mayores no tengan que trabajar hasta edades muy avanzadas. Por lo tanto, no es un efecto negativo, sobre todo si las pensiones se otorgan a una edad relativamente avanzada, cuando lo deseable es que los adultos mayores reduzcan su oferta de trabajo. La situación es más discutible si las pensiones se entregan a una edad más temprana, en un entorno de incrementos importantes en la esperanza de vida. Por ejemplo, las pensiones rurales en Brasil se conceden a partir de los 55 años entre las mujeres y a partir de los 60 años entre los hombres. Otra manifestación de este efecto ingreso es que trabajadores cercanos a la edad de jubilación (que todavía no son elegibles) anticipen su retiro o disminuyan sus horas de trabajo en previsión de recibir la pensión.
>
> **Efectos en las cotizaciones al sistema contributivo**
> Aquí habría que distinguir dos efectos relacionados. En primer lugar, en la medida en que las pensiones no contributivas reducen la participación laboral, también pueden disminuir las cotizaciones previsionales de los trabajadores. Esto ocurre si los trabajadores que deciden reducir su participación laboral estaban cotizando al sistema de pensiones. De alguna manera, estos trabajadores en ausencia de la pensión no contributiva hubieran seguido cotizado durante más tiempo.
>
> En segundo lugar, en los países de la región se plantea un efecto adicional. La división entre trabajo formal e informal obliga a la pregunta sobre si las pensiones no contributivas tienen el potencial de disminuir el incentivo de contribuir (de ser formal) durante la vida laboral de las personas. Aquí
>
> *(continúa en la página siguiente)*

Recuadro 3.4
Los efectos teóricos de las pensiones no contributivas en el mercado de trabajo *(continuación)*

es donde el diseño de la pensión no contributiva juega un papel crucial. Desde el punto vista teórico, uno de los parámetros fundamentales es cómo cambia el subsidio que brinda el Estado (en forma de pensión no contributiva) cuando se aporta al sistema contributivo. Si al aportar al sistema contributivo se reduce el monto del subsidio esto impone una especie de *impuesto* a la contribución.

En la región, las pensiones no contributivas se articulan de diferentes formas, por eso el potencial de afectar los sistemas contributivos difiere. Aquí destacamos tres modelos:

- *Bolivia, un pilar universal integrado.* En Bolivia, todo ciudadano mayor de 60 años, si es mujer, y de 65, si es hombre, tiene derecho a recibir una pensión no contributiva (Renta Dignidad) que se puede cobrar en combinación con la pensión contributiva, independientemente de la riqueza del individuo. Sin embargo, aquellos que tienen una pensión contributiva ven reducido el monto de la pensión no contributiva en un 25%. Además, el monto de la pensión no contributiva es escaso comparado con el de la pensión mínima que otorga el sistema contributivo.

Gráfico 3.4.1
Pilares contributivo y no contributivo por nivel de ingreso en Bolivia

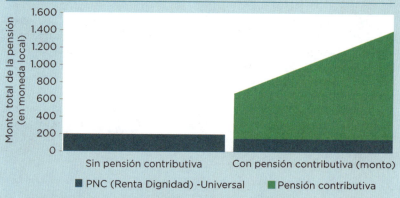

Fuente: Elaborado propia en base a parámetros del sistema.

- *Chile, un pilar solidario integrado, progresivo y focalizado.* En Chile el ciudadano tiene derecho a cobrar el monto máximo de la pensión no contributiva si no posee dinero acumulado en la cuenta para el retiro (y pertenece al 60% más pobre del país). Como en Bolivia, el pilar solidario se puede combinar con la pensión contributiva, en este caso de una manera más progresiva: conforme aumenta al saldo en la cuenta para el retiro, el monto de la pensión no contributiva disminuye. De esta

(continúa en la página siguiente)

> **Recuadro 3.4**
> **Los efectos teóricos de las pensiones no contributivas en el mercado de trabajo** *(continuación)*
>
> manera, el monto de la pensión final (la suma de la contributiva y la no contributiva) es siempre más alto cuanto más se tiene acumulado. Así, se establece un impuesto sobre la pensión no contributiva del 100% para aquellos individuos con una gran cantidad de ahorros y de cerca del 0% para quienes apenas tienen acumulado algo de saldo en su cuenta.
>
> **Gráfico 3.4.2**
> **Pilares contributivo y no contributivo por nivel de ingreso en Chile**
>
>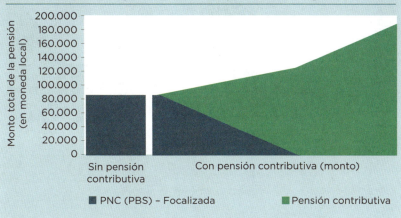
>
> *Fuente*: Elaboración propia en base a parámetros del sistema.
>
> - México y Brasil otorgan beneficios a ciudadanos sin pensión contributiva. En ambos países, el ciudadano que recibe una pensión contributiva no es elegible para una pensión no contributiva. Sin embargo, difieren en la relación entre el monto de la pensión no contributiva y el de la pensión contributiva. Mientras que en Brasil la pensión no contributiva es igual a la pensión mínima (el salario mínimo), en México el pilar solidario representa apenas una cuarta parte de la pensión mínima.
>
> De estos tres modelos, aquellos que otorgan pensiones no contributivas altas e imponen impuestos mayores a tener una pensión contributiva son los que cuentan con el potencial, desde el punto de vista teórico, de alterar los incentivos a cotizar de los trabajadores. Esto no quiere decir que todas las pensiones no contributivas que excluyen a quienes tienen una pensión contributiva van a fomentar informalidad. Como se vio a lo largo del capítulo, esto depende de muchos otros factores. En el capítulo 4 se revisa de manera crítica la evidencia empírica que existe acerca de los alcances de estos nuevos pilares no contributivos y sus efectos en el mercado de trabajo.
>
> *(continúa en la página siguiente)*

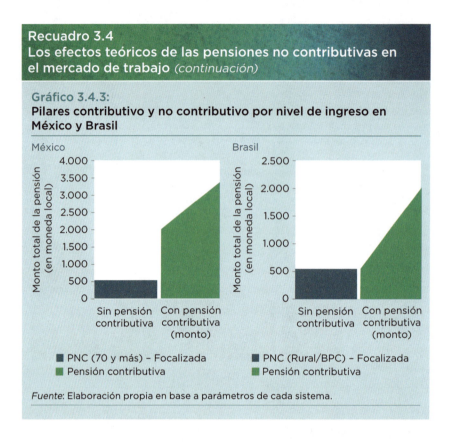

trabajadores informales están excluidos de las instituciones formales debido a que trabajan para empresas informales (cuadrante II), otros estiman que la informalidad surge de manera racional a partir de los incentivos que se proporcionan en el mercado de trabajo (cuadrante I; véanse Fields, 2009, y Perry et al., 2007).

Los patrones de informalidad que se observan en la región pueden proporcionar pistas valiosas para entender las posibles causas del mal funcionamiento del mercado de trabajo. Aquí se analizan algunas de las razones que originan esta situación, a través del prisma del marco conceptual descrito.

Políticas laborales como el salario mínimo pueden obstaculizar la contratación de trabajadores de bajos ingresos

El nivel del salario mínimo puede tener un impacto importante en la decisión de cotizar o no, pues determina el nivel mínimo de ingreso de un trabajador formal. Si el salario mínimo es muy alto (respecto del ingreso promedio del país) puede dejar fuera de la formalidad a los trabajadores de bajos ingresos.

En el promedio ALC, el salario mínimo se encuentra en el tercer decil de la distribución de ingreso (Bosch, Melguizo y Oliveri, 2013). Por este motivo, los trabajadores que se ubican en los dos primeros deciles de ingresos son eminentemente informales.

En algunos países los salarios mínimos son más elevados. Por ejemplo, en Venezuela el salario mínimo se encuentra entre el percentil 30, esto quiere decir que el 30% de los ocupados está por debajo del salario mínimo. En Colombia se ubica, incluso, un poco más arriba, y el 48% de los trabajadores reporta ingresos menores al salario mínimo. En Guatemala, Honduras o Paraguay, por ejemplo, solo cuatro de cada diez trabajadores reportan un ingreso igual o superior al salario mínimo (véase gráfico 3.8). Conforme el salario mínimo aumenta, es más difícil hallar trabajadores en la parte media de la distribución del ingreso. Para citar un caso: en el cuarto decil de la distribución del ingreso (que está por encima del salario mínimo en Venezuela pero no en Colombia y Guatemala), el número de trabajadores que cotizan en Venezuela es entre 40 y 50 puntos porcentuales mayor que en Colombia y Guatemala. Asimismo, en

Gráfico 3.8
Porcentaje de trabajadores cotizantes por decil de ingresos: Colombia, Honduras y Venezuela

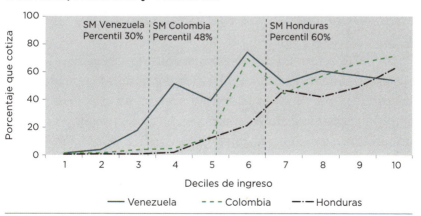

Fuente: Elaboración propia sobre la base de encuestas de hogares (circa 2010).

el sexto decil de la distribución del ingreso Colombia y Venezuela están equiparadas en términos de porcentaje de cotizantes, pero no ocurre lo mismo en Honduras. A partir del séptimo decil las diferencias desaparecen o se reducen ostensiblemente entre los tres países. Estos datos reflejan los efectos importantes que el salario mínimo tiene en la generación de trabajo formal en la parte media de la distribución del ingreso e ilustra la fuerte integración existente entre la política laboral y la política previsional.

Los costos de la formalidad pueden ser mayores para los trabajadores de bajos ingresos, especialmente para los no asalariados

Las cargas laborales como porcentaje del salario pueden ser mayores para los trabajadores de bajos ingresos. Esto ocurre cuando hay aportes e impuestos de suma fija, límites mínimos de cotización o límites máximos de cotización. Es un efecto que se observa especialmente entre los no asalariados debido a que en muchos países se enfrentan al pago de un monto fijo, ya sea en el régimen general o en el especial. En consecuencia, las cotizaciones sociales son mucho más altas para los no asalariados de bajos ingresos (como porcentaje de sus ingresos). Por ejemplo, el tipo impositivo para un trabajador no asalariado del tercer decil en Perú representa casi el doble del que le corresponde a un trabajador no asalariado en el sexto decil en el régimen general, similar a Argentina o a Uruguay en el régimen especial (véase el gráfico 3.9).

Los beneficios de la informalidad son mayores y por lo tanto la valoración de la formalidad es menor entre los trabajadores de bajos ingresos

El diseño de determinados programas sociales, cuyos beneficiarios son principalmente los trabajadores de bajos ingresos, puede reducir los incentivos a ser formales. Algunos, incluso, solo están disponibles para trabajadores informales, lo cual equivale a entregar un subsidio a ser informal, pues disminuyen la valoración que los trabajadores hacen de la formalidad. Ejemplos de este tipo de programas son el Seguro Popular en México (Bosch, Goñi-Pacchioni y Maloney, 2012) y el régimen subsidiado en Colombia (Camacho, Conover y Hoyos, 2009). Ambos han generado efectos negativos en

Gráfico 3.9
Cotizaciones de los trabajadores no asalariados como porcentaje de su ingreso, tercer y sexto deciles de ingreso laboral, 2010

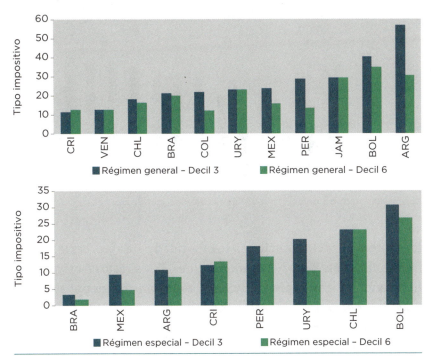

Fuente: Aguirre (2012).

la creación de trabajo formal, sobre todo en empresas pequeñas. De igual manera, varios estudios indican que los programas de transferencias condicionadas pueden limitar los incentivos a cotizar a la seguridad social (Amarante et al., 2011; Bosch, Maldonado y Schady, 2013; véase el recuadro 3.5).

Los costos de la formalidad son relativamente más altos para las empresas pequeñas, donde suelen emplearse los trabajadores de bajos ingresos

Sobre la base del mismo nivel de ingreso, los trabajadores de empresas pequeñas son más informales. El tamaño de la unidad de producción es determinante, incluso, para los trabajadores de alto ingreso, entre quienes los límites del salario mínimo no son restrictivos (véase gráfico 3.10). Una explicación posible a este hecho es que el tamaño de

Gráfico 3.10
Diferencia en el porcentaje de cotización de trabajadores asalariados en el séptimo decil de ingreso: empresas grandes (+50 trabajadores) vs. empresas medianas (6–50 trabajadores)

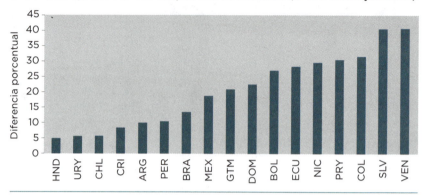

Fuente: Elaboración propia (BID) sobre la base de encuestas de hogares (circa 2010).

la empresa esté relacionado con la capacidad para absorber los costos fijos de la formalidad de sus trabajadores. Estos costos fijos, que son independientes de la productividad y del salario de los trabajadores, pueden tener varios orígenes, como economías a escala de personal y equipamiento para mantener una estructura formal, costos de despido o sanciones regulatorias. Otra interpretación factible es que la mayor productividad de las empresas grandes (véase, por ejemplo, Pagés (2010), donde se detalla la fuerte relación entre el tamaño de la firma y su productividad) sea la que les permita absorber los costos de la formalidad. La correlación también podría ir en sentido contrario. Las empresas solo crecen cuando pueden absorber los costos de la formalidad. Además, ya que el tamaño de la empresa altera la probabilidad de ser fiscalizada, un incremento en el tamaño aumenta los costos de la formalidad. De hecho, tener una baja escala de producción puede ser óptimo para algunas empresas.

Del marco conceptual a la cobertura universal

En la práctica, existen básicamente dos maneras distintas de incrementar el acceso a una pensión adecuada para los millones de adultos mayores que se jubilarán en las próximas décadas.

Recuadro 3.5
Los programas sociales y el sistema previsional

Las políticas para incrementar la cobertura en salud de los trabajadores informales aumentan la desprotección en el sistema de pensiones

El Seguro Popular se implementó en México en 2002 para proporcionar aseguramiento en salud a los más de 50 millones de ciudadanos sin seguro médico. La única condición para acceder a este aseguramiento gratuito era no estar cotizando al Instituto Mexicano de Seguridad Social (IMSS). El programa se desarrolló en fases, por municipalidades, hecho que permite analizar el impacto que tuvo en el mercado de trabajo (véase Bosch, Cobacho y Pagés, 2012). Durante el período de expansión del Seguro Popular, las municipalidades que lo implementaron primero experimentaron una merma en la inscripción de empresas formales, que se tradujo en menos patrones que se registraban. Paradójicamente, buscar la solución a la falta de cobertura en salud sobre la base de programas no contributivos desligados de la seguridad social puede reducir la generación de ahorro previsional.

Gráfico 3.5.1
Crecimiento del número de empresas de entre 1 a 50 trabajadores, registradas en el IMSS en México, 1997-2011

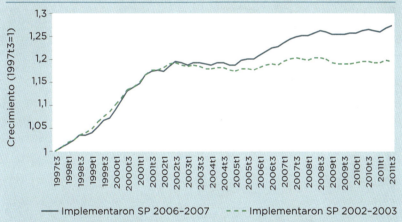

Fuente: Bosch y Campos (2010).

Las transferencias monetarias pueden reducir la participación en la seguridad social

Desde la creación del Programa de Educación, Salud y Alimentación (Progresa) en México, en 1997, las transferencias monetarias condicionadas se popularizaron en la región. En 2003, Ecuador empezó a entregar de manera sistematizada el Bono de Desarrollo Humano (BDH). Como ocurre en otros países, el mecanismo de focalización otorga un puntaje sobre la base de una serie de variables, entre las que no figura el hecho de ser afiliado a la seguridad social. Este puntaje permite dividir la muestra, en este caso de mujeres, entre un grupo de tratamiento (personas que justo

(continúa en la página siguiente)

> **Recuadro 3.5**
> **Los programas sociales y el sistema previsional** *(continuación)*
>
> califican para recibirlo) y un grupo de control (personas que justo califican para no recibirlo).
>
> Seis años más tarde, a pesar de que la percepción del BDH no está condicionada a no cotizar en la seguridad social, el grupo de tratamiento es menos formal, en alrededor de un punto porcentual (un 16% menos), que el grupo de control. Estos resultados muestran, de manera clara, que la recepción de la transferencia condicionada en Ecuador estaba afectando el porcentaje de mujeres que cotizaban a la seguridad social. Lo interesante es que la recertificación del BDH 2009, cuando se volvió a otorgar un puntaje de focalización, hizo que el grupo de tratamiento y el de control originales tuvieran más o menos las mismas probabilidades de ser beneficiarios del bono más allá de 2009. Dos años después de la recertificación, el porcentaje de mujeres que contribuían a la seguridad social en los grupos originales de control y de tratamiento se igualó, una situación que refuerza la idea de que recibir el BDH determina cotizar o no a la seguridad social ecuatoriana.
>
> **Gráfico 3.5.2**
> **Porcentaje de mujeres cotizantes a la seguridad social en Ecuador, de entre 30 y 45 años, grupo de tratamiento y grupo de control del Bono de Desarrollo Humano, 2000–11**
>
>
>
> *Fuente*: Bosch, Maldonado y Schady (2013).
> *Nota*: Los niveles de cotización de los grupos de tratamiento y de control se obtienen mediante una regresión de discontinuidad para cada mes donde la variable dependiente es si el individuo cotiza o no, y las independientes son una variable ficticia que determina la elegibilidad, el puntaje estandarizado y el puntaje estandarizado interactuado con la variable ficticia. La muestra está restringida a aquellos individuos con puntajes entre -2,5 y +2.5 del punto de corte.

Diagrama 3.3
Políticas ex post y su efecto en el mercado de trabajo

	Costo > V(beneficio) Trabajador	Costo < V(beneficio) Trabajador
Costo > V(beneficio) empresa	I. Informalidad como elección	II. Exclusión
Costo < V(beneficio) empresa	III. Evasión	IV. Formalidad óptima

Fuente: Elaboración propia.

1. **Políticas ex post.** Por un lado, la cobertura se puede ampliar con la entrega de beneficios previsionales no contributivos a aquellos individuos que llegan a la edad de jubilación sin ahorros o sin el derecho a una pensión.

Como se señala en el capítulo 2, este tipo de soluciones ha mostrado su efectividad para expandir la cobertura en el corto plazo, pero plantea dudas sobre las consecuencias fiscales, económicas e institucionales en el largo plazo, especialmente si no están bien integradas con los sistemas contributivos.

El efecto se puede apreciar claramente a la luz del marco conceptual; si están focalizadas únicamente en los trabajadores informales, estas políticas pensionales no contributivas y otras similares aumentan el costo relativo de ser formal frente al de ser informal.[2] En consecuencia, afectan la valoración que los trabajadores tienen de la formalidad y reducen el tamaño del cuadrante IV que es donde se generan los trabajos formales (véanse el diagrama 3.3.

Desde el punto de vista teórico, la magnitud de este efecto va a depender del diseño de política económica, especialmente de las reglas de elegibilidad y de la generosidad del beneficio no contributivo.

---

[2] Al mismo tiempo, si las empresas internalizan que los trabajadores reciben beneficios por ser informales pueden ofrecer contratos informales, que ahora son más atractivos, para reducir sus costos.

Cuanto más generoso sea el beneficio no contributivo, mayor va a ser la pérdida de valoración de los beneficios equivalentes por los que sí hay que pagar. Por ejemplo, otorgar una pensión no contributiva muy abundante (el 100% del PIB per cápita) a todos los ciudadanos que cumplan 65 años puede repercutir negativamente en los incentivos a ahorrar para la vejez durante la vida activa de las personas, ya que los individuos sabrán que tienen asegurado un paquete previsional bueno sin necesidad de contribuir durante su etapa laboral (en el siguiente capítulo se ofrece la evidencia que se ha obtenido de los efectos de estos pilares en la región a partir de estudios empíricos).

En resumen, las políticas no contributivas ex post tienen la gran virtud de incrementar rápidamente la cobertura. Además, resuelven los problemas de diseño de los sistemas previsionales al poder focalizarse en todos los ciudadanos y no solo en los trabajadores. Sin embargo, es importante diseñar estos beneficios de tal manera que no afecten de forma negativa los incentivos para que los trabajadores ahorren durante su vida laboral o, al menos, que lo hagan lo menos posible. Los beneficios muy generosos y exclusivos para los trabajadores informales (o que fueron informales durante la mayor parte de su vida laboral) van a reducir la valoración de ser formal entre aquellos que están en su fase activa, tanto trabajadores como empresas, y a disminuir la creación de trabajo registrado.

2. **Políticas ex ante.** El otro gran bloque de políticas se basa en incrementar el ahorro previsional durante la vida activa de los trabajadores. Es decir, en implementar políticas que cambien el actual equilibrio en el mercado laboral para generar más trabajo formal y, por lo tanto, más ahorro previsional. Estas políticas son muy variadas y no necesariamente tienen que estar relacionadas con la parte previsional de ser formal. Por ejemplo, una reducción de impuestos a los beneficios de las empresas puede aumentar la formalidad.

El objetivo de estas políticas es optimizar el análisis costo/beneficio que hacen los trabajadores y las empresas de operar en el sector formal, una medida que en el diagrama 3.4 implica incrementar el tamaño del cuadrante IV. La manera de agrandar ese cuadrante pasa por mejorar la valoración de los beneficios que tanto empresas como trabajadores tienen de la formalidad, reducir los costos de la formalidad, expandir la fiscalización o perfeccionar los canales de contribución para los no asalariados.

Los responsables de política económica tienen a su disposición distintas herramientas que se pueden combinar para mover esos márgenes: i) aumentar los incentivos a cotizar vía precios, mediante la entrega de mejores beneficios al mismo costo (aporte) o de los mismos beneficios por menores contribuciones; ii) integrar a los no asalariados plenamente en la seguridad social; iii) optimizar la información y la valoración de los beneficios, ya que un incremento en la valoración de los beneficios sobre la base de un costo constante llevará a una mayor formalidad; iv) ampliar la fiscalización del gobierno para evitar la evasión; y v) perfeccionar los canales a través de los cuales contribuir, una medida muy importante para los no asalariados y los asalariados informales que están desconectados de la seguridad social por las vías tradicionales.

Sin embargo, tanto las políticas ex ante como las que intentan fomentar la cotización generarán cambios en el mercado de trabajo siempre y cuando alteren las restricciones que impiden la creación de trabajo formal. Por ejemplo, si la restricción que impide la creación de trabajo formal es que el costo del paquete de beneficios es alto, una reducción de los costos de la formalidad puede liberar esa restricción. Si, por el contrario, la restricción es que el salario mínimo es muy alto, una reducción del costo puede ser inefectiva, sobre todo para aquellos trabajadores que reciben un salario que se ubica muy

Diagrama 3.4
Políticas ex ante y su efecto en el mercado de trabajo

	Costo > v(beneficio) trabajador	Costo < v(beneficio) trabajador
Costo > V(beneficio) empresa	I. Informalidad como elección	II. Exclusión
Costo < V(beneficio) empresa	III. Evasión	IV. Formalidad óptima

Fuente: Elaboración propia.

por debajo del mínimo por su menor productividad. Pero esta es una cuestión eminentemente empírica y va a depender del diseño de la política y del contexto del país.

Conclusiones

Ahorrar para el largo plazo es difícil en cualquier contexto, pero en ALC lo es aún más porque es una región de ingreso medio bajo, con un mercado laboral altamente distorsionado que genera poco empleo formal.

El sistema previsional forma parte de un sistema de protección social y de regulación que se vertebra desde el mercado laboral. Esta integración hace que políticas económicas que, en apariencia no están relacionadas, puedan tener importantes implicaciones para el ahorro previsional. La experiencia en la región muestra las importantes interacciones que se producen entre política laboral, política social y política previsional.

La mayoría de los países de la región está atrapada en un equilibrio no virtuoso que genera un ahorro previsional insuficiente, en especial para los trabajadores de salarios medios y bajos, y en asalariados de empresas pequeñas. La elevada probabilidad de inspecciones en empresas grandes distorsiona las decisiones de trabajadores y compañías de tal forma que promueve una proliferación de pequeñas empresas de baja productividad. Además, la situación motiva a los gestores de políticas públicas a compensar la falta de cobertura (de pensiones y otros beneficios), y en muchos casos estas iniciativas pueden exacerbar las distorsiones ya existentes en el mercado de trabajo.

Entender la conexión y el equilibrio entre las políticas que intentan reducir la pobreza en la vejez de manera inmediata (ex post) y las que buscan fomentar el ahorro durante la vida laboral de los trabajadores (ex ante) es crucial para incrementar la cobertura hoy y, a su vez, asegurar un mayor ahorro para el futuro, sin descuidar los principios básicos de sostenibilidad fiscal, equidad y un buen funcionamiento del mercado laboral.

Conseguir una cobertura universal requiere cambios en el diseño y mejoras en el funcionamiento del mercado de trabajo. ¿Cómo pasar de un círculo vicioso de bajo ahorro, poca participación y escasa cobertura a uno virtuoso? La respuesta no es sencilla, sobre todo si se busca que las soluciones sean eficientes y equitativas. El siguiente capítulo muestra las distintas experiencias que se han puesto en práctica en los países de la región para aumentar la cobertura y analiza lo que se conoce hasta la fecha en términos de sus impactos en la cobertura y en el mercado laboral.

CÓMO INCREMENTAR LA COBERTURA PREVISIONAL:

LECCIONES QUE SURGEN DE LAS EXPERIENCIAS EN LA REGIÓN

4

Resumen:

En este capítulo se analizan las iniciativas de los distintos países de América Latina y el Caribe para ampliar la cobertura previsional, se extraen lecciones que pueden resultar útiles para las futuras reformas y se plantea una serie de preguntas que será necesario responder a fin de seguir avanzando. Existen dos maneras de incrementar la cobertura previsional. Una implica otorgar pensiones a quienes alcanzan la edad jubilatoria sin protección social. La otra busca que las generaciones que se encuentran en el mercado de trabajo en la actualidad ahorren para su futuro. Las dos políticas tienen sus ventajas y sus inconvenientes. Encontrar el equilibrio entre ambas, de modo de proporcionar cobertura a los jubilados contemporáneos y asegurar la de aquellos que se retirarán en el futuro, es el desafío que deberán resolver los responsables de la política económica de los países de la región.

Introducción

Toda política plantea disyuntivas en varios niveles (*trade-offs*) y no hay un método único capaz de resolver el conjunto de los problemas de la cobertura previsional. O, al menos, ningún país en ALC lo ha encontrado hasta el momento. En el marco de las estrategias para incrementar la cobertura previsional, la virtud de una determinada línea de acción debe ser medida tanto en términos de cuán efectiva resulta para ampliar la cobertura como en cuáles son las consecuencias económicas y fiscales de su implementación, en el corto y en el largo plazo.

En este sentido, hay varios aspectos que es preciso considerar al analizar políticas de expansión de la cobertura. Por ejemplo: ¿cómo va a afectar esta medida al ahorro nacional? ¿Se trata de una política sostenible desde el punto de vista fiscal? ¿Qué efectos va a tener en el mercado de trabajo? En lo inmediato, ¿va a incentivar, o desincentivar la tasa de participación de los trabajadores y el empleo asalariado formal? ¿Y qué ocurrirá en el futuro?

Tal como se describió en el capítulo 3, básicamente los países de la región cuentan con dos grandes tipos de políticas para incrementar la cobertura. Por un lado, la posibilidad de otorgar beneficios previsionales no contributivos a aquellos individuos que llegan a la edad de jubilación sin ahorros o sin el derecho a una pensión (políticas ex post). En especial, esta clase de solución ha mostrado su efectividad para dar protección social, en el corto plazo, a quienes trabajaron durante la mayor parte de su vida de manera informal. Pero también ha resultado adecuada para cubrir a colectivos que participaron esporádicamente del mercado de trabajo o nunca lo hicieron. Sin embargo, plantea dudas sobre las consecuencias fiscales, económicas e institucionales en el largo plazo, sobre todo si los sistemas no contributivos no están bien integrados con los contributivos.

El otro gran bloque de políticas posibles para expandir la cobertura en el sistema de pensiones busca aumentar el ahorro previsional de los trabajadores durante su vida activa (políticas ex ante) mediante estrategias que estimulan las contribuciones, tanto de empleados como de empleadores, a fin de generar más trabajo formal y mayores cotizaciones. Estas políticas comprenden medidas tan diversas como incrementar la fiscalización del mercado laboral, mejorar el conocimiento y la valoración de la seguridad social, incentivar a que empleados y empresas participen en los sistemas de pensiones, y desarrollar los mecanismos adecuados para la inclusión de los trabajadores no asalariados. Estas reformas atacan la raíz del problema (el bajo ahorro previsional de los trabajadores) y pueden tener efectos positivos en el funcionamiento del mercado laboral y en la productividad del país. Pero presentan varios inconvenientes: las iniciativas no llegan a todos los ciudadanos, se desconocen la verdadera eficacia y el potencial de muchas de ellas, es aún un enigma si son costo efectivas y, en cualquier caso, debido a los largos períodos de acumulación que se necesitan para financiar una pensión, el efecto en la cobertura previsional solo se alcanzaría tras varias décadas de mejora en el mercado de trabajo.

Este capítulo reúne una selección de experiencias que se han puesto en práctica en ALC para incrementar la cobertura previsional. Por su diseño e implementación, es posible realizar buenas evaluaciones de impacto de algunas de ellas, lo que permite obtener clara y contrastada evidencia empírica de sus efectos. Otras experiencias no ofrecen la misma posibilidad. Ya sea porque los impactos no se pueden cuantificar claramente o bien porque las evaluaciones aún no se han realizado y solo se documentan los potenciales efectos y lo que la evidencia preliminar sugiere. Aquí se exponen las principales lecciones que brinda la región en su búsqueda de aumentar la cobertura y se plantean las grandes preguntas que quedan por responder a fin de emprender nuevas reformas previsionales.

Actuaciones ex post: una forma rápida de incrementar la cobertura

La orientación que ha elegido la mayoría de los gobiernos de ALC para expandir la cobertura en la vejez es correcta, pues otorgar beneficios que no estén ligados a contribuciones pasadas es la única manera, en el corto plazo, de asegurar un nivel de ingreso mínimo a las generaciones que no participaron del mercado de trabajo o que lo hicieron como informales o esporádicamente (al no generar ahorro previsional no pueden financiar su pensión una vez que dejan de trabajar).

Las pensiones no contributivas han resultado efectivas para incrementar el número de personas que tienen acceso a una pensión. La experiencia de los países que han implementado una política de este tipo lo prueba. Es el caso de Argentina, Brasil, Chile y México (todos ellos de renta media-alta), que han experimentado grandes avances en la cobertura previsional (al menos en el porcentaje de personas que reciben una pensión), especialmente en colectivos a los que es difícil afiliar al sistema contributivo, como las mujeres, los trabajadores no asalariados y los trabajadores de zonas rurales. De igual manera, países de renta media-baja como Ecuador, y sobre todo Bolivia (véase el gráfico 4.1), han conseguido aumentos notables en sus niveles de cobertura, en un entorno en el que las pensiones contributivas apenas alcanzan al 20% de los trabajadores.

Efectos en la participación laboral

El incremento en la cobertura previsional que permiten estas políticas es indudable. Sin embargo, es un tipo de transferencia con potencial para cambiar la decisión de los beneficiarios sobre si trabajar o no y, lo que es quizás más importante, es capaz de influir en los futuros jubilados acerca de si contribuir o no a un sistema de pensiones. Estos efectos van a depender de manera determinante del modo en que se diseñen y se implementen los programas.

El resultado con mayor respaldo documentado (y, también, esperado) es que el acceso a una pensión subsidiada tiene un impacto importante sobre la oferta de trabajo de los beneficiarios. Las pensiones no contributivas reducen de manera significativa la oferta de trabajo para aquellas personas elegibles. Así lo indican las evaluaciones de impacto que se han realizado en varios programas no contributivos en la región. Por ejemplo, *Previdencia Rural* en Brasil, el programa de moratoria en Argentina y el programa Rural *70 y más* en México registran una merma considerable sobre la oferta laboral de aquellos individuos elegibles para una pensión no contributiva en un rango que va entre los cinco puntos y los 11 puntos porcentuales, lo cual supone una reducción de la participación de entre un 10% y un 20% (Carvalho Filho, 2008; Bosch y Guajardo, 2012; Rodrigues de Oliveira y Kassouf, 2012; Juárez y Pfutze, 2012).

Gráfico 4.1
Porcentaje de adultos mayores (65+) que reciben una pensión, Bolivia (1989-2007) y Argentina (1990-2010)

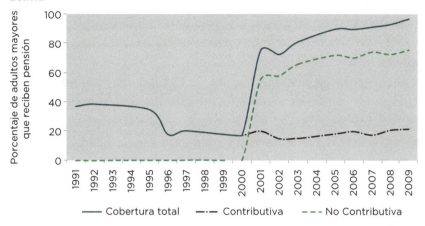

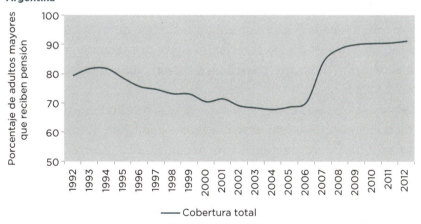

Fuente: Elaboración propia a partir de encuestas de hogares (circa 2010).
Nota: El salto en Bolivia en 2001 refleja la introducción del programa Renta Dignidad y en Argentina, en 2007, el plan de moratoria previsional.

En algunos contextos se observan disminuciones en la oferta laboral de individuos que no están recibiendo una pensión contributiva de manera directa. Según Galiani y Gertler (2009), se han podido advertir reducciones de la oferta laboral de aquellos individuos que todavía no eran elegibles para el programa Adultos Mayores en México, antes de que fueran seleccionados para recibir una pensión.

Asimismo, Bosch, Popova y Sánchez (2013) refieren que en Brasil la oferta laboral de los adultos cercanos a la edad de jubilación se reduce cuando sus cónyuges empiezan a cobrar la pensión no contributiva. Sin embargo, estos impactos indirectos en la oferta laboral suelen ser pequeños comparados con los beneficios que obtienen en los adultos elegibles. La reducción de la oferta laboral nunca supera un 2%.

En definitiva, la evidencia empírica disponible establece claramente que, en mayor o en menor medida, los individuos que viven en la región modifican sus decisiones en el mercado de trabajo frente a los incentivos que brindan los programas de seguridad social.

Efectos en el ahorro previsional

¿Las pensiones no contributivas generan un impacto negativo en el sistema contributivo? Esa es la gran incógnita. De acuerdo con la evidencia bastante consolidada que existe en la región, los programas no contributivos en salud y algunos programas de transferencias condicionadas están causando efectos negativos en la creación de empleo formal (véase el recuadro 3.5) y, de manera indirecta, en la generación de ahorro previsional. Si bien desde el punto de vista teórico el efecto disuasivo de las pensiones no contributivas es claro, todavía no hay evidencia lo suficientemente contundente para cuantificar cuánto ahorro previsional se pierde por instaurar una pensión no contributiva. Hay algunos casos documentados. Bosch y Guajardo (2012), por tomar uno de ellos, encuentran que al instaurarse el plan de moratoria previsional en Argentina, que permitía acceder a una pensión sin tener los 30 años de contribución requeridos, las mujeres que contaban con un trabajo formal y estaban cerca de la edad de jubilación se retiraron "anticipadamente" del mercado de trabajo. Es decir, estas mujeres podrían haber contribuido durante unos años más a fin de obtener una pensión mayor, pero no lo hicieron debido a la existencia de este programa.

No obstante, la pregunta más relevante es si las mismas inciden en el ahorro previsional de aquellos trabajadores para los cuales la fecha de jubilación todavía está lejos. Una vez más es preciso señalar que hay muy poca evidencia al respecto. Simulaciones de la reforma chilena de 2008, que contempla un pilar solidario no contributivo importante, (véase recuadro 4.1) sugieren que las disminuciones potenciales de ahorro pueden ser significativas. Attanasio, Meghir y Otero (2011) sostienen que el pilar solidario desincentiva la cotización al sistema contributivo, aunque la magnitud del efecto varía entre diferentes grupos de trabajadores. Para quienes superan los 40 años, por ejemplo, el pilar solidario reduce la probabilidad de cotizar al sistema contributivo en un 0,4%. El impacto es mayor para mujeres y para trabajadores de más edad. De igual manera, Todd y Joubert (2011) encuentran que a medida que el trabajador se acerca a la edad de retiro, el incentivo para contribuir al sistema de pensiones es mucho menor que antes de la implementación del pilar solidario. Es conveniente aclarar que estas estimaciones tienen su fundamento en simulaciones de los cambios de comportamiento según un modelo económico y no en cambios observados en la realidad. Aun así ilustran de modo claro los potenciales incentivos teóricos para dejar de cotizar. Seguramente, la evidencia de los próximos años dará respuesta a algunas de las hipótesis planteadas en estos estudios.

Una consecuencia adicional que estas transferencias a los adultos mayores pueden generar es la reducción en otro tipo de ayudas privadas, como las que entregan los familiares. Juárez (2009) establece que por cada peso que el Estado destina a un adulto mayor en México, D.F. las transferencias privadas se reducen en 87 centavos de peso (de los cuales 57 centavos pertenecen a transferencias domésticas y 30 centavos a remesas). Además, la reducción de transferencias privadas es mayor entre los adultos mayores más pobres. Si estos resultados se generalizan para otros países implican un *crowding out* significativo de los programas sociales. El impacto no tiene por qué ser negativo, solo sugiere que parte del beneficio de los programas no contributivos se derrama a familiares que apoyan financieramente al adulto mayor.

La generosidad, las actualizaciones y sus consecuencias fiscales e institucionales

Dos factores van a caracterizar los efectos de estas pensiones en el futuro: cuán generosas son en la actualidad y qué mecanismo regulará su actualización. En primer lugar porque estas condiciones pueden exacerbar los desincentivos para la participación y para obtener un

> **Recuadro 4.1**
> **El Pilar Solidario en Chile**

En 2008, Chile puso en marcha una reforma integral de su sistema previsional. El principal cambio fue la introducción de un Nuevo Pilar Solidario destinado a eliminar la incidencia de la pobreza entre los adultos mayores. Desde entonces, el sistema está constituido por la Pensión Básica Solidaria (PBS) y por el Aporte Previsional Solidario (APS).

Según las nuevas normas, los individuos que no realizaron aportes (es decir que no poseen un fondo de pensiones acumulado) tienen derecho a cobrar una PBS de vejez si superan los 65 años de edad y cumplen con los requisitos de afluencia y residencia.[1] Las personas que formalizaron aportes pero financian una pensión que se encuentra por debajo de determinado umbral (la Pensión Máxima con Aporte Solidario, PMAS) tienen derecho a recibir un APS, con los mismos requisitos de afluencia y residencia. El APS tiene un carácter progresivo, ya que su monto se reduce de forma gradual, a medida que aumenta el valor de las pensiones que se autofinancian, hasta extinguirse por completo para las personas cuyas pensiones alcanzan un monto igual o superior al PMAS.

La tasa que regula esta rebaja permite que la suma de la pensión autofinanciada y la pensión básica crezca siempre con un mayor esfuerzo de ahorro del trabajador. El hecho de que exista un aporte solidario además de la PBS constituye un estímulo para que los trabajadores coticen, pues se suman el esfuerzo de ahorro personal y el aporte de la sociedad. De esta forma se corrige el defecto de la garantía estatal a la Pensión Mínima Legal, según la cual en el momento en que el trabajador cumplía con los requisitos para obtenerla ya no tenía ningún estímulo para seguir cotizando. Por otra parte, el pilar solidario elimina el requisito de tiempo mínimo de cotizaciones y permite así un acceso masivo de las personas al beneficio.

Es importante destacar dos elementos en el diseño del Nuevo Pilar Solidario: i) la fuerte integración entre el sistema contributivo y el pilar solidario y ii) la preocupación por los incentivos contributivos que genera esta integración. La articulación garantiza que en los primeros tres quintiles todos los individuos recibirán una pensión equivalente, al menos, a la PBS. Si el beneficio se hubiera establecido con un techo (como en las pensiones por invalidez) se habrían creado fuertes desincentivos a la contribución entre los individuos de bajos ingresos, ya que su pensión no aumentaría con el número o el monto de las contribuciones. Con el diseño elegido, las pensiones totales por vejez crecen de forma constante con los ahorros que financian los individuos. Es decir que cada peso adicional de ahorro siempre incrementa la pensión, aunque la relación no sea de uno a uno.

Los resultados de la implementación del Nuevo Pilar Solidario en Chile muestran que a inicios de la reforma, en julio de 2008, el número de beneficiarios que recibían la PBS era de 381.000 y correspondía fundamentalmente a aquellas personas que tenían pensiones asistenciales según el antiguo sistema. Hasta diciembre de 2011 ese número aumentó a 619.000. Por otra parte, para la misma fecha, el número de beneficiarios del APS totalizó 463.000. Un rasgo relevante por destacar es que las mujeres son mayoría

(continúa en la página siguiente)

> **Recuadro 4.1**
> **El Pilar Solidario en Chile** *(continuación)*
>
> entre los beneficiarios del sistema de pensiones solidarias. En efecto, del total de más de un millón de beneficiarios del sistema (PBS más APS) que existían en junio de 2013, el 37% correspondía a hombres y el 63% a mujeres para una proyección del costo a futuro, véase Melguizo et al. (2009).
>
> ---
>
> [1] El test de afluencia es una forma de test de ingresos que se utiliza para determinar si una persona pertenece al 40% más rico de la población (el 60% en el primer año). La implementación inicial (en principio de dos años) se ha realizado sobre la base de la Ficha de Protección Social, un instrumento de focalización que calcula la vulnerabilidad de los miembros de un hogar a partir del uso de información sobre su capacidad para generar ingresos, los ingresos que el propio individuo reporta, datos administrativos sobre pensiones percibidas y el ajuste por las necesidades de los miembros en función de la edad y la condición de invalidez. El test de residencia requiere que las personas reúnan un período mínimo de 20 años de residencia en Chile, contados desde que el sujeto cumple los 20 años, y de al menos tres años de los cinco años previos a la solicitud del beneficio.

trabajo formal, y en segundo término porque son uno de los principales factores determinantes de los costos fiscales de estos programas en el largo plazo. Estos costos fiscales tienen dos componentes. Uno directo, que es el costo del pago de las pensiones, y uno indirecto en la medida que las pensiones reduzcan la formalidad y, por lo tanto, la recaudación fiscal.

Algunos países, como Brasil, indexan las pensiones no contributivas de acuerdo con los cambios en el salario mínimo. De este modo, los aumentos en el salario mínimo se trasladan automáticamente a los costos fiscales de las pensiones no contributivas. Durante la última década, el salario mínimo brasileño se ha incrementado muy por encima de la inflación y del crecimiento del producto interno bruto (PIB) per cápita. En términos reales, desde 1997 el salario mínimo real se ha multiplicado por dos. Y las pensiones rurales (en la mayoría de los casos, no contributivas), que en 1997 representaban el 0,6% del PIB, en 2001 pasaron a constituir el 0,9% del PIB en 2011. Si se hubieran ajustado solo por inflación, en 2011 las pensiones habrían significado el 0,6% del PIB, un ahorro del 0,3% del PIB, y el nivel de las pensiones se hubiese mantenido muy por encima de la línea de pobreza (véase el gráfico 4.2).

Muchos de los sistemas no contributivos que actualmente operan en la región carecen de reglas estrictas de elegibilidad o de

Gráfico 4.2
El salario mínimo y el costo de las pensiones rurales en Brasil, valor real y contrafactual, 1995-2011

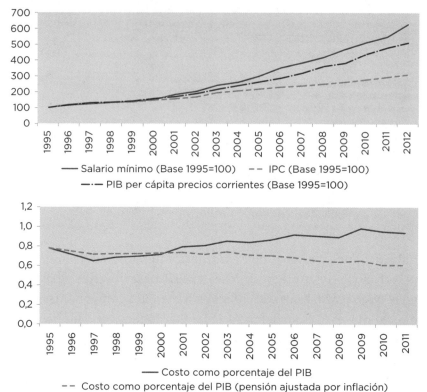

Fuente: Elaboración propia a partir de datos de Previdencia Rural (2012) y del FMI.

mecanismos automáticos de actualización. Esta falta de institucionalidad puede provocar que las distintas fuerzas políticas compitan para ofrecer más y mejores pensiones, sobre todo en la época de elecciones. Algunos ejemplos en Ecuador y en México, que pueden verse en el diagrama 4.1, ilustran este fenómeno de competencia política al que denominamos "pendiente resbaladiza de las pensiones no contributivas".

En Ecuador, en el marco de las elecciones de 2013, distintos partidos políticos ofrecieron aumentar la transferencia monetaria condicionada (el Bono de Desarrollo Humano, BDH) al que están ligadas las pensiones no contributivas. Durante la campaña hubo una clara competencia entre el partido gobernante y la oposición acerca del

Diagrama 4.1
La pendiente resbaladiza de las pensiones no contributivas: México (2007–13) y Ecuador (2012–13)

México, 2007–12

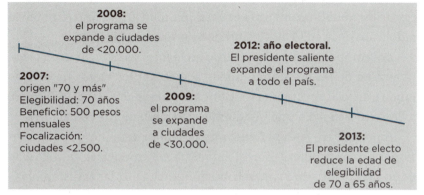

Ecuador, 2012–13

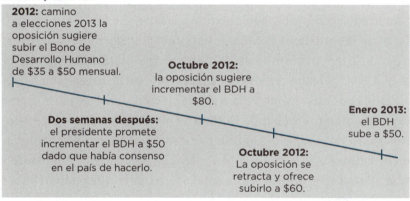

Fuente: Elaboración propia.

monto de la transferencia. Finalmente, a partir del 1 de enero del 2013 el BDH y, por lo tanto, la pensión no contributiva, se incrementó de US$35 a US$50 al mes, lo que implica un aumento del 42%.

Pero la competencia entre partidos políticos no se circunscribe a la generosidad de la pensión, sino que también avanza sobre quién será el sujeto que va a recibirla. El programa de pensiones no contributivas 70 y más de México, que ofrece beneficios no contributivos a adultos mayores, comenzó en 2007 en localidades de 2.500 habitantes o menos. Durante los siguientes cinco años se fue expandiendo paulatinamente hasta localidades de menos de 30.000 habitantes, un crecimiento que no estaba en los planes originales del programa. Sin embargo, la mayor ampliación se produjo durante el período electoral de 2013. Como parte de su campaña el partido gobernante ofreció extender 70 y más a todo el país. La oposición (luego vencedora en los comicios) no solo prometió la extensión a todo el país sino también la reducción de la edad de elegibilidad de 70 años a 65 años.

Esa competencia política, tanto en la focalización como en la generosidad de las pensiones, puede acrecentar los costos fiscales de modo artificial sin atender a criterios de suficiencia y sostenibilidad, y llevar al sistema a una pendiente extremadamente resbaladiza.

En resumen, la experiencia de la región acredita que las pensiones no contributivas son efectivas para aumentar la cantidad de personas con acceso a una retribución. De hecho, las transferencias monetarias de este tipo son la única herramienta que permite brindar cobertura a los adultos mayores que actualmente se encuentran sin protección social y, probablemente, a las generaciones que se jubilarán en las próximas décadas y han trabajado de manera informal durante la mayor parte de su vida laboral. Está establecido claramente que estas pensiones reducen la oferta laboral de los elegibles, y de aquellos que están cerca de la edad de elegibilidad. Este es un efecto deseable, siempre y cuando la edad de elegibilidad de estas pensiones no sea muy baja. En algunos casos esto genera una disminución en la cotización al sistema contributivo de pensiones, y por lo tanto una merma en el ahorro previsional, en personas que podrían haber seguido cotizando durante algunos años más. Sin embargo, poco se sabe acerca del efecto en el largo plazo sobre el ahorro previsional de los trabajadores que están lejos de la edad de jubilación. La teoría sugiere que existe un potencial efecto de reducción de incentivos para cotizar, aunque todavía no se ha probado empíricamente de manera concluyente. Por último, la experiencia en ALC muestra que moderar los costos fiscales de este tipo de pensiones en el transcurso del tiempo será un reto complicado. En algunos países, debido a la falta de institucionalidad y de un financiamiento claro de estas prestaciones. En otros, porque las reglas de actualización pueden ser demasiado generosas. Crear las instituciones o reglas adecuadas para el control y la actualización de las pensiones será clave para su viabilidad fiscal.

Ampliar la cobertura en el largo plazo: experiencias de actuaciones ex ante

La otra gran vía para mejorar la cobertura se encuentra en el corazón del sistema: optimizar el funcionamiento del mercado de trabajo como mecanismo eficaz para generar ahorro. Ello implica un bloque de políticas mucho más amplio y variado que el que requieren las reformas estrictamente previsionales. Como se expuso en el capítulo 3, cualquier política que afecte el equilibrio en el mercado de trabajo puede alterar la capacidad de generar ahorro previsional. Por ejemplo, los incrementos en el costo de la formalidad (ya sea por el aumento en los costos de apertura de una empresa, en los costos por despido o en el salario mínimo) tienden a ampliar la informalidad y, en consecuencia, a reducir el ahorro previsional. Si bien el impacto cuantitativo (elasticidad) del sector formal ante cambios en regulaciones y costos es probablemente uno de los datos más requeridos para la región, todavía no hay un consenso sobre su magnitud exacta (véase el recuadro 4.2).

Dentro del marco conceptual del capítulo anterior han sido identificados cuatro temas que afectan directamente el funcionamiento del mercado laboral como mecanismo de generación de ahorro: i) mejorar los incentivos para cotizar por medio de los precios, ii) optimizar la información y la valoración de los beneficios, iii) incrementar la fiscalización del gobierno para evitar la evasión, y iv) perfeccionar los canales a través de los cuales es posible contribuir.

Algunos de los países de la región han desarrollado políticas para una o varias áreas. Aquí se analizan esas experiencias a fin de ilustrar los mecanismos que permiten mejorar el ahorro previsional.

Incrementar los incentivos para cotizar por medio de los precios

Una reducción de contribuciones a la seguridad social puede aumentar el porcentaje de trabajadores formales
Existen varios estudios que analizan las grandes reformas de la seguridad social en la región, en los ochenta y los noventa, para entender la conexión entre las contribuciones a la seguridad social y la creación de empleo formal. Por ejemplo, Kugler y Kugler (2008), sobre la base

Recuadro 4.2
Una reforma laboral puede ser una buena reforma previsional

El modo en que el tamaño del sector formal se modifica ante cambios impositivos o regulatorios es, quizás, una de las elasticidades más necesarias de conocer para diseñar cambios de política económica en la región. Sin embargo, la evidencia es escasa y se restringe a un grupo pequeño de países que han efectuado alguna modificación de política económica. Aquí se analiza la evidencia que ofrecen tres tipos de políticas: cambios en los costos de despido, salarios mínimos y costos de apertura de empresas.

- *Una reducción en los costos de despido puede incrementar el tamaño del sector formal y, por lo tanto, el ahorro previsional.* Kugler (1999) considera que la reforma de los noventa en Colombia, que rebajó drásticamente los costos de despido, intensificó la salida de trabajadores del sector formal, pero también aumentó el paso de individuos del desempleo al sector formal. De este modo bajó la desocupación y creció la proporción de empleos formales en la economía. De igual manera Bosch, Goñi-Pacchioni y Maloney (2012) señalan que el incremento de diez puntos porcentuales en la informalidad en Brasil durante los noventa se debió, en gran medida, a los cambios constitucionales que aumentaron los costos de despido, dieron más poder de negociación a los sindicatos y redujeron el número máximo de horas de trabajo. En concreto, ese conjunto de reformas puede explicar entre el 30% y el 40% del crecimiento de la informalidad durante ese período.
- *Reducir los costos de apertura puede fomentar el registro de empresas formales.* Otro posible desincentivo a la formalidad lo constituyen los trámites burocráticos asociados a la formalización de una empresa. Bruhn (2011) y Kaplan, Piedra y Seira (2011), por ejemplo, sostienen que un programa que facilitó la formalización de empresas en México aumentó el empleo formal, aunque el efecto fue relativamente pequeño. Además estos tres autores muestran que el impacto es mayor en lugares donde los demás costos regulatorios son más bajos.[1] Algunos estudios, sin embargo, argumentan que esta formalización no tiene ningún efecto en los indicadores de desempeño de las empresas, así se trate de variables de resultados (desempeño), como ingresos y ganancias por trabajador, o de variables de resultados intermedios, como número de empleados, el acceso al crédito e inversión en infraestructura y maquinaria (insumos) (véase Jaramillo y Alcázar, 2012).
- *En algunos casos los salarios mínimos pueden ser un impedimento para la generación de trabajo formal.* Bell (1997) estima que los incrementos en el salario mínimo durante los ochenta en Colombia generaron una destrucción de empleo formal de baja calificación de entre el 2% y el 12%. En un estudio posterior, Maloney y Núñez Méndez (2004) obtienen una elasticidad de empleo formal con respecto al salario mínimo en Colombia en trabajadores de baja calificación de alrededor de 15%, lo que supone que el aumento del 9% del salario mínimo en 1999 habría reducido el empleo formal en 1,4%. Otros estudios, sin embargo, no han

(continúa en la página siguiente)

> **Recuadro 4.2**
> **Una reforma laboral puede ser una buena reforma previsional**
> *(continuación)*
>
> encontrado una relación significativa entre el empleo formal y los salarios mínimos. Por ejemplo, Bosch y Manacorda (2010) o Bell (1997) para México o Neumark, Cunningham y Siga (2006) para Brasil.
>
> En definitiva, tal como se expresa en el capítulo 3, al intentar fomentar la generación de empleo formal los países de la región se van a enfrentar con una variedad de restricciones. El reto es entender cuál es la magnitud de esas restricciones en la realidad de cada país.
>
> [1] Bruhn y McKenzie (2013) describen el impacto negativo de un programa similar en Brasil. La razón posiblemente resida en que este programa impidió el "cumplimiento parcial" debido a que todos los trámites y registros se unieron en un solo proceso.

de un panel de empresas, examinan el aumento de los costos de la seguridad social en Colombia durante dicho período. Los resultados apuntan a que solo alrededor del 20% de los costos de la seguridad social se traduce en menores salarios. El resto del ajuste se producía con reducciones de trabajo formal. Es decir que un incremento del 10% en el costo de la seguridad social genera una reducción del empleo formal de alrededor del 5%. Para los autores, estos datos sugieren que incrementar la demanda de trabajo mediante rebajas a las contribuciones de la seguridad social puede ser efectivo para expandir el empleo formal. Heckman y Pagés (2004) presentan evidencia similar sobre la base de datos de panel a nivel de país y observan que un incremento del 10% en las contribuciones a la seguridad social reduce los salarios en un 3,6% y el empleo formal en un 4,5%.[1]

---

[1] Betcherman et al. (2010) describen un resultado equivalente en Turquía, un país que también tiene un amplio sector informal. Los autores profundizan en una reforma que redujo sustancialmente las contribuciones a la seguridad social, de forma gradual, por provincias. El estudio documenta de manera concluyente una cifra de creación de trabajo formal de entre un 5% y un 15% como resultado de las reformas. Sin embargo, los mismos sugieren que hay importantes pérdidas, debido a que algunos de los trabajos formales se habrían creado sin la necesidad de una reducción en las cuotas de la seguridad social.

Si bien es cierto que el contexto es importante, no todos los trabajos que analizan una reducción en las cuotas de la seguridad social describen este impacto positivo en la generación de trabajo formal. Gruber (1997) no observa efectos de la reducción del costo de la seguridad social en el empleo formal en Chile tras la reforma de 1981. Sugiere, en cambio, que la rebaja de costos de la seguridad social fue trasladada totalmente hacia mayores salarios y que, por lo tanto, no hubo ningún efecto sobre el empleo formal.[2] Asimismo, Cruces, Galiani y Kidyba (2010), quienes a partir de la utilización del método de diferencias en diferencias analizan las consecuencias de la reducción de las cuotas de la seguridad social en Argentina al final de los noventa, señalan que alrededor del 50% de esa rebaja fue desplazado a mayores salarios. Sin embargo, paradójicamente, advierten efectos sobre la creación de empleo formal.

Entre las estrategias disponibles para incrementar la cobertura por medio de los precios aparece la experiencia desarrollada por un número creciente de países de la región que focalizaron sus esfuerzos en grupos que presentan dificultades para contribuir de manera sostenida a la seguridad social, como los jóvenes (Chile), los trabajadores por cuenta propia (Brasil y Costa Rica) y los patrones y trabajadores de empresas pequeñas (Brasil).

Aunque cada una de estas políticas tiene sus particularidades, el factor común en todas ellas es que el Estado proporciona una reducción de costos a fin de fomentar la contribución a la seguridad social.

Los jóvenes como objetivo

Los jóvenes representan uno de los colectivos que concentran el mayor número de trabajos informales en la región. En promedio, en ALC los empleados de entre 15 y 24 años cotizan 15 puntos porcentuales menos que los trabajadores de 25 a 34 años. Ante esta situación algunos países, como Chile, han puesto en marcha iniciativas para incrementar la cotización entre los jóvenes por medio de subsidios a la seguridad social.

El subsidio al empleo juvenil de Chile otorga un beneficio igual al 30% del salario (el 20% al empleado y el 10% al empleador) para los

---

[2] Véanse Edwards y Cox-Edwards (2002) y Arenas de Mesa y Mesa-Lago (2006) para conocer resultados similares.

trabajadores de entre 18 y 24 años que pertenecen al 40% de la población más vulnerable (según lo que indica la ficha de protección social). Para conceder el beneficio, el Estado verifica el pago de las cotizaciones a los regímenes de pensiones, de salud, al seguro de accidentes de trabajo y al seguro de cesantía. La asignación del beneficio a la empresa está condicionada a que la compañía esté al corriente con los pagos previsionales de todos sus trabajadores. De manera adicional, se comprueba que la renta bruta del trabajador no exceda un monto máximo.

A partir de los resultados que brinda el Centro de Microdatos (2012), se estima, de manera muy convincente, que existe un impacto sobre la tasa de cotización de los jóvenes elegibles de entre 2,1 y 4,5 puntos porcentuales. Este dato muestra que las políticas que reducen los costos laborales pueden tener efectos positivos en el empleo formal y, por lo tanto, en el ahorro previsional.

Sin embargo este programa deja otra lección. La cobertura ha sido muy limitada: solo el 21% de los trabajadores jóvenes elegibles para el subsidio lo recibe en un mes determinado. Es interesante destacar que la participación de las empresas es aún más baja. Del total de empresas que emplean a jóvenes que cumplen con los requisitos de salario y vulnerabilidad, únicamente entre el 3,5% y el 4% reciben el subsidio. La causa de esta situación podría ser que uno de los requisitos para participar del programa es estar al corriente con los pagos previsionales de todos los trabajadores. O bien puede ser producto del simple desconocimiento de trabajadores y empleadores sobre este tipo de medidas. En definitiva, los subsidios parecen funcionar, pero la implementación no está exenta de problemas.

Cómo conectar a los trabajadores no asalariados
Como se mostró en el capítulo 2, en muchos países de la región los trabajadores no asalariados están desconectados de la seguridad social. En algunas ocasiones, debido al propio diseño de los sistemas de protección social. En otras, por el mal funcionamiento del mercado de trabajo. Tres experiencias ilustran cómo los países están generando incentivos por medio de los precios para intentar conectar a uno de los grandes grupos de trabajadores no asalariados: los trabajadores independientes. La evidencia sugiere que han tenido un impacto positivo en el registro de los trabajadores independientes. Sin embargo,

ninguna de ellas ha sido evaluada de manera sistemática. Dado que muchas comprenden no solo reducciones en el costo de la formalidad sino también medidas como la obligatoriedad de contribuir o mecanismos simplificados de cotización, es difícil distinguir si los efectos en la afiliación se deben a la reducción de precios o a las otras medidas instauradas.

Costa Rica estableció el aseguramiento obligatorio de este grupo de trabajadores a partir de 2000 (Chile siguió esta política en 2008; véase recuadro 4.3). A diferencia de otros sistemas implantados en países de la región, este ofrece un subsidio estatal a las cotizaciones para aquellos empleados con menor capacidad contributiva. De acuerdo con esta pauta, los trabajadores independientes de ingresos altos no reciben ningún subsidio estatal sobre las cotizaciones. Según la escala contributiva de los trabajadores independientes, el Estado aporta el 27% de la contribución final (de un total del 7,75% del salario cotizable) para los trabajadores con ingresos menores a dos salarios mínimos. Los trabajadores con un ingreso mayor a 10 salarios mínimos, en tanto, no reciben ningún tipo de subsidio (véase el gráfico 4.3).

Aunque no existe una evaluación de impacto de esta reforma, la evolución de la afiliación de los trabajadores independientes sugiere que estas políticas, en conjunto, podrían estar dando resultados positivos. Así parecen indicarlo los datos publicados por la Caja Costarricense de Seguridad Social (CCSS): la cobertura de los trabajadores independientes aumentó del 15,4% de la PEA no asalariada en 2002 al 42,4% en 2010. De igual manera, el número de trabajadores independientes que cotizan, como porcentaje del total de asegurados en el sistema, creció de 14% en 2005 a 24% en 2012.

Quizás el programa más ambicioso de registro de los cuentapropistas en la región sea el del Microemprendedor Individual (MEI) en Brasil, destinado a formalizar a los millones de trabajadores independientes que operan fuera de la formalidad a cambio de un pago mensual muy reducido. Originalmente, un trabajador por cuenta propia tenía que pagar alrededor del 20% de sus ingresos a la seguridad social. Con el MEI el pago se redujo al 11% del salario mínimo y, posteriormente, al 5%. Esta rebaja en los costos de contribución estuvo acompañada de una gran campaña de captación y marketing. Así fue que en tres años el programa consiguió registrar a casi

Gráfico 4.3
Distribución de la tasa de cotización según la escala contributiva (a) y trabajadores independientes asegurados (en número y como porcentaje del total) (b)

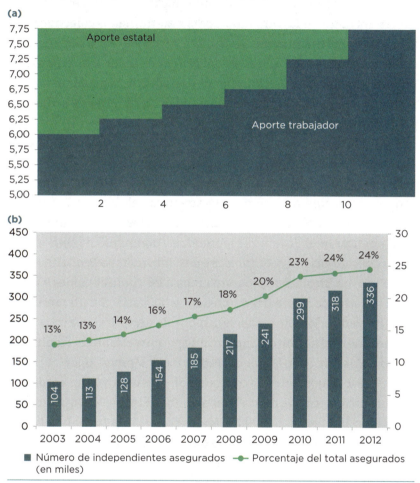

Fuente: Caja Costarricense de Seguridad Social.

tres millones de los 16 millones de cuentapropistas en Brasil. Según Nagamine y Barbosa (2013), la formalidad de los trabajadores por cuenta propia pasó del 20% en 2009 al 24% en 2011. Sin embargo, el verdadero reto de este programa ha sido mantener un flujo de cotizaciones regulares. Las cifras que aporta Sebrae (2012) indican que solo el 44% de los cuentapropistas afiliados a través del MEI cotiza en un momento dado. Aunque esto es un avance importante, el bajo nivel de cotizaciones refleja la dificultad de este colectivo para cotizar sistemáticamente a la seguridad social, aún cuando el costo es bajo.

Por otro lado, es preciso determinar hasta qué punto estas reducciones del costo de la formalidad para determinados colectivos son actuarialmente financiables. Nagamine y Barbosa (2013) sugieren que la rebaja de aportes del 11% al 5% del MEI pudo tener una responsabilidad sustancial en el crecimiento del desequilibrio actuarial de este programa sin ganancias apreciables en las trayectorias de afiliación del MEI (véase el gráfico 4.4).

Ayudar a la pequeña empresa: el programa SIMPLES
Varios países han experimentado con reducir los costos de la formalidad para las empresas de tamaño pequeño con el objetivo de ayudarlas a estar en regla, tanto ellas como sus empleados. Un ejemplo de estas políticas es el *Sistema Integrado de Pagamento de Impostos e Contribuições das Microempresas e das Empresas de Pequeno Porte* (SIMPLES) en Brasil. Este programa rebaja las contribuciones a la seguridad social por parte del empleador y las traslada a un impuesto sobre las ventas. En este caso sí se dispone de una estrategia muy convincente de evaluación de impacto que permite establecer resultados fiables. Sobre esta base, Maloney, Fajnzylber y Montes-Rojas (2011) señalan que los bajos costos de contratación permiten que las empresas decidan incrementar la fuerza laboral formal. El SIMPLES, que supuso una reducción promedio del 8% en los costos de la formalidad para las empresas, aumentó el número de trabajadores formales entre el 10% y el 40%. Estos datos sugieren la existencia de una elasticidad alta, pero con la salvedad que esta elasticidad está concentrada en empresas de muy pequeño tamaño. Es importante señalar aquí que este tipo de programas tiene dos componentes: por un lado, la reducción de los costos per se y, por otro, las simplificaciones de la norma (en este caso, varios impuestos fueron agrupados en un único pago). Estas simplificaciones también pueden tener importantes efectos en la formalidad (véase el recuadro 4.4).

Estas experiencias, que abarcan a los cuentapropistas y las empresas pequeñas, son una clara prueba de que las reducciones en los costos atraen las contribuciones de colectivos parcialmente desligados

Gráfico 4.4
Cuentapropistas afiliados al programa del Microemprendedor Individual (MEI) en Brasil, 2009–13

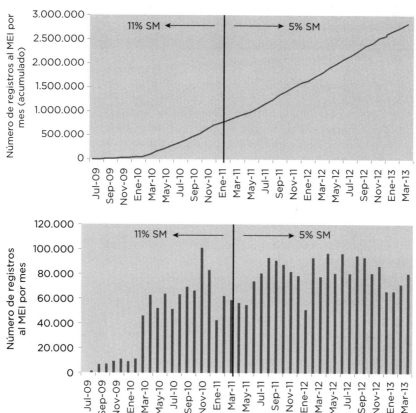

Fuente: Sebrae (2013).

de la seguridad social. No obstante, la existencia de estos regímenes especiales o políticas focalizadas en grupos particulares plantean sus dilemas. Pagés (2010) argumenta que este tipo de incentivos tributarios por tamaño de firma puede generar un cambio impositivo abrupto entre los regímenes de las pequeñas y las medianas empresas y los regímenes generales de la seguridad social. El SIMPLES, por ejemplo, supone una rebaja en los pagos a la seguridad social de las empresas siempre y cuando no superen un nivel de ventas. Al sobrepasar ese nivel las empresas se enfrentan al régimen general. Traspasar ese nivel en el sector de servicios en Brasil supone un incremento en los pagos a la seguridad social del 44,1% (véase el gráfico 4.5), mientras

> **Recuadro 4.3**
> **Cotización obligatoria para los independientes: el caso chileno**
>
> En alrededor de la mitad de los países de la región la cotización al sistema de pensiones de los trabajadores independientes es voluntaria. La escasa bibliografía disponible sobre el tema indica que establecer la obligatoriedad de aportes para los trabajadores independientes incrementa el número de cotizantes pero no soluciona totalmente el problema global: el bajo nivel de aportes que existe en este colectivo de trabajadores (véanse Auerbach, Genoni y Pagés, 2007, y Da Costa et al., 2011). Una simple mirada a los datos atestigua esa dificultad. En países donde los cuentapropistas están obligados a cotizar, como Brasil o Uruguay, el porcentaje de cotizantes se sitúa entre el 30% y el 40%, muy lejos del 80% de cotización que registran los asalariados.
>
> Por su lado Chile, como parte de la reforma integral de 2008, se propone transitar, de manera escalonada, hacia un sistema donde los cuentapropistas estén obligados a realizar aportes a la seguridad social. El diagnóstico previo a la reforma era similar al de muchos otros países de la región: los trabajadores independientes podían aportar voluntariamente al sistema previsional pero no estaban obligados a hacerlo. En concreto, apenas el 5% de los cuentapropistas cotizaba (Berstein, 2011). Con el objetivo de que el cambio hacia la obligatoriedad resultara efectivo y para evitar un impacto inmediato se consideró fundamental promover un período de transición. El propósito era eludir una fuga de independientes hacia la informalidad.
>
> Así fue que la reforma estableció un plazo de tres años, desde julio de 2008, en el que se informaría a estos trabajadores sobre la importancia de cotizar, para luego comenzar a aplicar un mecanismo en el que, gradualmente, a través de la declaración de impuestos, se descontaran las cotizaciones, integrándolas a la cuenta individual del trabajador en la Administradora de Fondos de Pensiones (AFP) correspondiente o incorporándolas a una nueva. En el primer año de vigencia, 2012, el monto es equivalente a la cotización sobre un 40% del ingreso imponible; al año siguiente, al 70%, hasta alcanzar el 100% en 2014. Después de este período de transición comienza el descuento obligatorio del total de la cotización para pensiones, a través del Servicio de Impuestos Internos. Los aportes para salud de estos trabajadores también se establecen como obligatorios, en el mismo cuerpo legal, por contar desde 2018.
>
> Todavía es muy pronto para evaluar el verdadero impacto de la reforma, pero los resultados iniciales son prometedores. De 1987 a 2007, el número de cuentapropistas cotizantes se incrementó en 8.000, es decir a un ritmo del 0,7% anual. De 2008 a 2013, se duplicó (de 60.000 a 120.000), es decir que creció en una proporción del 12,5% anual. Sin embargo, el porcentaje de trabajadores independientes que cotiza a la seguridad social aún es excesivamente bajo: según las cifras oficiales se acerca al 10%. Por ese motivo la tarea que queda por delante es de una gran magnitud. Si el incremento del número de cotizantes se mantuviera en el 12,5% anual harían falta unos 20 años para atraer al millón y medio de individuos que actualmente trabajan como independientes en Chile al sector formal.

(continúa en la página siguiente)

Recuadro 4.3
Cotización obligatoria para los independientes: el caso chileno
(continuación)

Gráfico 4.3.1:
Evolución de la cantidad de trabajadores independientes que cotizan en Chile, 1986-2012

Fuente: Elaboración propia a partir de los datos de la Superintendencia de Pensiones de Chile.

Gráfico 4.5
Tasa de contribución de las empresas según el nivel de facturación: régimen general (lucro presumido) y SIMPLES Nacional, Brasil, 2012

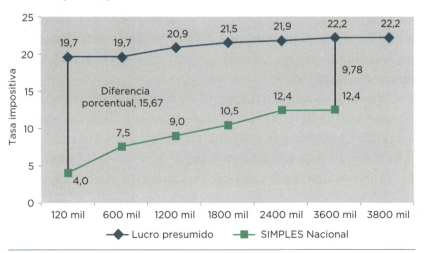

Fuente: Ministerio de Hacienda de Brasil.

que en otros sectores, como industria y comercio, el aumento de la carga es de 12% y de 9%, respectivamente.

De alguna manera, la pregunta es si favorecer a grupos particulares de individuos o de empresas de un determinado tamaño implica incentivar la reducción de la escala de producción (y por lo tanto de la productividad), con el objetivo de permanecer en un sistema impositivo más favorable. Por ejemplo, en el caso del MEI de Brasil el 44% de los nuevos emprendedores formalizados correspondía a trabajadores asalariados formales en su anterior ocupación.[3]

En resumen, aunque aún sea limitada, la experiencia en la región avala que una reducción de costos de la formalidad tiene el potencial de incrementar la afiliación y la cotización de los trabajadores y los cuentapropistas. Sin embargo, quedan muchas incógnitas por resolver sobre el verdadero potencial de estas rebajas.

Optimizar la valoración y la información de los beneficios

Mayor pago, mayor beneficio: reformas en Uruguay
Algunos países han incrementado las cuotas de la seguridad social a cambio de más y mejores servicios. En 2008 Uruguay aumentó sustancialmente las cuotas destinadas a financiar la salud (del 3% al 6%), y en contraprestación se expandió la atención médica a los hijos que estuvieran a cargo de las personas afiliadas al sistema contributivo de seguridad social. Esta modificación tuvo interesantes efectos sobre los incentivos: creció el interés por cotizar entre los trabajadores que tenían hijos y dependientes, pero no aumentó el incentivo para que los dos padres se afiliaran, ya que una sola afiliación alcanza para que los hijos estén cubiertos.

Bérgolo y Cruces (2011) aportan datos perfectamente consistentes con estas hipótesis. La tasa de formalidad de individuos con hijos aumentó 1,3 puntos porcentuales (alrededor de un 5%) respecto de la de individuos sin hijos. Además, la probabilidad de que uno de los dos padres de una familia con hijos sea formal se inrementó, pero la

---

[3] Alternativamente, puede ocurrir que no se reduzca la escala de producción sino la escala de declaración. De ese modo se estarían incentivando la subdeclaración de ventas y la evasión fiscal.

Recuadro 4.4
Simplificaciones en el pago de cuotas a la seguridad social

Una experiencia interesante se puede observar en los regímenes de monotributo implementados en Argentina y Uruguay. En ambos países los objetivos han sido simplificar el cumplimiento de las obligaciones impositivas y previsionales de los pequeños contribuyentes, incorporar a los trabajadores informales a la seguridad social y reducir la carga en términos de tiempo y el costo que los trámites de las prestaciones y los pagos representaban para el contribuyente. Sin embargo, las dos experiencias muestran que la puesta en práctica de este tipo de régimen por sí sola no alcanza, pues no asegura necesariamente la incorporación de trabajadores informales a la seguridad social.

Gráfico 4.4.1:
Número de empresas activas en el régimen de monotributo de Uruguay, 2003-12

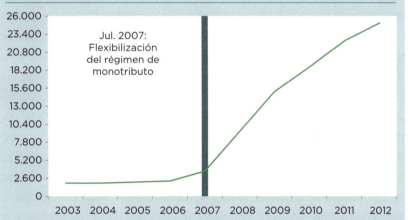

Fuente: Banco de Previsión Social de Uruguay (2012).

En el caso de Uruguay, el régimen de monotributo incorpora empresas que realizan ciertas actividades, de muy reducida dimensión económica, mediante el pago de un tributo único que sustituye todos los impuestos nacionales y los aportes al sistema de seguridad social. Este pago habilita el acceso a todos los servicios del sistema (excepto al seguro de desempleo, ya que se la considera una actividad de tipo patronal). Esta iniciativa no solamente constituye un régimen de aseguramiento personal. También establece un régimen tributario global especial para pequeñas empresas. Si bien el régimen de monotributo en Uruguay fue creado en 2001, al cabo de seis años de funcionamiento no había alcanzado sus objetivos en cuanto a la inclusión de buena parte de los individuos con empleos informales. Con el objetivo de lograr la inclusión de una mayor proporción de trabajadores, en la Ley de Reforma Tributaria de 2007 se promovió la introducción de

(continúa en la página siguiente)

> **Recuadro 4.4**
> **Simplificaciones en el pago de cuotas a la seguridad social**
> *(continuación)*
>
> algunas modificaciones tendientes a flexibilizar los requisitos. Los principales cambios fueron: la eliminación de la restricción de lugar de desarrollo de la actividad, el tipo de actividades, el tipo de sociedades, las condiciones de venta y el límite máximo de facturación. Si se comparan los datos previos a la implementación de las modificaciones en el régimen de monotributo con los datos posteriores es posible apreciar que en cuatro años la cantidad de empresas activas en el sistema se cuadruplicó.

probabilidad de que los dos padres se afilien no cambió a partir de la reforma.

Este tipo de resultados confirma que los trabajadores no solo responden a los cambios de precios en términos absolutos. También reaccionan a las modificaciones en los beneficios relativos que provee la seguridad social; en este caso, un mayor acceso al sistema de salud.

Aprender sobre los beneficios

Recientemente Chile ha comenzado a ejecutar un conjunto de iniciativas orientadas a transmitir información previsional a los trabajadores con el objetivo de motivarlos a participar de manera plena en el sistema de pensiones. Esta decisión surge a partir de los resultados de diversos estudios que señalan que los trabajadores tendrán más interés si cuentan con mayor información respecto de las consecuencias de no ahorrar para la vejez. En este contexto, un trabajo de Fajnzylber, Plaza y Reyes (2009) destaca el impacto que ha tenido el envío de información personalizada a los afiliados con la proyección de la pensión que recibirían según la historia de sus aportaciones previsionales. Este envío se realiza junto con las cartolas trimestrales desde 2005. Las conclusiones del estudio indican que para el grupo de trabajadores de entre 40 y 50 años la información con proyecciones de pensión aumenta en 1,4 puntos porcentuales la probabilidad de hacer contribuciones voluntarias al sistema de pensiones. El impacto sobre el comportamiento entre los trabajadores más jóvenes resultó menor, en línea con algunas características que presenta este grupo etario, entre ellas la miopía y la restricción de liquidez.

La educación financiera
Otras experiencias sugieren que si se profundizan los conocimientos financieros de los afiliados se puede incrementar el ahorro previsional. En Chile, Landerretche y Martínez (2011) señalan que la educación en planes de pensiones se traduce en mayores ahorros y más probabilidades de cambiar el tipo de fondo de pensiones. En tanto, Skog (2006) muestra que los trabajadores adultos varones, con mejor salud, que han alcanzado un mayor nivel de educación y son casados, así como los miembros de los sindicatos, con altos ingresos, y los empleados de grandes compañías, están más informados acerca del sistema de pensiones chileno. En México, Hastings y Tejeda-Ashton (2008), sobre la base de una encuesta y un experimento de campo en el sistema privado de pensiones, indican que si bien muchos participantes del sistema están bien informados sobre sus opciones, pocos tienen experiencia en invertir en activos financieros fuera de su cuenta de ahorros y de retiro. Asimismo, Hastings y Mitchell (2011) y Hastings, Mitchell y Chyn (2010) observan que aquellos con mayor formación financiera escogen cuentas de pensiones con menores gastos administrativos. Finalmente, Behrman, et al. (2012) establecen de manera concluyente que tanto los niveles de escolaridad como la educación financiera se expresan en una mayor acumulación de riqueza dentro de un sistema privado de pensiones.

Los cambios en la fiscalización

El grado de fiscalización está directamente relacionado con el desarrollo de un país y su nivel de formalización
Algunos de los países de la región han mejorado de modo sustancial sus sistemas de fiscalización del mercado laboral con el objetivo de reducir la informalidad. Según el Ministerio de Trabajo de Brasil (2011), cada año, desde 2000, entre 500.000 y 600.000 trabajadores ingresan en la formalidad debido a la acción fiscal. Esta cifra supone que cada año se registra el 0,5% de los ocupados. De manera similar, en Argentina, de 2005 a 2011 el Plan Nacional de Regularización del Trabajo inspeccionó cerca de un millón de empresas. El 28,3% de los trabajadores de esas empresas no estaba registrado. De esos trabajadores no registrados el 37% se regularizó. La cifra implica un incremento anual de

la formalización de alrededor del 0,3% de los ocupados. Durante este período tanto Argentina como Brasil aumentaron significativamente sus tasas de formalización. Argentina pasó del 45% al 51% entre 2000 y 2010 según las estadísticas que surgen de la Encuesta Permanente de Hogares (EPH) (considerando solamente a los asalariados), mientras que Brasil subió 13 puntos porcentuales, del 48% al 61%, entre 2001 y 2011, en base a datos que surgen de la Pesquisa Nacional por Amostra de Domicílios (PNAD). Estos datos sugieren que el efecto fiscalizador del Estado pudo haber sido un elemento importante en la expansión de la formalidad en Brasil y Argentina en los últimos años.

Sin embargo, los registros administrativos de Argentina y Brasil no constituyen una evidencia causal del verdadero impacto de la fiscalización en el mercado laboral. La mayor fiscalización tiene la capacidad de generar más empleos formales, tal como parecen sugerir las cifras de regularización por la acción fiscal que reportan los ministerios de Trabajo, pero también puede aumentar los costos de ser informal y de participar en el mercado laboral.

Dos estudios que se realizaron en Brasil ilustran de manera muy convincente el poder de la fiscalización para potenciar el trabajo formal y sus efectos adicionales en el mercado de trabajo. En uno de ellos, una evaluación con diseño experimental, de Andrade, Bruhn y McKenzie (2013) dividieron un conjunto de empresas informales en cuatro grupos a los que aleatoriamente les dieron distintos incentivos. A uno le enviaron información detallada sobre cómo registrarse en el SIMPLES, además de los costos y beneficios de este programa. A otro, le mandaron la misma información, pero agregaron un incentivo monetario por registrarse y los servicios de un contable (necesario para operar con el SIMPLES) sin costo durante un año. Al tercer grupo se le asignó la visita de un inspector de Trabajo. Y el último grupo fue de control. Sorprendentemente, ni la información ni los incentivos financieros tuvieron impacto en la formalización, mientras que una mayor fiscalización aumentó de forma sustancial la probabilidad de las empresas pequeñas de registrase en el programa SIMPLES. En concreto, la visita de un inspector municipal generó un incremento de tres puntos porcentuales en la probabilidad de formalizarse (un crecimiento de más del 50% respecto del grupo de control). Para los autores, estos resultados sugieren que las empresas informales no se benefician con la regularización y que, por ese motivo, reducir el costo de la formalización no es suficiente para inducirlas a registrarse. Este dato refleja que el análisis costo-beneficios para este tipo de empresas está altamente sesgado hacia la informalidad.

Pero, además de incrementar el empleo formal, la fiscalización tiene efectos de equilibrio general en el mercado de trabajo. Almeida y Carneiro (2012) analizan las consecuencias de acentuar la inspección sobre la informalidad, el empleo y los salarios en el contexto de Brasil. Los resultados principales confirman la predicción teórica pues los autores establecen que un incremento en el número de inspectores en una región aumenta el empleo en el sector formal, pero también acrecienta el número de personas sin trabajo (desocupados e inactivos).

En otros países existe evidencia descriptiva de este posible efecto adicional de la mayor fiscalización en el mercado de trabajo. Por ejemplo, en Ecuador, en 2010, se lanzó un programa de defensa de los derechos de los trabajadores domésticos para obligar a los empleadores a cumplir con los requisitos de la seguridad social. La campaña fue intensa, con visitas a los hogares para detectar el incumplimiento de los compromisos previsionales. Y hasta cierto punto fue exitosa (véase el gráfico 4.6), ya que después de 2008 el porcentaje de trabajadores domésticos afiliados aumentó considerablemente. Sin embargo, hubo un efecto de esta medida que parece no haber

Gráfico 4.6
Número de trabajadores domésticos y el porcentaje afiliado a la seguridad social en Ecuador, 2003–11

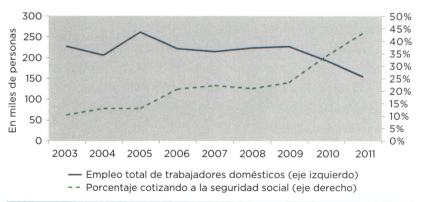

Fuente: Enemdu (2003–11).

sido anticipado: el número de empleados domésticos disminuyó de manera importante. En otras palabras, si bien es cierto que la iniciativa logró que un mayor porcentaje de trabajadores domésticos se afiliara a la seguridad social, también es verdad que se destruyeron muchos empleos para personas que no tienen demasiadas opciones en el mercado laboral.

En resumen, la evidencia, aunque escasa, tiende a confirmar los efectos que la teoría presume para una mayor fiscalización en el mercado de trabajo. Por una parte, el incremento en la creación de trabajo formal. Por la otra, una reducción en el empleo total. Este último hecho obedece a que algunos trabajos que operan informalmente no son rentables si tienen que regularizarse y por lo tanto dejan de existir. Por eso, los responsables de política económica deberían tomar en cuenta que aumentar la fiscalización puede ayudar a incrementar el porcentaje de trabajos formales, pero la medida debe ir acompañada por otras. Aun así, se necesitan más investigaciones para entender los verdaderos efectos de la fiscalización en los mercados de trabajo con altos niveles de informalidad.

Lograr cambios de comportamiento con bajo costo: la mejora de los canales

La literatura de la economía del comportamiento enfatiza que muchas veces el contexto en el que se toma la decisión es más importante que los precios y las preferencias de los agentes (véase el recuadro 3.1). Por lo tanto, modificar una conducta determinada, como la de contribuir a un sistema de previsión social, puede exigir no solo cambios en los incentivos monetarios sino también en las circunstancias en las que se toman las decisiones.

Como se detalla en el capítulo 2, la experiencia en países desarrollados indica que la mejor manera de incrementar el ahorro previsional de los trabajadores es lograr que la contribución al sistema ocurra por defecto (Madrian, 2013 y recuadro 4.5). Esto es, de alguna manera, lo que sucede en la región con los trabajadores asalariados formales. Sin embargo, el gran problema del mercado laboral es que para los empleados informales, ya sea por cuenta propia o asalariados, la opción por defecto es no contribuir. Otras medidas que han resultado efectivas son la simplificación de los procesos de afiliación,

Recuadro 4.5
El ahorro en pensiones privadas en América Latina y la OCDE

Mientras que la capitalización de pensiones privadas crece de manera significativa como fuente de ingreso por jubilación en la mayoría de países de la OCDE y América Latina, sus niveles de ahorro (medido como individuos titulares de activos o de beneficios acumulados en un plan) son bastante disímiles y varían de país a país. Las tasas de ahorro previsional más altas observadas en los sistemas voluntarios se observan en Nueva Zelanda y Estados Unidos (alrededor del 50% de la población en edad de trabajar), muy por encima de las cifras registradas en Italia (13%) y Brasil (2%), probablemente por la generosidad de las pensiones públicas en estos últimos.

Algunos países han logrado una extensión significativa de las pensiones privadas voluntarias, sobre la base de la introducción de la inscripción automática (con opción por defecto) y/o de incentivos financieros. Alemania logró un significativo aumento del ahorro previsional privado, con la introducción de los planes de pensiones Riester que incorporan un importante subsidio del gobierno. Pero, probablemente, el caso más destacable es Nueva Zelanda, donde la proporción de ahorradores había disminuido a menos del 10% de la población en edad de trabajar en 2007. Apenas tres años después, el esquema de KiwiSaver —que está basado en la inscripción automática, las cotizaciones compartidas del empleador y los subsidios del gobierno— habría logrado una cobertura de cerca del 55%. En cambio,

Gráfico 4.5.1
Ahorro previsional privado en países seleccionados de la OCDE y América Latina (% de titulares de activos sobre población en edad de trabajar)

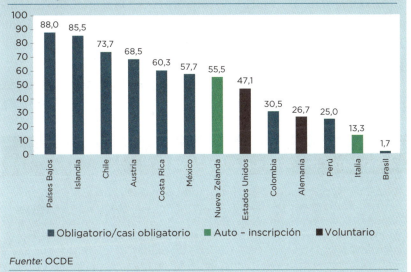

Fuente: OCDE

(continúa en la página siguiente)

> **Recuadro 4.5**
> **El ahorro en pensiones privadas en América Latina y la OCDE**
> *(continuación)*
>
> Italia ha sido menos exitosa en incrementar sus tasas de cobertura después de la introducción de la inscripción automática, apenas aumentando del 9 al 13% la población en edad de trabajar inscrita en un plan de pensiones privadas entre 2007 y 2010. El éxito de la inscripción automática depende, por lo tanto, de su diseño e interacción con los incentivos para garantizar que las personas no opten por retirarse del sistema en gran número.
>
> Por ello, automatizar la inscripción obligatoria parece, en última instancia, la política más efectiva para elevar el ahorro previsional en los países de la OCDE. Por ejemplo, en Islandia, Chile y Australia los suscriptores de planes de pensiones se sitúan próximos al 70% de la población en edad de trabajar, gracias a tasas mínimas de contribución (o beneficio). La alta cobertura se logra igualmente a través de sistemas casi-obligatorios, a través de convenios colectivos de trabajo a nivel industrial o nacional, como muestra el caso de los Países Bajos, donde cubren cerca del 88% de la población en edad de trabajar. No obstante, de nuevo, no hay fórmulas únicas. En Colombia, Costa Rica, México y Perú, por citar algunos ejemplos, la provisión de pensiones privadas obligatorias no ha logrado generar altos niveles de cobertura, ni suficientes densidades de cotización.

el compromiso de ahorrar cuando se reciben incrementos salariales en el futuro y el envío de recordatorios sobre los beneficios de ahorrar (véase el recuadro 4.6).

Las experiencias de este tipo son escasas en la región. Sin embargo, existen pilotos en pequeña escala que ilustran de qué manera esta clase de mecanismos puede ayudar a incrementar el ahorro previsional de los individuos.

Estudios con un diseño experimental, y por lo tanto muy fiables, que se efectuaron en Bolivia y Perú, determinan que el hecho de

> **Recuadro 4.6**
> **La economía del comportamiento en acción**
>
> La simplificación de los planes de ahorro previsional tiene efectos en el aumento de la cobertura porque actúa sobre la tendencia a postergar decisiones financieras complejas. Beshears et al. (2011) han estudiado una intervención de bajo costo diseñada para simplificar el proceso de inscripción en el plan de ahorros 401(k) de Estados Unidos. En ella advirtieron que otorgar oportunidades de inscripción simplificada aumenta la efectividad

(continúa en la página siguiente)

> **Recuadro 4.6**
> **La economía del comportamiento en acción** *(continuación)*
>
> en la tasa de participación: con tres repeticiones se logró un aumento del 105% frente al 10% que se consiguió con una repetición. Otro experimento, realizado sobre el grupo que ya contribuía, consistió en enviar por correo una tabla sencilla con escalas de contribución y retorno. Esta medida amplió la tasa de contribución de un 15% de los cotizantes. Es interesante destacar que los resultados fueron evaluados también 54 meses después de la implementación y la participación se mantenía en el mismo nivel.
>
> Otra manera de aumentar el ahorro es conseguir que la persona asuma el compromiso de ahorrar. Si el individuo tiene información acerca de que es recomendable ahorrar, pero también sabe que en el futuro se sentirá tentado a no hacerlo, puede obtener un beneficio al autocontenerse respecto de las decisiones en el futuro. Ashraf, Karlan y Yin (2006), por ejemplo, describen que en Filipinas un 28% de quienes recibieron la opción de empezar un plan de ahorro con el compromiso de ahorrar aceptó la oferta. Luego de 12 meses, los balances de la encuesta aumentaron en 81 puntos porcentuales (el 26%) en promedio.
>
> Thaler y Benartzi (2004) evalúan los resultados de un programa de ahorro prescriptivo llamado *Save More Tomorrow* (SMarT), en el que la gente se compromete por adelantado a destinar una parte de sus incrementos de salario futuros al ahorro para el retiro. Los autores señalan que un alto porcentaje (el 78%) de quienes son invitados a sumarse al plan se inscribe. Las tasas de ahorro promedio para los participantes del programa se incrementaron del 3,5% al 13,6% en el curso de 40 meses.
>
> Por medio de dos experimentos de campo, en los que intervinieron 2.687 microempresarios, en Chile, Kast, Meier y Pomeranz (2012) analizan la efectividad de los grupos de pares de autoayuda (*self-help peer groups*) como mecanismo de compromiso para el ahorro entre microempresarios de bajos ingresos. El tratamiento consiste en comprometerse públicamente frente al grupo de empresarios a aportar a la cuenta de ahorro y someterse a un monitoreo del cumplimiento. Los autores concluyen que estos grupos de monitoreo son una poderosa herramienta para incrementar los ahorros (el número de depósitos creció más de tres veces y el balance promedio de los ahorros casi se duplicó). Como continuación de esta prueba realizaron un experimento con teléfonos celulares según el cual el participante tenía que reportar semanalmente al grupo el avance en la cuenta mediante el celular. El mecanismo resultó casi tan efectivo como el de las reuniones en público, lo que demuestra la efectividad del control y la exigencia de responsabilidad en los resultados por encima del efecto de la observación en público.
>
> En resumen, la economía de comportamiento aplicada a temas de ahorro aporta cierta evidencia acerca de la efectividad de algunos aspectos que hacen al diseño de un plan de ahorro, como la simplificación de procesos, los recordatorios sobre objetivos específicos de ahorro y el establecimiento de compromisos para aumentar el ahorro. Estos mecanismos, bien elaborados, parecen ser efectivos, incluso, en grupos de bajos ingresos o de trabajadores independientes.

recibir recordatorios puede ayudar a los individuos a materializar la acción de ahorro (Karlan et al., 2012). En Perú, los recordatorios se implementaron a través de cartas físicas, en las que se subrayaban los incentivos por lograr montos específicos de ahorro. En Bolivia, se formalizaron por medio de mensajes de texto en el celular en los que los trabajadores independientes recibían incentivos para ahorrar a fin de acumular un aguinaldo y obtener un plan de seguro de vida y accidentes gratuito (que se cancela si el depósito no se efectiviza).

En promedio, en Bolivia, los recordatorios aumentaron los balances de las cuentas de ahorro en 6%, cifra que llegó a 16% cuando el mensaje incluía una mención del objetivo específico que se quería conseguir con el ahorro. Si bien el incremento es moderado, Karlan et al. (2012) destacan que este porcentaje es relativamente alto para las familias más pobres de la muestra.

Conclusiones

Si resolver el problema de la baja cobertura de pensiones en ALC fuera fácil no continuaría vigente a 60 o 70 años de que se instituyeron los primeros planes contributivos de pensiones en la región y 20 años después de las reformas estructurales de los años ochenta y noventa.

Ante la poca capacidad que han demostrado los sistemas previsionales para generar ahorro en el mercado de trabajo y ampliar la cobertura, los países en ALC han puesto en funcionamiento una serie de políticas con el objetivo de cerrar esas brechas. Estas políticas han sido diversas en su concepción, enfoque y magnitud. Su estudio ofrece algunas lecciones de política económica, pero también plantea preguntas que están por resolver.

De acuerdo con las experiencias desarrolladas en ALC, las pensiones no contributivas constituyen una herramienta muy útil para incrementar la cobertura y erradicar la pobreza en la vejez, pero afectan de manera importante la decisión de participar en el mercado de trabajo tanto entre las personas elegibles como entre las personas que se encuentran cerca de la edad de elegibilidad. Además, presentan retos importantes vinculados con la institucionalidad. De la generosidad con la que se ejecuten y la forma en la que se actualicen dependerá su sostenibilidad futura. La gran incógnita es si en el largo plazo este tipo de pensiones puede socavar los incentivos para cotizar de las personas que están lejos de la edad de jubilación.

Por otra parte, cómo generar niveles adecuados de pensiones futuras implica aumentar el ahorro previsional en el mercado de trabajo actual, en este capítulo también se abordan varias experiencias que buscan incrementar el ahorro previsional.

La reducción de los costos de la seguridad social, por ejemplo, parece ser eficaz para generar trabajo formal en algunos contextos. Especialmente en los grupos que tienden a estar desvinculados del sistema previsional, como los jóvenes, los no asalariados y las empresas pequeñas. Sin embargo, estas medidas no son gratuitas y pueden tener significativos costos fiscales. Además, se desconoce cuál es la rebaja apropiada para maximizar la cobertura a partir de un objetivo de equilibrio actuarial entre contribuciones y beneficios. Al mismo tiempo, según el diseño de los subsidios, este tipo de iniciativas puede disuadir a las pequeñas empresas a crecer o fomentar el trabajo por cuenta propia frente al asalariado.

Varios estudios sugieren que el incremento de la formalidad (sobre todo entre las empresas pequeñas) requiere de una mayor fiscalización y de una mejora en la valoración del hecho de estar en regla por parte de empresas y trabajadores. Asimismo, parece claro que una mayor presión fiscalizadora en el mercado de trabajo amplía el número de trabajos formales, pero también puede destruir empleos que, por su baja productividad o porque empresas y trabajadores desestiman los beneficios de la seguridad social, no pueden sobrevivir a la regularización. Esta mayor fiscalización tendría que ir acompañada de una optimización de los servicios que ofrece la formalidad y/o de reducciones en el precio de estos servicios.

Finalmente, las innovaciones en la manera en la que el Estado en general y los organismos de seguridad social en particular se relacionan con los ciudadanos tienen el potencial de convertirse en una política de bajo costo para expandir la cobertura previsional.

No es posible ni adecuado establecer una política única que sea capaz de corregir todos los problemas de cobertura de la región. Las soluciones de largo plazo van a surgir con los avances en las distintas dimensiones descritas en los párrafos anteriores. Además, como los países de la región se encuentran en puntos de partida muy diversos, el énfasis en una determinada dimensión dependerá de las dificultades concretas a las que cada uno se enfrente. La esperanza reside en que en el futuro las reformas que se planteen vayan en la dirección adecuada. El siguiente capítulo parte del marco conceptual que asentó el capítulo 3 y de las lecciones que aportaron las experiencias de la región para definir unas líneas de política económica que mejoren el funcionamiento de los sistemas previsionales de la región.

HACIA DÓNDE REFORMAR

5

Resumen:

En este capítulo se recogen las principales recomendaciones para realizar reformas previsionales cuyo objetivo sea alcanzar la cobertura universal en pensiones en la región tanto en el corto como en el largo plazo. Dos objetivos generales vertebran estas recomendaciones. Primero, poner al ciudadano y no únicamente al trabajador como centro del aseguramiento social, con la meta de eliminar la pobreza en la vejez de todos los adultos mayores. Segundo, integrar y atraer a todos los trabajadores a los sistemas contributivos para incrementar el ahorro previsional y asegurar el nivel de las pensiones en el futuro. Para ello, se propone una familia de instrumentos que abarca la implementación de una pensión básica universal antipobreza, la incorporación obligatoria gradual de los trabajadores no asalariados a los sistemas previsionales contributivos, subsidios progresivos de los aportes previsionales para todos los trabajadores con ingresos, independientemente de su categoría ocupacional, una fiscalización más profunda del mercado de trabajo, así como también una mayor inversión en educación financiera y la creación de nuevos canales para llegar a aquellos colectivos de especial dificultad. La pertinencia y aplicabilidad de uno o más instrumentos dependerá de la problemática, de los recursos y del punto de partida de cada país.

Introducción

En su origen, los sistemas de pensiones de ALC se basaban en un único instrumento, que consistía en el pago de contribuciones durante la etapa activa de los trabajadores asalariados, las cuales se recaudaban en el mercado laboral y financiaban pensiones durante la etapa pasiva. En este diseño, las dos funciones principales de los sistemas de previsión social, el rol antipobreza y el suavizamiento del consumo, se solapan y deja sin ingreso en la vejez a aquellos que no pasan por el mercado de trabajo, lo hacen de una manera intermitente o lo hacen a través de trabajos no asalariados. Así, estos colectivos pasan a depender de sus familias o de la asistencia social para poder tener algún tipo de ingreso en la vejez (véase capítulo 1).

Recientemente los sistemas de previsión social de la región han empezado a dividir más nítidamente las funciones antipobreza y suavizamiento del consumo en varios instrumentos. Junto al sistema contributivo tradicional han surgido pilares no contributivos que intentan cubrir las lagunas de cobertura que han generado los pilares contributivos, y constituyen una red de protección contra la pobreza en la vejez. En algunos casos estos pilares están integrados dentro del sistema previsional, mientras que en otros se consideran asistencia social. Como se indica en los capítulos anteriores, el acceso a estos pilares también varía. Mientras que en algunos países es universal, en otros la condición de elegibilidad es no tener una pensión contributiva, lo que supone, de facto, un esquema de seguridad social paralelo que puede debilitar los ya limitados sistemas contributivos. Además, desde los diseños originales de los sistemas de previsión social, algunos países de la región han ido incorporando paulatinamente a trabajadores no asalariados, o en el régimen general o con regímenes especialmente creados para este tipo de colectivos, con un éxito relativamente limitado (véase el capítulo 2).

Este capítulo presenta principios e instrumentos de política económica que tienen como objetivos: i) universalizar el acceso a una pensión para todos los ciudadanos a fin de erradicar la pobreza en la vejez, de una manera sostenible y eficiente, y ii) incrementar en las próximas décadas el ahorro previsional de todos los trabajadores, especialmente entre los ciudadanos de ingresos medios y medio-bajos, para asegurar que el sistema previsional cumpla con su función de suavizar el consumo. Para conseguir estos objetivos se propone utilizar una batería de instrumentos que abarcan desde un pilar universal antipobreza hasta medidas que faciliten la incorporación de todos los trabajadores a los sistemas de previsión social.

Algunos de estos instrumentos ya están siendo utilizados en la región en mayor o menor medida. La implementación de una o todas las herramientas descritas, así como la elección de los parámetros específicos de estas propuestas, depende de las preferencias sociales contra la pobreza y la desigualdad, del nivel de ingreso, del funcionamiento de los mercados laborales y de los propios esquemas existentes. Por ello, no es factible ni deseable plantear una reforma única para todos los países de ALC. A ello se dedica la última subsección, donde se presentan diferentes tipologías genéricas de situaciones a las que se enfrentan los distintos países de la región, en ocasiones con puntos de partida y retos muy dispares.

Empezar por los principios

A pesar de que las reformas previsionales van a depender necesariamente del punto de partida de cada uno de los países de la región, es posible contemplar una serie de principios clave para cualquier opción elegida:

- **Globalidad.** Es importante entender el sistema de aseguramiento social en su totalidad, enmarcando las pensiones de jubilación en un grupo más amplio de beneficios sociales, que incluya pensiones de invalidez y supervivencia, y seguros de salud y desempleo, entre otros, y asegurar su correcta articulación.
- **Integralidad**. Debería buscarse la coherencia en el diseño de los pilares del sistema de pensiones, de modo que cada pilar tome en cuenta a los demás y se integre con ellos.
- **Simplicidad**. Las reglas simples tienden a funcionar mejor que las reglas complejas, en buena medida porque los ciudadanos y las empresas pueden comprenderlas y comportarse de manera óptima.

- **Transparencia**. Los instrumentos que se empleen en cualquier reforma previsional deberían tener un objetivo claro y transparente. Dados los dos objetivos principales de los sistemas previsionales (evitar la pobreza en la vejez y suavizar la caída del consumo), sería deseable la existencia de, al menos, dos instrumentos de política económica.
- **Eficiencia**. Toda reforma va a afectar al ahorro previsional total de un país (tanto privado como público) y al mercado laboral (oferta de trabajadores y demanda de empresas). Por lo tanto, las reformas tienen que ir encaminadas a generar buenos incentivos para el ahorro, y la participación laboral formal.
- **Adaptación a la capacidad institucional**. Es deseable que las reformas se apoyen en aquellas estructuras e instituciones que están funcionando bien, y mejoren aquellas que no lo están haciendo, como la disponibilidad de información, la capacidad de fiscalización y el tipo de sistema de pensiones (público o privado, de reparto o capitalización, y de contribución o beneficio definido).
- **Innovación**. Muchos de los mecanismos para generar ahorro no han funcionado en la región, especialmente para los no asalariados, por lo que es necesario experimentar y evaluar nuevos canales.

De objetivos a familias de instrumentos para las reformas

Los dos objetivos fundamentales de los sistemas previsionales son: eliminar la pobreza en la vejez y suavizar el consumo una vez que se deja de trabajar, siempre asegurando su financiamiento tanto a corto como a medio plazo. Como se expuso en los capítulos anteriores, estos objetivos solo se cumplen para un número reducido de adultos mayores en ALC.

En este libro se sostiene que el objeto del aseguramiento social contra la pobreza en la vejez debe ser el ciudadano, sin importar si trabajó o no, ni el tipo de trabajo que haya tenido durante su vida laboral. Además, un sistema previsional adecuado debería ser capaz de proveer ese aseguramiento con algún tipo de pilar universal que no dependiera de las decisiones que toman los individuos en el mercado

Diagrama 5.1
Objetivos del sistema previsional por tipo de ciudadano/trabajador

		Evitar pobreza en la vejez	Suavizar el consumo
No trabajadores		Pilar universal	
Trabajadores	No asalariados	Pilar universal	Seguridad social
	Asalariados		

Fuente: Elaboración propia.

de trabajo. De la misma manera, el aseguramiento contra la caída del consumo debería ser efectivo para la totalidad de los trabajadores, independientemente del tipo de trabajador que cada uno haya sido durante su vida laboral (véase el diagrama 5.1).

Para conseguir estos dos objetivos se plantean cuatro familias de instrumentos que se relacionan entre sí, que serán más o menos aplicables en función de los niveles de cobertura y del porcentaje de trabajadores que cotice, así como también del desarrollo institucional y de la capacidad fiscal de cada país.

1. *Una pensión antipobreza no contributiva para todos los ciudadanos.* Esta pensión tiene como objetivo constituir un pilar universal que elimine la pobreza en la vejez. Establecida con estrictos criterios de elegibilidad en función de la edad, debería contar con una fuente de financiamiento estable, ser compatible con la percepción de una pensión del esquema contributivo y tener una fuerte institucionalidad que le otorgue sostenibilidad fiscal a largo plazo y protección frente al ciclo político.
2. *La incorporación paulatina de los colectivos de trabajadores no asalariados que tradicionalmente han sido excluidos de la seguridad social.* Conseguir la suavización del consumo para todos los trabajadores implica diseñar una ruta para establecer la obligatoriedad de cotizar para todos los trabajadores, sin importar su categoría ocupacional (asalariados o no), en caso de que esta no sea ya obligatoria, y lograr que los no asalariados tengan los mismos subsidios y los mismos beneficios que los aplicables para los trabajadores asalariados. Al mismo tiempo, es esencial reconocer

las particularidades de los no asalariados y, en función de ello, introducir innovaciones en las maneras de contribuir y otorgar flexibilidad para que se pueda efectuar una transición plena hacia la seguridad social.

3. *Subsidios al ahorro previsional en el mercado de trabajo.* El Estado puede incentivar la cotización mediante subsidios a los aportes obligatorios de todos los trabajadores (asalariados y no asalariados), favoreciendo la incorporación de los trabajadores de ingresos medio-bajos con el objetivo de abaratar el trabajo formal y ofrecer incentivos para que trabajadores y empresas participen en los sistemas de previsión social.

4. *Fiscalización, información y educación.* El papel del Estado debe expandirse hacia la fiscalización del mercado de trabajo y la entrega de información continuada y pertinente a los ciudadanos acerca de los resultados de sus contribuciones al sistema previsional, así como de los futuros beneficios que se derivan de ellas.

Como se describió en el capítulo 4, la reciente reforma que llevó a cabo Chile en 2008 encaja en muchos aspectos dentro de esta familia y abarca todos los puntos expuestos. A partir de ella, se introdujo una pensión no contributiva que, si bien no es universal, cubre al 60% más pobre de la población. Asimismo, el acceso a la pensión no está condicionado por el hecho de no disponer de una pensión contributiva, aunque en este caso se reduce el monto en función de la pensión contributiva. En segundo lugar, se impuso la obligación de que los trabajadores no asalariados hagan aportes al sistema, aunque se estableció un período de transición para esta medida. En tercer lugar, se establecieron subsidios a los aportes, focalizados por ingreso y por edad. Finalmente, Chile viene desarrollando una ambiciosa serie de iniciativas orientadas a mejorar la educación financiera y el conocimiento del sistema, así como también viene realizando importantes avances institucionales.

Esta familia de instrumentos que constituyen las posibles avenidas para incrementar la cobertura provisional de los sistemas previsionales no solucionan, ni mucho menos, todos los retos de reformas a los que se enfrenta la región. Por el contrario, existen retos de sostenibilidad que van a requerir reformas coordinadas adicionales.

Las consecuencias fiscales del envejecimiento poblacional, incluso en países con baja cobertura contributiva, van a exigir reformas paramétricas ineludibles (véase el recuadro 5.1). Mejorar y promover la sostenibilidad es un requisito esencial para aumentar la cobertura, dado que los problemas fiscales de un sistema que parte con problemas de sostenibilidad solo pueden crecer a medida que se incorporan nuevos beneficiarios.

Las familias de instrumentos al detalle

Un pilar universal para todos los ciudadanos

En algunos aspectos, este es un pilar similar al de muchas de las pensiones no contributivas y ciertos programas de transferencias monetarias focalizados en los adultos mayores que operan actualmente en la región. En este sentido, se proponen transferencias monetarias sin contrapartida de contribuciones pasadas. Sin embargo, se destacan importantes diferencias con respecto al diseño actual de algunos de estos programas, que pueden ayudar a cumplir su objetivo de erradicar la pobreza en la vejez, minimizar su impacto negativo en los sistemas contributivos y garantizar la sostenibilidad fiscal en el largo plazo.

Universalidad

Consideramos que es deseable que un programa de erradicación de la pobreza entre los adultos mayores tenga como principio la universalidad, por dos razones (véase otras posiciones en el recuadro 5.3). En primer lugar, por diseño cubre a los ciudadanos y garantiza que todo adulto mayor, independientemente de su desempeño en el mercado laboral o de sus contribuciones pasadas, tenga asegurado un nivel de ingreso en su vejez. En segundo lugar, el hecho de que la pensión sea universal reduce los efectos adversos en el mercado de trabajo. Así, al no estar condicionada por el hecho de dejar de trabajar o de recibir una pensión contributiva no cambia las decisiones del mercado laboral, como a qué edad jubilarse o si contribuir o no al sistema de seguridad social, más allá de un efecto ingreso (que es pequeño si la pensión es relativamente modesta).

> **Recuadro 5.1**
> **Los costos fiscales de los sistemas públicos de reparto: las reformas ineludibles**
>
> Si bien ALC ha sido, junto con Europa Central y Oriental, la región más activa en la adopción de sistemas de pensiones de capitalización individual y gestión privada,[a] buena parte de los esquemas vigentes responden al diseño tradicional de sistemas públicos de reparto y beneficio definido. Este es el caso no solo de países que no implantaron reformas estructurales (Brasil, Ecuador, Paraguay, Venezuela, así como la mayoría de los países del Caribe y centroamericanos), sino también de países que mantuvieron el esquema público como una opción (Colombia y Perú), como un pilar dentro del sistema general (Costa Rica y Uruguay) o que deshicieron las reformas (Argentina).
>
> La sostenibilidad fiscal de estos sistemas públicos de reparto y beneficio definido va a estar sometida a una presión creciente debido al envejecimiento demográfico, al reducirse el número de trabajadores por cada jubilado. Las proyecciones existentes sugieren que el gasto en porcentaje del producto interno bruto (PIB) aumentará significativamente en las próximas décadas, solamente por el efecto de la transición demográfica. Así, por ejemplo, el gasto público en pensiones podría alcanzar el 11,9% en Argentina en 2050 (frente al 7,4% en 2010), y el 16,8% en Brasil (frente al 9,1% actual), según las proyecciones del Fondo Monetario Internacional (FMI) (Clements et al., 2012).
>
> Ante esta situación, la experiencia internacional sugiere realizar un conjunto de reformas paramétricas, ampliamente debatidas y aplicadas en países de la Organización para la Cooperación y el Desarrollo Económicos (OCDE), donde el envejecimiento demográfico es ya evidente (OCDE, 2012 y 2013). Estas reformas comprenden: ciertos aumentos de los ingresos (en general, de impuestos al consumo, y en menor medida de cotizaciones por medio de aumentos en las bases), y sobre todo reducciones del gasto a través de menores pensiones (con una indexación más modesta, o un aumento del período de cálculo de la pensión), o el retraso de la edad de jubilación (obligatorio a través de la edad legal, o voluntario por medio de bonificaciones).
>
> En el caso de ALC, sería importante que estas reformas paramétricas no introdujeran desincentivos adicionales para la formalidad. En este sentido, se deberían evitar los aumentos de las cotizaciones en los casos en que ya sean altas (cuando se consideran las relativas a las pensiones y a la salud), y en especial cuando interactúan con algunas regulaciones laborales, como el salario mínimo. Por el lado del gasto, las modificaciones deben apuntar a adecuar la edad de jubilación a la esperanza de vida, pero teniendo en cuenta la empleabilidad a edades avanzadas, así como también deben asegurar que el nivel de la pensión sea el adecuado para que cumpla con sus funciones de lucha contra la pobreza y suavizamiento del consumo.
>
> ---
> [a] Nueve países (Argentina, Bolivia, Colombia, Costa Rica, El Salvador, México, Perú, República Dominicana y Uruguay) se unieron a la experiencia pionera de Chile. Ecuador y Nicaragua legislaron la reforma, pero no llegaron a implementarla. Además, muchos de los otros, como Brasil, han realizado cambios sustanciales en su sistema de reparto e introducido medidas para fomentar el pilar voluntario (Mesa-Lago, 2004).

Sin embargo, la región ha tenido una larga historia de focalización para determinados programas sociales, y las transferencias monetarias condicionadas constituyen el más claro ejemplo. La focalización es atractiva porque reduce el costo fiscal de las políticas sociales y, en principio, dirige los beneficios a aquellos colectivos más necesitados. De todos modos, existe la preocupación de que cuantos más programas de protección social estén usando estos sistemas para focalizar, más podrían aumentar los incentivos para manipular estos instrumentos, o —peor aún— para que se creen trampas de pobreza, ya que generar estrategias que incrementen los ingresos acarrea un alto costo para los individuos, porque pueden perder acceso a un gran número de beneficios. Existe evidencia que indica que este tipo de instrumentos de focalización está sujeto a la manipulación por parte tanto de los administradores del programa como de los beneficiarios (Camacho y Conover, 2011).

Además, si existen preocupaciones fiscales o de preferencias para una mayor redistribución del gasto fiscal, cabe la posibilidad de gravar esta pensión como ingreso dentro del impuesto personal sobre la renta. Dado el diseño de los sistemas tributarios en la región, de acuerdo con el cual el impuesto de la renta solo lo pagan los deciles superiores, se conseguiría una alta progresividad. Una alternativa equivalente sería plantear pequeñas reducciones de este pilar para aquellos que ya reciben una pensión contributiva. Por ejemplo, Bolivia reduce el beneficio de la Renta Dignidad en un 25% para aquellos adultos mayores con acceso a una pensión contributiva.

Generosidad y actualización

La generosidad de una pensión ciudadana debería estar ajustada para que cumpla su rol como componente para erradicar la pobreza en la vejez. Una cuantía demasiado elevada puede tener impactos negativos en la generación de ahorro previsional y causar un fuerte impacto sobre la oferta de trabajo. En cambio, si la pensión es demasiado pequeña puede no satisfacer las necesidades mínimas de los adultos mayores. El nivel de este pilar va a depender en gran medida de las definiciones de pobreza dentro de cada país y de las preferencias sobre el nivel de desigualdad, así como también de los espacios fiscales actuales y la dinámica de la población futura.

Un beneficio de entre el 10% y el 20% de la renta per cápita elimina la pobreza en la vejez; es financiable hoy y, con reglas de actualización adecuadas, es financiable en el futuro. En países como Argentina, Chile y Uruguay, este beneficio supone otorgar una pensión de entre US$4 y US$8 diarios, mientras que en países de menores ingresos, como Bolivia, Guatemala y Honduras, la cifra se sitúa entre US$1,2 y US$2,5 diarios. Se ha de reconocer que la consideración de qué constituye una pensión antipobreza adecuada depende de las preferencias sociales y definiciones de pobreza de cada país (véase el recuadro 5.2).

En el largo plazo, la sostenibilidad del pilar universal depende en gran medida de cómo se actualice su nivel. Una pensión que proporcione un ingreso del 10% del PIB per cápita en 2010, y se actualice por inflación, cuesta entre 0,4 y 1,4 puntos del producto interno bruto (PIB) en 2010 (0,7 como media en la región) y se mantendrá en porcentaje del PIB relativamente estable hasta el año 2050 (véase grafico 5.1). Sin embargo, incrementos superiores a la inflación pueden resultar mucho más onerosos e insostenibles. Por ejemplo, si el nivel de la pensión se ajustara por el crecimiento del PIB per cápita nominal (inflación y productividad), el costo (relativo al ajuste solo por inflación) se multiplicaría por 2,8. La experiencia que se presenta en los capítulos anteriores indica que la actualización puede estar muy por encima de la inflación, bien porque es una indexación a otros indicadores como el salario mínimo, bien porque en determinados momentos este tipo de pensiones se actualiza discrecionalmente. En todo caso, se debe reconocer que un ajuste por inflación supone que en el largo plazo el valor relativo del pilar universal se reduce en relación con el ingreso medio en el país. Si se asume un crecimiento del PIB per cápita del 2,5% anual, el valor relativo del pilar universal pasaría del 10% del PIB per cápita en 2010 al 4,2% en el año 2050. Esto es precisamente lo que permite que el costo permanezca constante en relación con el PIB aún cuando el número de beneficiarios casi se triplica.

Marco institucional

Dadas las perspectivas demográficas de la región, la futura sostenibilidad de este tipo de pensiones pasa por instaurar unos cimientos

Recuadro 5.2
¿Cuánto es una pensión antipobreza no contributiva adecuada?

El nivel de una pensión antipobreza depende de la concepción de pobreza que tenga cada país. En este sentido, la pobreza se mide y se monitorea de maneras distintas en cada país. La medida más común de la pobreza es la tasa de pobreza, que indica el porcentaje de la población nacional que tiene un nivel de vida inferior con respecto al umbral de referencia: la línea de pobreza. Sin embargo, la manera en que se configuran las líneas de pobreza varía notablemente de un país a otro, y para establecerla muchos países se basan en una multiplicidad de alternativas. Esto hace que sea difícil determinar una línea de pobreza estándar que resulte útil para hacer un análisis que abarque varios países.

La mayoría de los países en desarrollo miden la pobreza en términos absolutos, usando una línea de pobreza establecida con base en el valor monetario de una canasta de bienes y servicios predeterminada. Por el contrario, la mayoría de los análisis de la pobreza en los países avanzados, incluidos la mayoría de los países de la OCDE, mide la pobreza en términos relativos, fijando la línea de pobreza en una proporción fija de la media o en el promedio del nivel de vida de cada país. El nivel de vida se mide por los niveles de ingreso o de gasto en consumo de los hogares, y ésta es otra fuente de diferencias entre los países. Por ejemplo, en el cuadro 5.2.1 se observa que los niveles de pobreza en una selección de países latinoamericanos varían sustancialmente en función de la concepción de pobreza que se utilice.

Cuadro 5.2.1
Tasas de pobreza en países seleccionados de América Latina (en porcentaje de la población)

País	Línea de pobreza nacional	Línea de pobreza nacional (60% de la mediana)	US$1,25 al día
BRA	24,2	31,2	4,1
CHL	13,7	27,0	0,2
COL	45,0	33,0	16,0
DOM	36,3	29,0	4,0
ECU	36,7	30,0	4,7
SLV	30,7	30,0	11,0
GTML	51,0	38,0	12,7
HON	62,1	32,0	18,2
MEX	42,7	27,0	0,0
PRY	41,2	29,0	6,5
PER	44,5	29,0	7,9

Fuente: Garroway y De Laiglesia (2012).

(continúa en la página siguiente)

Recuadro 5.2
¿Cuánto es una pensión antipobreza no contributiva adecuada?
(continuación)

En este contexto, existe una gran disparidad en los niveles de las pensiones contributivas dentro de los países de la región. El grafico 5.2.1 presenta los niveles de beneficio con respecto al PIB per cápita. La mayoría de los países de la región ofrece beneficios de entre el 10% y el 20% del PIB per cápita, aunque hay países como Colombia, Honduras, Jamaica, México y Perú, que son ostensiblemente menos generosos. En el otro extremo del espectro se encuentran Brasil, Suriname y Trinidad y Tobago, que proporcionan pensiones no contributivas más allá del 30% del PIB per cápita, mientras que Venezuela es el país más generoso de la región en cuanto a pensiones no contributivas. Tanto la media como la variación de los beneficios dentro de la región parecen similares a los de otras regiones del mundo, si se tiene en cuenta que África es la región que ofrece, como media, una pensión más alta (21% del PIB per cápita frente al 18% de ALC), aunque merece la pena resaltar que la mayor parte de los países que otorga beneficios en este continente se encuentra en África del Sur y muchos de los países más pobres del planeta no tienen ningún tipo de beneficio. En Asia, durante la última década ha habido un incremento en la popularidad de las pensiones no contributivas, quizás no tan marcado como en América Latina y con niveles de pensiones ligeramente inferiores a los de ALC (15% del PIB per cápita de media).

Gráfico 5.2.1
Nivel de beneficios en ALC y otras regiones del mundo (en porcentaje del PIB per cápita)

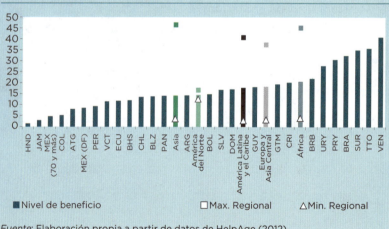

Fuente: Elaboración propia a partir de datos de HelpAge (2012).

Gráfico 5.1
Costo de proporcionar una pensión del 10% del PIB per cápita
(Porcentaje del PIB)

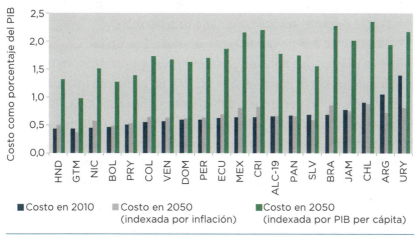

Fuente: Elaboración propia.

institucionales sólidos, que establezcan un contrato social intergeneracional al margen de la competencia política. Para ello, se plantean varios mecanismos destinados a asegurar la sostenibilidad de este tipo de pilares:

Establecer instituciones independientes que determinen el nivel de la pensión y revisiones actuariales periódicas para el ajuste del financiamiento y de los beneficios. Tanto el nivel de la pensión como los subsiguientes ajustes deberían estar sujetos a reglas que estén protegidas del ciclo político, dentro de un marco fiscal (idealmente, una regla fiscal que incorpore los costos presentes y futuros de las mismas, y las formas de financiamiento), e incluso que sean evaluadas por organismos independientes, como por ejemplo el Consejo Consultivo Previsional de Chile (véase el capítulo 6 para más detalles).

Vincular contribuciones con beneficios a través de un prefinanciamiento del pilar universal. Una manera de atar el nivel de un pilar universal es prefinanciar el capital que financiará el flujo futuro de pensiones. Este tipo de diseño, propuesto en Antón, Hernández y Levy (2012) únicamente para los trabajadores, parte de la idea de que el

Estado realice aportes sistemáticos a los ciudadanos en cuentas individuales durante su vida activa (por ejemplo, entre los 18 años y los 65 años), independientemente de que sean trabajadores formales o informales. Así, la pensión resultante estaría determinada por el flujo de aportes durante la vida laboral de una persona.

Este tipo de diseño tiene claras ventajas. Por un lado, pone un límite a la discrecionalidad en los aumentos, que podrían resultar en problemas graves de sostenibilidad fiscal. En el caso en que quisieran incrementarse las pensiones, deberían también aumentar los aportes mensuales, los cuales solo generarían un incremento del nivel de la pensión en el largo plazo. Al mismo tiempo, este sistema obligaría al Estado a ahorrar para cubrir las pensiones, ahorro que además genera intereses que reducen el costo de estas pensiones en el largo plazo.

Una ventaja adicional es que este sistema puede ayudar a crear trabajo formal, ya que permite reducir los aportes obligatorios de los trabajadores y empresas a la seguridad social. De nuevo, Antón, Hernández y Levy (2012) sugieren que el Estado aporte a todos los trabajadores el equivalente de lo que debería contribuir un trabajador que gana dos salarios mínimos. Esto supone que los trabajadores que obtienen entre uno y dos salarios mínimos (y las empresas para las que trabajan) no tendrían que hacer ningún aporte obligatorio. Solo a partir de dos salarios mínimos, los empleados y patronos tendrían que aportar, pero únicamente debido a la diferencia entre lo que antes aportaban y los aportes subsidiados por el Estado. Más generalmente, se podría pensar que si el Estado aporta parte de las pensiones en forma de pensiones no contributivas, se podrían reducir los aportes obligatorios que pagan las empresas y los trabajadores al sistema contributivo.

El prefinanciamiento por parte del Estado de una pensión no contributiva universal puede parecer más natural en sistemas de capitalización individual, los cuales ya tienen una infraestructura de cuentas individuales para pensiones. Sin embargo, no hay razón para que esta no se pueda implementar en países que operan con sistemas de reparto. En este caso, pueden generar un pilar no contributivo prefinanciado con cuentas individuales, o prefinanciar a un fondo común del Estado, que acumule reservas con el objetivo de pagar las pensiones futuras.

En cambio, un inconveniente del prefinanciamiento es que estas aportaciones no son efectivas en el corto plazo, dado que no se podrían obtener suficientes fondos para las generaciones proximas a la edad de jubilación. Por lo tanto, en el corto plazo, para conseguir cobertura universal se requieren medidas transitorias ex post destinadas a cubrir a los adultos mayores de hoy.

Crear una fuente de financiamiento exclusiva para una pensión universal. Independientemente de si las pensiones se prefinancian con aportes del Estado durante la vida activa del trabajador o se pagan ex post durante la vejez, la creación de una fuente de financiamiento exclusiva puede ser de gran ayuda para sentar las bases de un buen funcionamiento institucional. Para ello, se podría crear un impuesto al consumo o sobre las materias primas, o vincular un tramo de algún impuesto, y destinarlo exclusivamente a financiar un pilar universal. Este impuesto generaría recursos que no podrían ser transferibles a ningún otro tipo de gasto corriente del gobierno, y en caso de ser superior a los gastos, se podría ahorrar en un fondo propio (que permita además cumplir con una función estabilizadora). Por otra parte, los ciudadanos asociarían la recaudación del impuesto con derechos sociales claros, y esto proporcionaría transparencia para un buen manejo fiscal (véase el capítulo 6).

Integrar a los trabajadores no asalariados

La relevancia en números de los trabajadores no asalariados (que representan en torno a un 30% de la fuerza laboral en la región), su notable desconexión de los sistemas de pensiones (apenas el 17% cotiza) y sus características propias exigen una atención particular a este colectivo.

Obligatoriedad

Un primer paso sugiere que los trabajadores no asalariados con ingresos estén obligados a cotizar, al igual que los trabajadores asalariados. Asimismo, sería deseable que estuvieran sujetos al mismo patrón de incentivos económicos al que se enfrentan los asalariados. En otras palabras, que tengan las mismas obligaciones y los mismos beneficios. Con ello, se busca evitar que haya distorsiones de la actividad económica debido a un cambio en el retorno relativo entre ser asalariado y

> **Recuadro 5.3**
> **Un pilar universal: una visión de la OIT y del Banco Mundial**
>
> Los enfoques sobre el diseño y funcionamiento de los sistemas previsionales vigentes suelen disentir en aspectos como el tipo de plan (beneficio definido o contribución definida); el tipo de sistema administrativo (público, privado o mixto); y el tipo de beneficio (renta programada o renta vitalicia), entre otros. Por ende, no es extraño que organismos internacionales, como el Banco Mundial o la Organización Internacional del Trabajo (OIT), expertos en el tema, a menudo difieran en el debate sobre este particular. Sin embargo, cuando se aborda la reforma de los sistemas pensionales a través del prisma de la cobertura universal, tanto los planteamientos de un sistema Pensional de Pilares Múltiples (Banco Mundial) como la Recomendación sobre Pisos de Protección Social (OIT) coinciden en numerosos aspectos.
>
> A nivel de los objetivos, tanto el Banco Mundial (Holzmann y Hinz, 2005) como la OIT (OIT, 2012), son claros al reiterar la urgencia de aliviar la pobreza y generar mayor equidad e inclusión social, a través de mecanismos redistributivos o solidarios. Tal necesidad surge de los errores identificados en el diseño y funcionamiento del sistema: por una parte, se destacan las fallas de eficiencia y eficacia en el otorgamiento de las prestaciones (Banco Mundial); y por otra, el alto grado de exclusión social al que están sometidos los grupos más vulnerables (OIT). Por eso, se proponen la constitución de un modelo de pilares múltiples, que se caracteriza por la puesta en marcha de un pilar no contributivo para los más vulnerables —el pilar cero— (Banco Mundial), y el establecimiento legal de un derecho universal a las prestaciones[a] mediante la recomendación de pisos de protección social (OIT). Ambos conceptos están en línea directa con la propuesta de este estudio, que desea posicionar al ciudadano como centro del aseguramiento social, con el fin último de lograr una extensión (universal) de la cobertura del sistema.
>
> Las afinidades no se limitan al diagnóstico ni a los objetivos de la reforma, sino que también confluyen en los siguientes objetivos: i) proporcionar una pensión social, de cuantía modesta y con criterios estrictos de elegibilidad, que garantice un nivel mínimo de ingreso en la vejez a todos los sectores de la población; ii) priorizar a los grupos más vulnerables, por ejemplo, mediante la vinculación de la población rural a los sistemas de financiamiento y aseguramiento (Banco Mundial) o la protección y atención de las personas que trabajan en la economía informal (como trabajadores no asalariados o empleados domésticos, según la OIT); iii) garantizar la sostenibilidad financiera del sistema, frente al riesgo fiscal y el crecimiento demográfico, por ejemplo a través del aprovisionamiento de prestaciones futuras, lo que necesariamente está sujeto a las condiciones específicas de cada país; iv) fortalecer la transparencia institucional necesaria para garantizar una "gestión financiera y una administración sanas" (OIT) y además prevenir la manipulación política que ponga en riesgo de distorsión a los mercados (Banco Mundial), y evidentemente v) consolidar una capacidad administrativa funcional que permeabilice la coordinación de acciones (por ejemplo, entre las instituciones, las políticas, los pilares, los regímenes, las modalidades de prestación, etc.) y la realización efectiva de la reforma.
>
> [a] Recomendación R202 de la OIT: "[3.] (...) los Miembros deberían aplicar los siguientes principios: a) universalidad de la protección, basada en la solidaridad social; b) derecho a las prestaciones prescrito por la legislación nacional" (OIT, 2012).

no serlo, o derivadas del hecho de producir en unidades económicas unipersonales de uno versus unidades mayores. Cuando se exime a los trabajadores no asalariados de las contribuciones o se subsidian sus aportes al sistema, se abarata el costo de producir en unidades de menor tamaño, con potenciales repercusiones en la productividad agregada, dada la menor productividad de las microempresas en relación con empresas más grandes (véase Pagés, 2010).

La experiencia de la región y la dificultad para monitorear los ingresos de los no asalariados indican que establecer la obligatoriedad no asegurará el cumplimiento de las leyes laborales y previsionales. De hecho, en muchos países los trabajadores no asalariados ya están obligados a cotizar y lo hacen en mucha menor medida que los trabajadores asalariados. Según los datos procedentes de las encuestas de hogares, los trabajadores no asalariados de los tres deciles superiores de ingreso contribuyen en una proporción similar a la de los trabajadores asalariados de los tres deciles inferiores.

Sin embargo, la obligatoriedad, aunque inicialmente solo esté asentada en el papel, supone un primer paso hacia la plena integración de los trabajadores no asalariados en la seguridad social.

Con flexibilidad, pero sin generar desequilibrios en los sistemas
Sin perjuicio del principio de equidad, probablemente los trabajadores no asalariados requieran medidas particulares, de tipo administrativo, para facilitar los aportes a la seguridad social. Por ejemplo, dada la mayor volatilidad de sus ingresos, se podría prever un sistema de cotizaciones flexibles en términos de periodicidad (por ejemplo, semestral o anual), un refuerzo de los mecanismos de fiscalización e innovaciones en los incentivos no financieros al ahorro.

La respuesta más común en la región ha sido excluirlos del régimen general y dotarlos de tratamientos específicos, en regímenes paralelos. Ello, si bien ha permitido un aumento significativo del número de afiliados, ha incrementado la regresividad del sistema (en muchos casos, los que se benefician de los subsidios son los trabajadores no asalariados de altos ingresos) y puede haber generado incentivos para crear falsos trabajadores no asalariados (es decir: asalariados que figuran como contratistas no asalariados), o no crecer (véase el cuadro 5.1).

Cuadro 5.1
Regímenes especiales para trabajadores no asalariados, países seleccionados de ALC, 2010

Concepto	Argentina	Bolivia	Brasil	Chile	Colombia	Costa Rica	México	Perú	Rep. Dominicana	Uruguay	Venezuela***
Siglas	Monotributo	RTS	EI	RTSPC	RS-IVA	RTS	REPECOS	RUS	PST	Monotributo	–
Sujetos Pasivos	personas naturales y sociedades de hecho	personas naturales	personas naturales	personas naturales	personas naturales	personas naturales y jurídicas	personas naturales	personas naturales	personas naturales y jurídicas	personas naturales y sociedades de hecho	personas naturales
Alcance	comercio industria servicios sector primario	artesanos comercio vivandero	comercio industria servicios sector primario	comercio servicios artesanos	comercio artesanos agricultura y ganadería	comercio	comercio industria transporte sector agrícola	comercio servicios industria	comercio servicios industria	comercio	venta de bienes y servicios
Categorización	Ingresos brutos anuales*	Capital e inventario*	Ingresos brutos anuales	Capital invertido	Patrimonio, ingresos brutos anuales*	Compras anuales y activos fijos*	Ingresos brutos anuales	Ingresos brutos*	Ingresos brutos y compras	Ingresos brutos	Ingresos brutos
Cuota	Fija	Fija	Fija	Fija	Exención	Proporcional	Fija	Fija	Proporcional	Fija	Exención
Período	Mensual	Bimestral	Mensual	Anual	–	Trimestral	Bimestral	Mensual	Mensual	Mensual	–
Impuesto sustituido	IVA, IG, IGMP	IVA, IT, IUE	ISS, ICMS	IR	IVA	ISV, IR	ISR**	IGV, IR	ITBIS, ISR	IR, otros	IVA
Aporte jubilación	Sí	No	Sí	No	No	No	No	No	No	Sí	No
Aporte salud	Sí	No	Sí	No	No	No	No	No	No	Sí	No

Fuente: Aguirre (2012).
* Para categorizar el régimen también utiliza otros parámetros o limitaciones adicionales.
** También puede incluir el impuesto al valor agregado (IVA), determinado sobre base real.
*** No existe un régimen especial de tributación para pequeños contribuyentes, sino una exención del IVA para ventas menores a 3.000 U.T. al año.

En definitiva, se considera que los trabajadores no asalariados deberían recibir el mismo trato, y los mismos subsidios que los asalariados, y se reconoce la falta de mecanismos automáticos de ahorro. Es para este grupo que se proponen instrumentos adicionales destinados a simular los mecanismos automáticos de ahorro de los que disponen los trabajadores asalariados.

Con innovaciones en la manera de ahorrar
Los mecanismos automáticos de ahorro son igual de efectivos que los incentivos vía precio, o incluso más, según la literatura del comportamiento. Diversos estudios (recuadro 4.6) muestran que una manera muy efectiva (y posiblemente más barata) de incrementar el ahorro es lograr que se realice por defecto, sin ninguna participación del trabajador, por ejemplo: a partir de descuentos automáticos. Este tipo de mecanismo es, de hecho, el subyacente al ahorro sistemático de los asalariados (siempre que mantengan su trabajo formal), dado que las empresas retienen de los trabajadores parte de su salario. Sin embargo, una parte importante de la fuerza laboral no tiene esos mecanismos de ahorro. Aunque los asalariados informales y los no asalariados valoren la previsión social y en su gran mayoría estén dispuestos a contribuir, buena parte no lo hará simplemente porque no tiene esa opción por defecto.

Por ello, un reto para la región, y para otras regiones emergentes, es encontrar esos mecanismos automáticos de ahorro previsional para trabajadores no asalariados allá donde no existen terceras partes (como una empresa formal) que hagan las retenciones.

Los avances tecnológicos recientes permiten que los gestores de la previsión social mantengan un contacto continuado con los afiliados. Distintas experiencias indican que los recordatorios a través de teléfonos móviles, cartas o correos electrónicos se han mostrado eficaces para incrementar el ahorro. Este tipo de técnicas se puede expandir fácilmente a un costo relativamente pequeño y se puede convertir en prácticas comunes para que los organismos de seguridad social recuerden a los afiliados los beneficios a largo plazo de contribuir, así como también los efectos de no hacerlo. Por otro lado, también es posible pensar en retiros programados automáticos a cuentas de ahorro, o cargos automáticos vía recargas de teléfono o facturas de agua o electricidad, que cumplan ese rol.

En general, la lección es que hay que ir más allá de los sistemas tradicionales de ahorro que se enfocan en extraer cotizaciones de los asalariados formales. Hay experimentos de campo en la región, así como en otras regiones emergentes, que dan buenos ejemplos de cómo pequeños cambios de diseño innovaciones, muchos de ellos a muy bajo costo, pueden conseguir resultados importantes en materia de afiliación y cotizaciones. Si estos cambios e innovaciones funcionan, sus potenciales beneficios pueden impulsar a los países a experimentar e innovar en la manera en que incentivan a los ciudadanos a ahorrar para el largo plazo.

Fomentar el empleo formal

Evitar la pobreza en la vejez no es suficiente. En las próximas décadas la región pasará de ser una región de ingreso medio-bajo a una región de ingreso medio-alto, (Moreno, 2011). Esta favorable perspectiva contrasta con la realidad de que, en la gran mayoría de los países, como fue destacado en el capítulo 2, las clases medias emergentes son ampliamente informales. Se trata de trabajadores de ingresos medios y medios-bajos que están afiliados a los sistemas de seguridad social y que muestran cierta capacidad de ahorro regular, pero que en la actualidad aportan demasiado irregularmente (si es que lo hacen).

La implementación de un pilar antipobreza universal como el descrito anteriormente no permite garantizar una tasa de reemplazo adecuada para este conjunto de ciudadanos de ingresos medios, para los cuales la única solución a largo plazo para garantizar un adecuado suavizamiento del consumo pasa por incrementar el ahorro previsional.

Subsidios progresivos a las cotizaciones sociales

Un canal por el cual el Estado puede estimular ese ahorro previsional es mediante la mejora del diferencial entre el precio y la valoración de ser formal, con respecto a ser informal. Ello se puede hacer a través de subsidios a los aportes previsionales de los trabajadores y empresas, independientemente de su categoría ocupacional, complementados con el rediseño de programas que operan como subsidios a la informalidad (como programas de salud no contributivos o algunas transferencias condicionadas). La reducción del costo de formalizarse se podría materializar en una reducción progresiva de los aportes obrero-patronales obligatorios para todos los trabajadores (asalariados o no) dentro del esquema existente en el país (contribución definida y capitalización individual y/o público de reparto y prestación definida), subsidiada total o parcialmente por el Estado. La magnitud y focalización de esta reducción dependerá mucho de la estructura de ingresos y contribuciones del país, y de las restricciones impuestas por otras regulaciones laborales, como el salario mínimo.

El tamaño de la respuesta del empleo formal a las reducciones en las contribuciones a la seguridad social quizás sea uno de los parámetros más importantes para la región a la hora de diseñar políticas económicas. La teoría económica indica que una reducción de los costos aumentará la disposición a contratar empleo formal por parte de las empresas, si dichas reducciones, no se compensan con aumentos salariales (véase el capítulo 3). Sin embargo, el tamaño de esta respuesta, llamada *elasticidad* en la jerga de los economistas, todavía no ha sido suficientemente analizado. Al menos tres estudios, realizados para Chile, Turquía y Colombia, encuentran que los descuentos a las contribuciones de la seguridad social generan mayor empleo formal (Universidad de Chile, 2012; Betcherman et al., 2010, y Kugler y Kugler, 2009). Asimismo, para Uruguay, se encuentra que una mejora de los beneficios de la seguridad social para ciertos grupos de trabajadores genera un aumento del empleo formal del grupo beneficiado, aun cuando la tasa de aportes también aumenta (Bérgolo y Cruces, 2011). Sin embargo, otros estudios encuentran una baja respuesta en el empleo a los cambios en las contribuciones.[1] En conjunto, la evidencia apunta a que una parte del costo de la seguridad social lo absorbe directamente el trabajador en la forma de un menor salario, pero también que, al menos en algunos casos y países, menores cuotas obrero-patronales pueden resultar en un mayor nivel de contrataciones formales por parte de las empresas. También sugiere que las reducciones en los aportes para las personas de menores ingresos pueden incentivar a más trabajadores a realizar esos aportes.

---

[1] Para Argentina: Cruces, Galiani y Kidyba (2010); para Chile: Gruber (1997).

Como se indicó en el capítulo 3, el hecho de que una gran mayoría de los individuos, particularmente los de menores ingresos, aduzca ingresos insuficientes como la razón principal por la cual no contribuyen a la seguridad social, sugiere que los mecanismos vía precios, que abaratan el costo de contribuir, pueden reducir la informalidad.

Implementar una reducción de aportes previsionales
Una manera sencilla y equitativa de implementar una reducción progresiva de aportes es otorgar una subvención de suma fija a todos los trabajadores que aporten, de modo que las reducciones porcentuales en los aportes sean mayores para los trabajadores de ingresos más bajos. Por ejemplo, en Brasil, donde el salario mínimo está en el tercer decil de la distribución de ingresos, una subvención equivalente al 50% en los aportes de un trabajador que gana un salario mínimo reduce en un 40% los aportes de un trabajador en el quinto decil, y entre un 14% y un 5% los aportes de un trabajador en el noveno y décimo decil, respectivamente.

El atraer trabajadores hacia la formalidad mediante estos subsidios puede tener efectos muy positivos no solo para el sistema previsional, sino también para la economía en general. Primero, desde el punto de vista productivo, el incremento de la formalidad puede tener efectos multiplicadores en forma de empresas más productivas que estimulen el crecimiento del PIB potencial en el largo plazo. Segundo, desde el punto de vista de la protección social, los nuevos trabajadores formales no van a disfrutar solo de pensiones, sino también de todos los beneficios adicionales que conlleva la formalidad (seguridad laboral, salud). Y, finalmente, la base tributaria crece, lo cual permite un aumento de la recaudación (de impuestos sobre las nóminas, y de otros impuestos directos e indirectos) sin generar mayores ineficiencias.

Valga la pena indicar que los subsidios propuestos mejoran la progresividad de los sistemas de pensiones, al incorporar personas de bajos ingresos al sistema. Sin embargo, como se señaló anteriormente, es importante partir de un sistema sostenible o saneado. De lo contrario, el aumento de la cobertura genera un costo fiscal, no solo debido al costo de los subsidios, sino también por la deuda implícita (la suma de aportes es inferior a la de los beneficios) que adiciona cada nuevo participante al sistema.

Interacciones con otras instituciones en el mercado de trabajo
Como se mostró en el capítulo 3, la efectividad de las reducciones de aportes depende de su interacción con otras instituciones en el mercado de trabajo, especialmente si estas otras instituciones son las que determinan la baja tasa de formalidad. Uno de los ejemplos más claros es la existencia de salarios mínimos. Para países como Bolivia, Brasil, Chile, México, República Dominicana, Uruguay y Venezuela, una reducción de aportes podría tener un impacto a partir del tercer decil de la distribución de ingresos. Pero para otros países, como Colombia, Costa Rica, Ecuador, El Salvador, Guatemala, Honduras, Panamá, Paraguay y Perú, el impacto se produciría a partir del quinto al séptimo decil (véase el cuadro 5.2). En estos casos, las subvenciones implementadas a partir de reducciones de aportes no llegan a la parte baja de la distribución, donde más se necesita. Además, relacionado con ello, en algunos países hay segmentos de los trabajadores que probablemente tengan capacidad de ahorro previsional pero que terminan no ahorrando por las limitaciones que impone el sistema.

Una alternativa para proporcionar incentivos monetarios a trabajadores con ingresos inferiores al salario mínimo es implementar estas subvenciones a través de mecanismos fuera de los regímenes básicos de seguridad social. Varios países están experimentando con algunos instrumentos que incluyen esquemas de cotizaciones compartidas (*matching contributions*). Esta vía tiene la ventaja de que se puede intentar movilizar el ahorro de trabajadores informales o de colectivos que tienen dificultades especiales a la hora de contribuir a la seguridad social, como los trabajadores no asalariados o los trabajadores de pequeñas empresas.

Sin embargo, este tipo de diseños institucionales puede suponer de facto un subsidio al ahorro previsional para los trabajadores informales que están fuera del sistema, e ir en contra del objetivo último, que es fortalecer los sistemas previsionales contributivos sin fragmentarlos en subsistemas. La clave es que se constituyan como sistemas integrados, y no paralelos, contribuyendo a los esfuerzos de integración y equidad de los sistemas de seguridad social (véase el recuadro 5.4).

En definitiva, los incrementos de cobertura de los sistemas contributivos van a depender de la capacidad que tengan los países para generar trabajo formal en la parte media y baja de la distribución

Cuadro 5.2
Ingreso laboral y salario mínimo en ALC

País	Mediana del ingreso laboral monetario ($ PPA diario)	Salario mínimo/salario mediano	Porcentaje de trabajadores con ingreso por debajo del salario mínimo
ARG	35,7	0,9	43,0
BOL	9,6	0,7	21,0
BRA	14,6	0,7	16,9
CHL	24,1	0,7	16,3
COL	12,4	1,0	48,0
CRI	16,9	0,9	34,4
DOM	9,4	0,7	25,3
ECU	14,3	1,0	43,0
GTM	7,0	1,4	59,5
HND	8,3	1,6	60,3
JAM	8,1	1,0	29,3
MEX	11,4	0,6	24,5
NIC	7,2	1,1	54,6
PAN	16,1	1,0	39,1
PER	10,1	1,1	47,4
PRY	13,2	1,4	64,4
SLV	9,1	1,1	39,7
URY	12,0	0,7	20,1
VEN	14,8	0,8	30,9

Fuente: Elaboración propia a partir de encuestas de hogares (circa 2010).
PPA = paridad del poder adquisitivo.

de ingresos, especialmente entre los trabajadores no asalariados. El subsidio en aportes es una de las herramientas disponibles para hacerlo que ha mostrado su eficacia en varios países de la región. Sin embargo, ésta no debe ser la única política. Otras iniciativas que fomenten el trabajo formal, como la reducción de otros costos asociados a la formalidad y la mejora en la fiscalización, pueden generar complementariedades importantes.

Recuadro 5.4
Esquemas de cotizaciones compartidas en América Latina: ¿algo más que buenas intenciones?

En algunos países, el salario mínimo, que normalmente establece el piso a partir del cual se puede contribuir a la seguridad social, puede estar ejerciendo una restricción importante en la capacidad de generar ahorro previsional en la parte media baja de la distribución de ingresos, donde empieza a haber cierta capacidad de ahorro. En países como Paraguay más del 50% de los trabajadores se encuentra entre la línea de pobreza moderada y el salario mínimo, alrededor de la mitad tiene ingresos superiores a los US$10 diarios, la línea que para algunos especialistas marca el comienzo de la clase media en la región (Ferreira et al., 2013). Situaciones similares se observan en países como Colombia, Ecuador, Honduras, Perú y Venezuela.

El porcentaje de trabajadores que cotizan que se encuentra entre la línea de pobreza moderada y el salario mínimo es extremadamente bajo (7% en Perú, 14% en Venezuela, 5% en Colombia, 4% en Ecuador y 12% en Honduras y Paraguay).

Gráfico 5.4.1
Porcentaje de trabajadores entre la línea de pobreza moderada y el salario mínimo

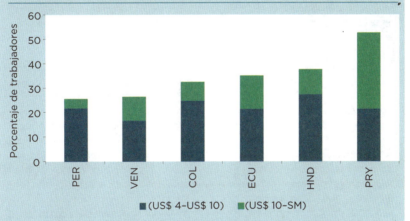

Fuente: Elaboración propia a partir de encuestas de hogares (circa 2010).

Ante la imposibilidad de ajustar los salarios mínimos a la distribución de ingresos de los países, la respuesta de algunos países en este contexto ha sido crear regímenes que subsidien las cotizaciones de los trabajadores informales de ingresos medios y bajos a través de esquemas de cotizaciones compartidas. En otros casos, la motivación es incentivar el ahorro de los trabajadores informales. En la región, Colombia y Perú han diseñado recientemente esquemas de *matching contributions*, los que se espera que estén en funcionamiento a finales de 2013.[a]

(continúa en la página siguiente)

> **Recuadro 5.4**
> **Esquemas de cotizaciones compartidas en América Latina: ¿algo más que buenas intenciones?** *(continuación)*
>
> Tras varios años de análisis, Colombia implementará el Servicio Social Complementario de Beneficios Económicos Periódicos (BEPS). Este esquema, de carácter voluntario siempre y cuando no se cotice al sistema tradicional, incluye un subsidio del 20% del saldo acumulado en las cuentas BEPS, al que podrán acceder trabajadores de bajos ingresos (niveles I, II y III del Sistema de Identificación de Potenciales Beneficiarios de Programas Sociales [SISBEN]), así como también beneficios más a corto plazo por fidelidad, como microseguros o rebajas en costos administrativos. Además de estos incentivos, la principal novedad reside en que los BEPS permiten realizar aportes por debajo del salario mínimo, con lo cual se relaja la barrera que este generaba para buena parte de los trabajadores y el sistema pasa a constituir un mecanismo de ahorro para trabajadores informales.
>
> Por su parte, Perú va a establecer el Sistema de Pensiones Sociales, un esquema voluntario para los trabajadores de microempresas (si ganan hasta 1,5 veces el salario mínimo) y propietarios de estas (hasta 10 trabajadores) que aún no estén afiliados. Este sistema supone una reducción progresiva de las cotizaciones sociales para que se pueda acceder a la misma pensión que en el sistema general (los aportes máximos se elevan al 4% del salario mínimo, frente al 13% en los sistemas nacional o privado), reducción que se ve compensada en parte por los aportes del Estado (el cual contribuye en la misma cuantía que los trabajadores). Como en el caso de Colombia, este mecanismo permitiría atraer a un buen número de trabajadores asalariados y no asalariados informales hacia el ahorro previsional.
>
> Estos esquemas de incentivos para el ahorro previsional son en espíritu similares a los que se proponen en este libro con el objetivo de reducir los costos de contribuir para los trabajadores informales o marginalmente formales de clase media urbana. Pero sus diseños difieren en forma notable de lo aquí expuesto en una característica esencial, y es que generan un cambio en la relación aportes/beneficios ventajosa para un determinado colectivo, fuera del sistema general, en vez de subsidiar una reducción del costo para todos los trabajadores de ingresos medios y bajos. Si bien se puede aducir que esto disminuye el costo de la política, el problema fundamental que plantea está asociado a los incentivos y posibles distorsiones de la actividad económica, con lo cual la política de menor costo fiscal no es siempre la mejor. Más importante, la principal preocupación es que estos instrumentos se conviertan en regímenes paralelos para informales que compitan con los sistemas contributivos de los países y que desincentiven la transición hacia el trabajo formal. En este sentido, mientras que el diseño colombiano parece ser sensible a esta problemática, mediante la integración del ahorro que se genere en BEPS con los ahorros que se generen en el sistema tradicional, en el caso de Perú, aunque todavía está por reglamentarse, el sistema parece establecer de facto un nuevo régimen de pensiones que puede motivar a las empresas a que sean o parezcan pequeñas para obtener los aportes sobre el tamaño de las empresas.

(continúa en la página siguiente)

> **Recuadro 5.4**
> **Esquemas de cotizaciones compartidas en América Latina: ¿algo más que buenas intenciones?** *(continuación)*
>
> En definitiva, los nuevos mecanismos para atraer a trabajadores informales a través de cotizaciones compartidas constituyen un instrumento que nace con una "buena intención", pero cuyo diseño ha de preocuparse por no generar algún "mal resultado". Para evitarlo, estos esquemas deberían hacerse de tal manera que se preservaran los incentivos para contribuir al sistema contributivo y se evitara la creación de regímenes alternativos, quizá limitándolos a situaciones en las cuales el salario mínimo haya quedado fijado a niveles que excluyen a una buena parte de la fuerza laboral de la posibilidad de contribuir.
>
> [a] En ambos casos, los reglamentos se están desarrollando en la actualidad, por lo que algún parámetro podría variar en relación con lo expuesto. Estos países se han unido a las experiencias de Chile y México. En el caso de Chile, desde el inicio de la crisis se han implementado programas de apoyo al empleo joven sobre la base de reducciones de aportes a empresas y trabajadores (Subsidio Previsional a los Trabajadores Jóvenes y Subsidio al Empleo Joven). En el caso de México, existe una cuota social, equivalente a un *matching* del 5,5% del salario mínimo de la Ciudad de México para afiliados que ganan hasta 15 veces el salario mínimo. Para una revisión de estos casos, y de otras regiones tanto emergentes como desarrolladas, véase Hinz et al. (2012).

Revisar el costo asociado a la ley del trabajo y otras regulaciones laborales

Al igual que sucede con la seguridad social, el costo de cumplir con las disposiciones de la ley del trabajo puede aumentar el costo del trabajo y reducir el empleo formal, si las empresas no pueden traspasar el costo de éstas a los trabajadores. La teoría económica indica que es óptimo imponer un costo de despido positivo a las empresas para lograr que internalicen el costo social del despido (Blanchard y Tirole, 2008). Sin embargo, cuando las protecciones ofrecidas por la ley del trabajo son muy elevadas, y despedir trabajadores es muy costoso, estas regulaciones acaban reduciendo el empleo formal y la productividad de la economía.[2] Los efectos adversos pueden estar asociados

---

[2] En una serie de estudios para la India (Besley y Burgess, 2004; Ahsan y Pagés, 2009) se observó que, dentro del país, aquellos estados que tienen o han tenido mayores costos de despido han experimentado un menor crecimiento del empleo formal. Estos estudios también encuentran que las industrias más intensivas

a la incertidumbre derivada de procesos judiciales por despido, y al hecho de que los juicios pueden tardar muchos años en resolverse y/o implicar pagos ruinosos por parte de las empresas (Kaplan y Sadka, 2011). Rediseñar los instrumentos de protección al desempleado puede constituir una buena reforma previsional.

Monitoreo y fiscalización, combinado con esfuerzos en educación financiera

La atracción de trabajadores y empresas al sector formal va a requerir no solo medidas económicas como las descritas, sino también administrativas y en ocasiones culturales. No solo es necesario moverse hacia patrones de incentivos que favorezcan la creación de trabajo formal: también hay que hacer cumplir las regulaciones, mejorando la fiscalización y la supervisión dentro del mercado de trabajo. De hecho, una mayor fiscalización sin un cambio importante en la forma en que los trabajadores y empresas perciben los costos de la formalidad puede ser contraproducente y generar dificultades para que las empresas puedan crecer más allá de un determinado nivel de producción.

En línea con los avances observados en la administración tributaria, las instituciones encargadas de la inspección de la legislación laboral y previsional podrían precisar de inversiones adicionales, tanto en recursos humanos como en tecnologías de la información.

Este incremento de la fiscalización y supervisión puede operar a distintos niveles, lo cual depende de las capacidades institucionales de cada país, aunque se destacan dos áreas de mejora: la elaboración y coordinación de registros y datos, y la inversión en recursos para inspección.

La consolidación bajo una sola autoridad de los registros de los beneficiarios de todos los programas sociales, con los registros tributarios de los contribuyentes al impuesto sobre la renta personal y de las empresas gravadas por el impuesto sobre sociedades facilitaría

---

en trabajo son las más afectadas por los costos de despido. Los efectos adversos en el empleo han sido también hallados en el contexto de Estados Unidos, así como en estudios realizados a través de una amplia muestra de países e industrias (Micco y Pagés, 2006).

el control de la economía informal. Países como Argentina, Brasil, Ecuador, Perú y Uruguay están haciendo grandes avances en ese sentido. Asimismo, en los países que lo necesiten, se podría proporcionar a todos los trabajadores un número único de identificación (de seguridad social, tributario o ciudadano) y desarrollar las capacidades para poder operar un sistema único de impuestos y beneficios sociales.

Por último, estas medidas de fiscalización deben ir acompañadas con programas de educación financiera. Las experiencias de envío de información previsional en la región (por ejemplo, el programa pionero de envío de cartolas en Chile) parecen apuntar a un efecto positivo: el de proporcionar información en el cumplimiento de la legislación y lograr un incremento de la cultura previsional conforme se eleva el nivel de educación financiera de los individuos. Iniciativas como las de Uruguay, de incluir la educación en materia de previsión social en la formación básica obligatoria, implican un gran paso para sensibilizar a las nuevas generaciones en pos de crear una cultura de ahorro previsional.

Ilustración cuantitativa de una reforma que busca aumentar la cobertura

En esta sección se ilustran cuantitativamente los principales efectos de una reforma previsional que responda a los principios descritos, y que incluya algunas de las herramientas propuestas, sobre el ahorro previsional, la cobertura, el nivel de las pensiones y el costo fiscal de las reformas.

A partir de este ejercicio se busca comparar un escenario sin reforma (al que denominamos statu quo con una serie de escenarios donde se aplican algunas de las medidas descritas en las secciones anteriores. En concreto, los principales componentes que se simulan en este ejercicio son:

- *Una pensión no contributiva universal con un beneficio universal equivalente al 10% del PIB per cápita.* Es importante aclarar que la elección de un beneficio del 10% del PIB per cápita es solo para efectos ilustrativos, dado que facilita la comparación entre países y el cálculo de escenarios alternativos. Por ejemplo, el costo de otorgar un beneficio del 20% del PIB per cápita simplemente se obtiene al multiplicar por dos el costo aquí estimado. El ajuste de las pensiones es por inflación, con lo cual su valor se mantiene en términos reales, pero su valor con respecto al PIB per cápita se deprecia en el tiempo (con un crecimiento del PIB per cápita del 2,5% anual, en el año 2050 la pensión universal sería equivalente al 4,2% de la renta per cápita).

- *Una extensión de la obligación de aportar para todos los trabajadores con ingresos.* En consonancia con lo que se indica al principio del capítulo, se extiende la obligación de aportar para una pensión para todas las personas (asalariadas o no) con ingresos.
- *Un subsidio a las contribuciones a la seguridad para todos los trabajadores (asalariados o no) equivalente al 50% de lo que debe aportar un trabajador que gana un salario mínimo.* Dado que los salarios mínimos varían, el monto de la subvención varía para cada uno de los países. De nuevo, la elección de los parámetros se realiza a los fines de facilitar el cómputo para un grupo amplio de países. Para realizar un ejercicio estilizado, se asume que el salario mínimo equivale al ingreso del segundo decil para todos los países, y que las reducciones para los deciles subsiguientes es progresiva y representa el 50% del ingreso para los trabajadores que perciben un salario mínimo, hasta llegar a menos del 10% para los trabajadores del último decil (véase el gráfico 5.2a).

Esta combinación implica que los aportes del Estado (que incluyen la pensión no contributiva y los subsidios a los aportes) financian una fracción de la pensión. Para un trabajador que gana el salario mínimo, el Estado financia alrededor del 75% de la pensión. Para un trabajador que gana 10 salarios mínimos, financia menos del 20% (gráfico 5.2 b). La tasa de reemplazo, que mide la relación entre la pensión y el salario, también es una función decreciente del ingreso (gráfico 5.2c).

Dada la incertidumbre con respecto a la efectividad de algunas de las políticas para incrementar el empleo formal, se simulan tres escenarios que capturan cómo las medidas propuestas impactan en la creación de empleo formal (véase el recuadro 5.5).

A continuación se describen los resultados de los cálculos.

i) *El ahorro previsional aumenta.* Uno de los objetivos fundamentales de una reforma previsional de este estilo es incrementar el porcentaje de trabajadores formales. Según las proyecciones de este libro, en el escenario del statu quo el porcentaje de cotizantes va a pasar del 45% en 2010 al 54% en el año 2050. Se estima un escenario base de reforma donde los incentivos monetarios incrementan el ahorro previsional hasta un 63% (nueve puntos porcentuales más). El escenario conservador reportaría alrededor de cuatro puntos porcentuales de aumento y el optimista 15 puntos porcentuales, obviamente con diferencias entre países (véase el cuadro 5.3).

ii) *La reforma proporciona cobertura universal no contributiva y se traduce en un incremento de la cobertura contributiva.* Todo adulto mayor recibe una pensión equivalente al 10% del PIB per cápita en 2010 y al 4,2% del PIB per cápita en el año 2050 que permite erradicar la pobreza en la vejez. El escenario de statu quo futuro es difícil de simular dado que va a depender de la voluntad política de proporcionar pensiones no contributivas para la totalidad de los adultos mayores que quedan descubiertos por los sistemas contributivos. Se supone que en ausencia de reformas, estos pilares contributivos cubrirán a todos los ciudadanos descubiertos y se presentan dos criterios de actualización.

En cuanto a la cobertura contributiva (cuadro 5.4), en el statu quo entre el 40% y el 53% de los adultos mayores tendrá una pensión contributiva en el año 2050, lo cual, ponderado por la población adulta mayor de cada país, representa entre 66 millones y 83 millones de adultos mayores sin una pensión contributiva. En el escenario base, la cobertura contributiva se incrementaría alrededor de tres puntos porcentuales (1,5 en el escenario conservador y alrededor de siete puntos porcentuales en el optimista).

En algunos países con baja cobertura los incrementos pueden ser importantes. En el escenario base, Bolivia, Honduras, México, Paraguay, Perú, República Dominicana y Venezuela incrementan su cobertura

Recuadro 5.5
Entendiendo bien lo que se cuantifica

Las simulaciones presentadas en esta sección han de entenderse como proyecciones de los diferentes escenarios, y no como previsiones. En este recuadro se describen los principales parámetros de la reforma, así como también de la respuesta del ahorro previsional, de la cobertura, de las tasas de reemplazo y del costo fiscal de la misma.

La parte no contributiva del sistema es relativamente fácil de cuantificar, dado que las trayectorias demográficas de los países son relativamente predecibles. En este caso, utilizamos las proyecciones del Centro Latinoamericano de Demografía (Celade) de la Comisión Económica para América Latina y el Caribe (CEPAL).

Los dos supuestos empleados son el nivel de la pensión, fijado en el 10% del PIB per cápita en cada país, y su ajuste por inflación. Además, dado que en este escenario de reforma la pensión se otorga a todos los ciudadanos, y no solo a aquellos que no llegan a acumular un ahorro previsional suficiente, la pensión no contributiva es independiente de la efectividad de la rebaja de aportes.

En la parte contributiva se asume que las cotizaciones sociales de todos los trabajadores se reducen en una cuantía fija, equivalente al 50% de las contribuciones que tendría que hacer un trabajador que ganara un salario mínimo. La simulación de una reducción de cuotas es más compleja, dado que a los supuestos anteriores hay que añadir la identificación y la respuesta del empleo formal en los colectivos a los que se les va a practicar la reducción de cuotas. Como se ha destacado a lo largo del libro, no existe suficiente evidencia que permita proyectar con fiabilidad el impacto de las reformas, por lo que se emplean tres escenarios, además del escenario sin reforma.

Statu quo: La elasticidad del porcentaje de cotizantes con respecto al crecimiento económico se sitúa en 0,1 para todos los deciles de ingreso. Ello implica que cada vez que un país dobla su PIB per cápita, la razón (*ratio*) de cotizantes sobre trabajadores se incrementa 10 puntos porcentuales.

El parámetro clave para simular la reforma es cuánto ahorro adicional se va a generar con los incentivos monetarios. La literatura sobre contribuciones compartidas resumida en Hinz et al. (2012) sugiere que un subsidio del 25% incrementa los ahorros alrededor de 5 puntos porcentuales, es decir: una elasticidad de 0,2. En Kugler y Kugler (2009) y Heckman y Pagés (2008) se pueden encontrar elasticidades superiores, de alrededor de 0,5. En función de la elasticidad utilizada, se simulan tres escenarios.

Escenario de reforma conservador. Utilizando una elasticidad entre el porcentaje de empleo formal y la tasa de crecimiento del PIB per cápita de 0,2.

Escenario de reforma base. Utilizando una elasticidad entre el porcentaje de empleo formal y la tasa de crecimiento del PIB per cápita de 0,4.

(continúa en la página siguiente)

> **Recuadro 5.5**
> **Entendiendo bien lo que se cuantifica** *(continuación)*
>
> *Escenario de reforma optimista.* Utilizando una elasticidad entre el porcentaje de empleo formal y la tasa de crecimiento del PIB per cápita de 0,8.
>
> Finalmente, se mantiene un escenario de crecimiento del PIB per cápita real del 2,5% anual y se asume una tasa de contribución del 10%, una tasa de interés real del 3%, un número de años de contribución igual a 40 años sin lagunas de aportes y un descuento de la renta vitalicia igual a 15 (este es el factor habitual para transformar el ahorro acumulado en una pensión que se recibe año a año hasta el fallecimiento del beneficiario).

contributiva entre tres y 11 puntos porcentuales. En países donde la cobertura contributiva es más amplia, como Brasil, Uruguay o Chile las mejoras van a ser más modestas.

Uno de los mensajes centrales de esta simulación es que para mejorar de manera sustancial la cobertura contributiva se han de conseguir incrementos muy importantes en la creación de empleo formal durante un determinado período, dado que para que mejore la cobertura contributiva se requieren incrementos sustanciales en las densidades de contribución de los trabajadores.

iii) *El nivel de las pensiones contributivas mejora.* El nivel de la pensión ciudadana aquí propuesta supone el 10% del PIB per cápita hoy y el 4,2% del PIB per cápita en 2050. Este nivel es inferior al de las pensiones no contributivas que se están otorgando en la región, que ascienden al 18% de PIB per cápita, con Venezuela (42%) y Brasil (36%) como los países que ostentan las pensiones no contributivas más generosas, y México (5%), Colombia (6%) y Jamaica (3%) como los que brindan las menos abundantes. Si se asume que en el statu quo las pensiones no contributivas se actualizarán por la inflación, el nivel de la pensión se reducirá hasta un 8% del PIB per cápita en el año 2050. Si, como sugieren algunas de las experiencias de la región, el valor de la pensión se actualiza con el PIB per cápita, el valor relativo se mantendrá constante en el 18% de media.

Se espera que las tasas de reemplazo de las pensiones contributivas aumenten en promedio alrededor de tres puntos en el escenario base con respecto al statu quo, dos en el escenario conservador

Gráfico 5.2
Diseño teórico del sistema de pensiones reformado

(a) Aportes/salario

■ Aportes del trabajador ■ Aportes del Estado

(b) Origen de la pensión: por quién financia

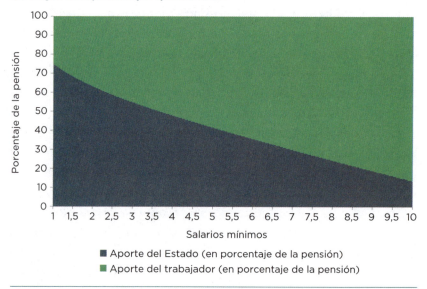

■ Aporte del Estado (en porcentaje de la pensión)
■ Aporte del trabajador (en porcentaje de la pensión)

(continúa en la página siguiente)

y 5 en el optimista. Estas variaciones son el resultado de dos efectos diferenciados que van en direcciones opuestas. Por una parte, los aumentos en las densidades de cotización de los trabajadores gracias a los subsidios de la reforma incrementan las tasas de reemplazo. Por

Gráfico 5.2
Diseño teórico del sistema de pensiones reformado (*continuación*)

(c) Tasa de reemplazo (pensión sobre último salario)

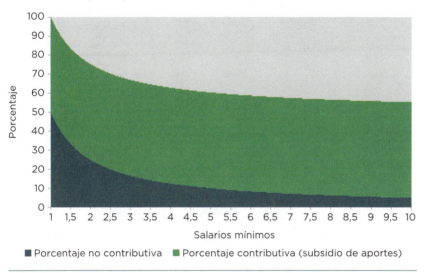

Fuente: Elaboración propia.
Nota: Se asume que todos los trabajadores son formales en todo nivel de ingreso.

otra, conforme los trabajadores con densidades bajas cumplen los criterios para recibir una pensión, la adición de estas personas con bajas tasas de reemplazo tiende a reducir la tasa de reemplazo promedio en la economía. Las simulaciones sugieren que domina el primer efecto.

Cabe notar que las tasas de reemplazo del cuadro 5.5 no tienen en cuenta que todos los trabajadores recibirán el pilar no contributivo. Esto supone 20 puntos de reemplazo adicionales para aquellos trabajadores que ganan alrededor del 50% del PIB per cápita y cinco puntos adicionales para los trabajadores cuyo salario equivale a dos veces el PIB per cápita.

iv) *El costo fiscal de esta propuesta está acotado y parece financiable.* Otorgar una pensión antipobreza universal y favorecer el ahorro previsional de las clases medias son objetivos que se pueden considerar financiables hoy y en el futuro. Como ya se describió en el gráfico 5.2, un pilar universal equivalente al 10% del PIB per cápita tiene un costo de entre 0,5 y 1 punto del PIB (con la excepción de Argentina

Cuadro 5.3
Porcentaje de trabajadores que cotizan en 2010 y 2050: statu quo y distintos escenarios de reforma

	Dato 2010	Proyección 2050			
		Statu quo	Reforma		
País/Región	Porcentaje que cotiza		Conservador	Base	Optimista
ARG	51,1%	61,1%	66,2%	71,2%	79,3%
BOL	15,5%	25,5%	30,6%	35,6%	45,8%
BRA	60,9%	70,9%	76,0%	81,1%	85,1%
CHL	69,7%	79,7%	84,7%	87,8%	90,0%
COL	31,5%	41,5%	46,6%	51,6%	61,4%
CRI	70,9%	80,8%	85,5%	88,2%	88,8%
ECU	26,5%	36,5%	41,6%	46,7%	56,8%
SLV	29,5%	39,5%	44,5%	49,6%	59,7%
GTM	18,4%	28,4%	33,5%	38,6%	48,7%
JAM	41,3%	28,6%	55,1%	59,4%	67,3%
HND	18,6%	50,5%	33,7%	38,8%	48,9%
MEX	34,7%	44,7%	49,8%	54,8%	65,0%
NIC	18,8%	28,8%	33,9%	38,9%	49,1%
PAN	52,9%	62,9%	68,0%	72,9%	78,8%
PRY	17,8%	27,8%	32,9%	38,0%	48,1%
PER	17,2%	27,2%	32,3%	37,4%	47,5%
DOM	34,6%	44,6%	49,7%	54,8%	64,9%
URY	70,8%	80,8%	85,8%	88,7%	89,5%
VEN	41,2%	51,2%	56,2%	61,2%	70,3%
ALC-19	44,7%	53,8%	58,4%	63,4%	70,8%

Fuente: Elaboración propia.
Nota: Véase el recuadro 5.5 para más detalle.

y Uruguay, donde su costo supera el 1%, véase el cuadro 5.6). Si este pilar se actualiza por inflación su costo se mantiene entre 0,5 y un punto del PIB. El costo de la pensión universal se mantiene estable porque el efecto de incremento de la población adulta se ve compensado por una depreciación del valor de la pensión con respecto al PIB per cápita.

En el cuadro 5.6 también se muestra el costo fiscal de las pensiones no contributivas en el statu quo en 2010 y en el año 2050 bajo un escenario de ajuste por inflación y un escenario de ajuste por el PIB per

Cuadro. 5.4
Porcentaje de adultos mayores de 65+ con una pensión contributiva en el año 2050: statu quo y escenarios de reforma

País/Región	Statu quo		Reforma					
			Conservador		Base		Optimista	
	Máx	Mín	Máx	Mín	Máx	Mín	Máx	Mín
ARG	59,3%	46,7%	62,1%	48,5%	65,4%	50,2%	66,4%	53,3%
BOL	17,2%	2,9%	19,0%	2,9%	20,8%	2,9%	24,4%	11,9%
BRA	70,1%	56,0%	70,1%	57,8%	70,1%	59,6%	70,1%	61,8%
CHL	74,4%	59,3%	74,4%	60,9%	74,4%	62,2%	74,4%	63,8%
COL	43,5%	22,7%	43,5%	22,7%	43,5%	27,2%	43,5%	32,7%
CRI	74,2%	60,1%	74,2%	61,6%	74,2%	62,8%	74,2%	64,2%
ECU	37,3%	25,2%	40,7%	26,9%	40,7%	28,5%	43,2%	31,9%
SLV	49,9%	27,9%	51,0%	29,6%	51,0%	31,3%	51,0%	34,7%
GUA	25,5%	14,9%	25,5%	14,9%	26,9%	14,9%	30,7%	23,9%
JAM	38,6%	31,3%	41,2%	35,2%	41,2%	35,2%	45,0%	37,8%
HON	31,1%	17,6%	32,1%	19,2%	32,1%	20,8%	37,7%	24,0%
MEX	36,1%	30,7%	39,4%	32,4%	41,8%	34,0%	47,5%	37,3%
NIC	23,8%	18,8%	23,8%	20,5%	31,2%	22,2%	37,1%	25,6%
PAN	59,7%	47,5%	59,7%	49,2%	59,7%	50,9%	65,6%	53,4%
PRY	25,6%	11,5%	28,9%	14,8%	34,8%	21,3%	38,4%	24,7%
PER	19,3%	18,5%	23,8%	20,2%	23,8%	22,0%	31,2%	25,6%
DOM	43,0%	32,6%	55,0%	34,3%	57,7%	36,1%	63,9%	39,5%
URY	79,5%	61,2%	79,5%	64,1%	79,5%	68,9%	79,5%	70,2%
VEN	56,1%	36,0%	57,5%	37,7%	57,5%	39,3%	63,2%	42,4%
ALC-19	52,5%	40,4%	54,1%	41,9%	55,0%	43,8%	57,5%	47,0%

Fuente: Elaboración propia.
Nota: Véase el recuadro 5.5 para más detalle.

cápita. A diferencia del pilar universal, estas pensiones solo cubrirían a aquellos adultos mayores que no consiguieran obtener una pensión contributiva. El costo anual de reducir esos aportes es del 0,4% del PIB en 2010. La proyección del costo futuro depende de cuánto trabajo formal se genere bajo cada uno de los escenarios. Para la media de la región, el costo en el año 2050 llega al 0,7% del PIB en el escenario base, al 0,6% en el moderado y al 0,8% en el optimista. Esto varía notablemente entre países, en función de la cobertura actual,

Cuadro 5.5
Nivel de las pensiones contributivas y no contributivas

País/Región	No contributivas (en porcentaje del PIB per cápita)				Contributivas (Tasa de reemplazo, en porcentaje del último salario)				
	Statu quo		Con pensión ciudadana		Statu quo	Reforma			
						Conservador	Base	Optimista	
	2010	2050 Inflación	2010	2050 Inflación	2050	2050	2050	2050	
ARG	14,4%	6,1%	10%	4,2%	64,4%	69,3%	73,1%	76,6%	
BOL	15,0%	6,4%	10%	4,2%	30,2%	30,2%	30,3%	30,7%	
BRA	32,6%	13,8%	10%	4,2%	66,6%	71,8%	72,9%	72,9%	
CHL	13,6%	5,8%	10%	4,2%	40,6%	42,3%	43,0%	43,1%	
COL	5,1%	2,2%	10%	4,2%	53,3%	56,9%	58,7%	65,8%	
CRI	20,2%	8,5%	10%	4,2%	64,7%	66,3%	67,1%	67,1%	
ECU	11,8%	5,0%	10%	4,2%	55,3%	65,9%	68,3%	71,4%	
SLV	16,9%	7,2%	10%	4,2%	46,6%	46,6%	46,6%	46,6%	
GTM	19,5%	8,3%	10%	4,2%	53,7%	54,6%	55,6%	56,2%	
JAM	3,0%	1,3%	10%	4,2%	62,7%	63,0%	63,3%	65,4%	
HND	1,5%	0,6%	10%	4,2%	51,2%	54,4%	54,9%	56,9%	
MEX	4,8%	2,0%	10%	4,2%	31,5%	32,2%	33,7%	37,8%	
NIC	—	—	10%	4,2%	61,7%	63,4%	65,3%	68,0%	
PAN	14,1%	6,0%	10%	4,2%	71,0%	74,4%	76,1%	76,7%	
PRY	30,7%	13,0%	10%	4,2%	96,7%	97,6%	100,9%	103,0%	
PER	9,3%	3,9%	10%	4,2%	36,1%	37,5%	38,8%	45,9%	
DOM	17,2%	7,3%	10%	4,2%	40,0%	40,0%	40,0%	40,0%	
URY	27,8%	11,8%	10%	4,2%	51,9%	52,2%	52,5%	52,5%	
VEN	40,8%	17,3%	10%	4,2%	83,0%	84,5%	85,8%	89,6%	
ALC-19	16,6%	7,0%	10%	4,2%	55,9%	58,1%	59,3%	61,4%	

Fuente: Elaboración propia.
Nota: Véase el recuadro 5.5 para más detalles.

de las distribuciones del ingreso, de las proyecciones demográficas y de las proyecciones de la población económicamente activa (PEA). En países como Nicaragua, el costo en el escenario optimista podría alcanzar el 1,2% del PIB en el año 2050.

En total, el costo fiscal de ambas medidas se estima en un 1,1% del PIB en 2010 y en un 1,4% en el año 2050, bajo una actualización

Cuadro 5.6
Costo fiscal del statu quo y del escenario de reforma, 2010 y 2050 (porcentaje del PIB)

País/Región	Costo statu quo			Pilar universal			Costo reducción de aportes (base)		Costo total (base)		
	2010	2050 ajustado por inflación	2050 ajustado por PIB per cápita	2010	2050 ajustado por inflación	2050 ajustado por PIB per cápita	2010	2050	2010	2050 ajustado por inflación	2050 ajustado por PIB per cápita
ARG	1,0%	0,6%	1,7%	1,1%	0,7%	1,9%	0,5%	0,8%	1,6%	1,6%	2,8%
BOL	0,6%	0,6%	1,7%	0,5%	0,5%	1,3%	0,3%	1,0%	0,8%	1,5%	2,3%
BRA	1,4%	1,3%	3,6%	0,7%	0,9%	2,3%	0,5%	0,8%	1,2%	1,6%	3,1%
CHL	0,8%	0,5%	1,4%	0,9%	0,9%	2,4%	0,5%	0,7%	1,4%	1,6%	3,1%
COL	0,3%	0,3%	0,7%	0,6%	0,7%	1,7%	0,3%	0,5%	0,9%	1,2%	2,2%
CRI	0,8%	0,7%	1,9%	0,6%	0,8%	2,2%	0,8%	1,1%	1,4%	1,9%	3,3%
ECU	0,6%	0,6%	1,6%	0,6%	0,7%	1,9%	0,5%	0,9%	1,1%	1,6%	2,8%
SLV	1,0%	0,9%	2,3%	0,7%	0,6%	1,6%	0,4%	0,6%	1,1%	1,2%	2,2%
GTM	0,8%	0,6%	1,7%	0,4%	0,4%	1,0%	0,2%	0,6%	0,7%	1,0%	1,6%
JAM	0,4%	0,5%	1,2%	0,4%	0,5%	1,3%	0,4%	1,2%	0,8%	1,7%	2,5%
HND	0,1%	0,1%	0,2%	0,8%	0,8%	2,0%	0,1%	0,2%	0,9%	1,0%	2,3%
MEX	0,3%	0,3%	0,8%	0,6%	0,8%	2,2%	0,2%	0,4%	0,9%	1,2%	2,5%
NIC	–	–	–	0,5%	0,6%	1,5%	0,4%	1,0%	0,9%	1,6%	2,5%
PAN	0,7%	0,5%	1,5%	0,7%	0,7%	1,8%	0,5%	0,7%	1,2%	1,4%	2,5%
PRY	1,5%	1,4%	3,9%	0,5%	0,5%	1,4%	0,4%	0,9%	0,9%	1,4%	2,3%
PER	0,5%	0,5%	1,4%	0,6%	0,6%	1,7%	0,1%	0,3%	0,7%	0,9%	2,0%
DOM	0,8%	0,8%	2,1%	0,6%	0,6%	1,6%	0,3%	0,6%	0,9%	1,2%	2,2%
URY	0,9%	0,4%	1,1%	1,4%	0,8%	2,2%	0,6%	0,8%	2,0%	1,6%	2,9%
VEN	1,9%	1,8%	4,7%	0,6%	0,6%	1,7%	0,3%	0,6%	0,9%	1,2%	2,2%
ALC-19	**0,8%**	**0,7%**	**1,9%**	**0,7%**	**0,7%**	**1,8%**	**0,4%**	**0,7%**	**1,1%**	**1,4%**	**2,5%**

Fuente: Elaboración propia.
Nota: Véase el recuadro 5.5 para más detalle.

por inflación de la pensión no contributiva y un escenario base de incremento del trabajo formal. Esto contrasta con los 2,5% de media si la pensión se ajustara por el incremento del PIB per cápita.

En definitiva, estas simulaciones sugieren que un diseño como el propuesto en este capítulo proporciona un ingreso universal básico que asegura la eliminación de la pobreza en la vejez a todos los adultos mayores de la región. Por su diseño, esta pensión intenta minimizar las distorsiones en el mercado de trabajo y es sostenible fiscalmente siempre que se establezcan las salvaguardas institucionales para que las pensiones se ajusten por inflación. Además, profundiza en la generación del empleo formal necesario para que tanto la cobertura como el nivel de las pensiones aumenten en un futuro. Todo ello con un costo presupuestario inferior a un punto porcentual del PIB respecto a lo que ALC está gastando en pensiones no contributivas.

Estos resultados pueden ser mejorados si simultáneamente se implementan medidas que promuevan una mayor fiscalización y un mejor conocimiento del sistema, las cuales no se han cuantificado por no disponer de buenas mediciones acerca de cuál podría ser la respuesta del empleo formal a las mismas. Además, se generarían importantes complementariedades, ya que el subsidio reduce el posible efecto adverso que una mayor fiscalización podría causar en términos de destrucción de empleos formales.

Tipologías de situaciones y familias de instrumentos

Como se ha ido remarcando a lo largo de todo el libro, la heterogeneidad entre países de ALC, tanto en las características de sus sistemas previsionales como en el estado de los mismos, es muy importante. Aun así, este libro defiende la idea de que los principios aquí propuestos son válidos para todos los países de la región. Sin embargo, la implementación de cada una de las familias de instrumentos va a depender de los retos específicos de cada país, de la capacidad institucional y de las preferencias sociales. Un país puede enfrentarse a una o más de estas situaciones, y por lo tanto emplear una o más familias de instrumentos.

Si bien toda clasificación es, casi por definición, cuestionable, en el ámbito de los desafíos en materia de reforma previsional, se pueden destacar una serie de situaciones a las que se enfrentan los países que aconsejan centrarse en diferentes partes de la propuesta descrita.

1. Países con ausencia de pilares no contributivos

En el desarrollo de los pilares no contributivos este libro hace tres recomendaciones básicas:

- Universalizar el acceso para todos los ciudadanos, integrando este pilar con los pilares contributivos existentes, de tal manera que no provoquen desincentivos para la cotización en los pilares contributivos.
- Establecer un nivel de pensión para que cumpla su objetivo de eliminar la pobreza en la vejez.
- Crear una institucionalidad apropiada, dentro de los arreglos institucionales existentes, para que los ajustes futuros de este pilar sean sostenibles en el largo plazo.

Estas recomendaciones son relevantes en mayor o menor medida, teniendo en cuenta el estado de desarrollo de estos pilares no contributivos en los distintos países. En aquellos países en los que no hay ningún tipo de pilar no contributivo sería conveniente empezar a implementarlo, especialmente si la cobertura contributiva es baja o muy baja y si las tasas de pobreza en la vejez son altas, bajo los lineamientos descritos en este capítulo.

2. Países con pilares no contributivos ya existentes

Para aquellos países que ya tienen algún tipo de herramienta antipobreza en la vejez, pero esta no es universal o no está integrada con los sistemas contributivos, el reto es expandirla integrándola paulatinamente con los pilares contributivos para consolidar un único sistema de protección social.

Además, en aquellas situaciones en las cuales no exista una clara institucionalidad que gobierne los niveles y actualizaciones futuras de estos pilares, el reto es establecer los mecanismos o instituciones necesarios para garantizar un nivel adecuado de estas pensiones y reglas claras de actualización que aseguren la sostenibilidad futura de este pilar y hagan que sea independiente del ciclo político. La instauración de instituciones previsionales y fiscales independientes (o casi independientes) sería un paso clave en este sentido.

3. El reto de la inclusión de los no asalariados

El reto de cobertura de los trabajadores no asalariados concentra buena parte de los desafíos en materia previsional en prácticamente la totalidad de los países de la región. En aquellas situaciones en las cuales los trabajadores no asalariados no están obligados a contribuir a la seguridad social, un primer paso para muchos países sería la incorporación plena de los trabajadores en el sistema de previsión social mediante la obligatoriedad a contribuir. Esto tiene pleno sentido dado que dichos trabajadores conforman una parte importante de la fuerza laboral de la región y en ese caso se observan las principales brechas de cobertura previsional. Es conveniente que esta obligatoriedad se implemente de forma paulatina y que se vaya adaptando a las capacidades de contribuir de los colectivos que se pretenda incorporar. Aun sabiendo que esto es un paso necesario, la experiencia de la región indica que la obligatoriedad no va a implicar cambios radicales en la incorporación de los trabajadores no asalariados en los sistemas previsionales. Por eso, se necesitan más medidas.

Para aquellos países donde los trabajadores no asalariados ya estén obligados a contribuir pero existan regímenes propios, en la medida de lo posible se debe ir transitando hacia esquemas de contribuciones que sean lo más similares posible a los existentes para los trabajadores asalariados, a fin de evitar grandes diferencias en los beneficios que se les proporcionan a los asalariados y a los no asalariados aplicando los subsidios pertinentes.

Asimismo, dado que en ningún país se ha conseguido un nivel de cotización de los no asalariados que sea similar al de los trabajadores asalariados, es pertinente pensar en innovaciones específicas para estos tipos de trabajadores, permitiendo una mayor flexibilidad en el pago de contribuciones y empleando los distintos mecanismos que la economía del comportamiento ha encontrado efectivos para el incremento del ahorro, como el uso de recordatorios.

4. Países con un bajo porcentaje de trabajadores que cotizan y altos costos no salariales

Para aquellos países cuyos sistemas contributivos no han conseguido atraer a un porcentaje elevado de trabajadores al sistema previsional y los costos no salariales del trabajo formal son elevados, sería conveniente implementar subsidios a los aportes previsionales a cargo del Estado, especialmente para rentas medias y bajas. Esto se debería hacer en conjunción con una serie de medidas adicionales que implicarán una mejor fiscalización del mercado de trabajo, así como iniciativas para la mejora de la educación financiera de la población. Además, todas estas acciones de política económica se deberían pensar dentro de una estrategia global a mediano plazo, donde se evalúen el sistema tributario y laboral, con el objetivo de trasladar parte de los costos no salariales a otro tipo de impuestos menos distorsionantes, como los impuestos indirectos o los impuestos sobre los recursos naturales, y prestando especial atención a las restricciones que los salarios mínimos y los costos de despido imponen a la generación de ahorro previsional en la parte baja de la distribución de los salarios.

5. Países con un bajo porcentaje de trabajadores afiliados y bajos costos no salariales

Esta situación apunta a fallas sistémicas en los mercados laborales de los países que son incapaces de generar trabajo formal, incluso con costos relativamente bajos para la formalidad. En este sentido, se precisa realizar una evaluación de los grandes cuellos de botella que impiden generar trabajo formal. Una posibilidad es que, aunque los costos nominales a la formalidad no sean excesivos, los costos de facto quizá sean muy altos. Otras posibilidades apuntan a una falta de confianza en el hecho de que el Estado pueda proveer a la población de sistemas adecuados de protección social, así como también una falta de capacidad institucional para implementar políticas adecuadas de previsión social. Normalmente, una parte importante del trabajo de estos países la realizan trabajadores no asalariados, por lo que los retos y las medidas antes mencionadas también serían aplicables aquí.

Conclusiones

Los lineamientos aquí presentados, tanto en sus principios y diseño como en su familia de herramientas, deben leerse como una guía que indica el camino a seguir para orientar las reformas. Dos ideas centrales vertebran esta propuesta: conseguir la eliminación de la pobreza en la vejez hoy, e incrementar el ahorro previsional, en especial de la clase media para asegurar el nivel de las pensiones en un futuro. Estos dos objetivos se plasman en cuatro familias de instrumentos concretos de política económica:

- Primero, conseguir la cobertura universal en pensiones a través de un pilar universal ajustado para erradicar la pobreza en la vejez, dotado de una fuerte institucionalidad, que permita controlar el costo fiscal presente y futuro.
- Segundo, lograr la incorporación paulatina de los no asalariados que han estado excluidos tradicionalmente de la seguridad social, con los mismos costos y beneficios que los trabajadores asalariados. Esto debe implementarse con mayor flexibilidad para hacer pagos, e innovando en las maneras de forzar el ahorro para colectivos que están desligados de la seguridad social, pero sin generar sistemas paralelos ni proporcionar incentivos para reasignar trabajadores a unidades de producción pequeñas y poco productivas.
- Tercero, fomentar el crecimiento del empleo formal —es decir, el porcentaje de trabajadores que realiza aportes a la seguridad social— con subsidios a los aportes previsionales para reducir el costo de ser formal y aumentar las densidades de cotización presentes y futuras para todos los trabajadores, independientemente de su categoría ocupacional.
- Por último, entre otras acciones posibles, probablemente todas necesarias en mayor o menor medida para incrementar el trabajo formal, se incluyen: i) revisar otros costos de la formalidad, ii) mejorar los sistemas de fiscalización, y en general la institucionalidad, iii) proporcionar a los afiliados la información necesaria sobre el sistema y los beneficios de la seguridad social, y iv) mejorar la educación financiera y previsional para las nuevas generaciones.

Las simulaciones presentadas en este capítulo dejan claro que eliminar la pobreza en la vejez es posible y financiable. Sin embargo, también sugieren que conseguir incrementos importantes en la cobertura previsional contributiva va a requerir que se realicen importantes mejoras en el funcionamiento de los mercados laborales. Incluso si se consiguieran incrementos importantes en este porcentaje de trabajadores que hoy cotiza, solo después de varias décadas se observarían incrementos en la cobertura contributiva. Solo un esfuerzo multidimensional decidido de los gobiernos de la región para incrementar el trabajo formal va a alterar la situación de los sistemas contributivos. El siguiente capítulo plantea las restricciones y oportunidades desde el punto de vista fiscal y, lo que quizá sea más importante, las restricciones y oportunidades derivadas de la economía política para implementar una reforma con los componentes expuestos en este capítulo.

LA ECONOMÍA POLÍTICA DE LA REFORMA:

REFORZAR LOS MARCOS FISCALES E INSTITUCIONALES

6

Resumen:

La decisión de no reformar los sistemas de pensiones no es gratuita. En cambio, la de reformarlos de manera adecuada puede ahorrar recursos a mediano plazo, aunque probablemente exija adelantar fondos. En este capítulo se discute la dimensión de los recursos necesarios (suficiencia), las diferentes alternativas de financiamiento (tributario y no tributario) sobre la base de principios de eficiencia, equidad y estabilización, así como también las instituciones que podrían facilitarlo. Los impuestos al consumo y los impuestos sobre las materias primas, unidos a una institucionalidad sólida, surgen como recomendaciones centrales. Además, se sostiene que es un buen momento para realizar reformas ambiciosas, gracias a la favorable coyuntura económica y la juventud de la población en la región. No obstante, todo ello se enfrenta a una economía política compleja, ya que reformar las pensiones no se encuentra dentro de las prioridades de los ciudadanos ni de los partidos políticos. Ante esta situación, el capítulo destaca que dos retos que sí son esenciales en las preocupaciones de la sociedad y en la agenda de los gobiernos, la lucha contra la pobreza y la reducción del desempleo, justificarían un mayor apoyo para la reforma de pensiones.

Las reformas previsionales que buscan el aumento de la cobertura, en especial aquellas que se implementan durante la vida laboral de los ciudadanos, podrían mejorar la situación fiscal en el mediano y el largo plazo. Esta afirmación puede parecer contra intuitiva, pero la realidad indica que la ausencia de cambios en los sistemas de pensiones va a incrementar significativamente el tamaño de la población desprotegida durante la vejez en América Latina y el Caribe (ALC). Como consecuencia, se elevará la presión social sobre los gobiernos para que establezcan y/o amplíen programas de pensiones no contributivas, razón por la cual la negativa a realizar reformas no resulta tan ventajosa como parece en términos de ahorro fiscal. Además, un buen diseño del sistema de pensiones puede favorecer el crecimiento potencial, ya que la reducción de la informalidad podría impulsar la productividad.

Las transformaciones en el sistema previsional no generan efectos positivos sobre el crecimiento de una manera inmediata. Más bien todo lo contrario, ya que en el corto plazo implican con frecuencia aumentos del gasto público (que derivan de la creación de nuevas pensiones, de la extensión de las existentes o de la incorporación de transferencias del Estado a las cuentas de los afiliados) o rebajas en los ingresos tributarios (producto de deducciones en las cotizaciones sociales y otros incentivos fiscales). Por eso es necesario que las políticas de aumento del ahorro y de la cobertura cuenten con una fuente estable y suficiente de financiamiento, que distorsione lo menos posible las decisiones de los agentes económicos (de empleo, de ahorro y de inversión) y que responda a las preferencias sociales ante la pobreza y la desigualdad.

En este capítulo se estudian las alternativas de financiamiento que tienen las propuestas de ampliación de cobertura previsional en ALC, así como también la institucionalidad que podría favorecerlas. Para eso es indispensable analizar la situación de las finanzas públicas en la región desde un punto de vista estructural, a fin de definir el contexto en el que se va a producir el esfuerzo fiscal necesario para las reformas previsionales. Asimismo, es fundamental identificar las opciones disponibles, sobre la base de las estimaciones de los recursos necesarios que se han discutido en los capítulos previos y de criterios de eficiencia (esencialmente centrados en no incrementar los gravámenes sobre el trabajo formal, hecho que dificultaría aún más el financiamiento), de equidad y de estabilización.

Un elemento central que se destaca en este capítulo es la relevancia de la institucionalidad y de la economía política de la reforma, pues el financiamiento solo se puede asegurar sobre instituciones fiscales sólidas (desde estadísticas y marcos presupuestarios, hasta reglas y consejos fiscales). Sin embargo, el primer paso es colocar el tema de la reforma de pensiones en el núcleo de la agenda social y política, por su impacto potencial en la reducción de la pobreza durante la vejez y en la creación de empleo formal para los ciudadanos de bajo ingreso y de las clases medias emergentes. Este último punto, de economía política, representa un desafío de una magnitud enorme, por eso abre el capítulo.

Favorecer la economía política de la reforma: algo más que pensiones

Un reto clave para el Estado en los países de la región, y en especial en el marco de una agenda de reforma previsional como la expuesta, es aumentar, e incluso en algún caso recuperar, la confianza de la ciudadanía. La debilidad de las instituciones se refleja en una baja moral

Gráfico 6.1
Moral fiscal en América Latina y el Caribe vs. OCDE: ¿cree que está justificado evadir impuestos?

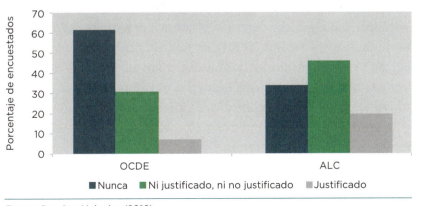

Fuente: Daude y Melguizo (2010).

fiscal (definida como una escasa predisposición al pago de impuestos) y en un reducido apoyo social hacia reformas ambiciosas. Como se muestra en el gráfico 6.1, elaborado a partir de la encuesta regional Latinobarómetro de 2009 y la internacional *World Value Survey* de mediados de 2000, los ciudadanos de ALC tienen casi tres veces mayor probabilidad de justificar la evasión de impuestos (la cifra llega al 20%, en tanto que en los países de la Organización para la Cooperación y el Desarrollo Económicos, OCDE, es del 7%) y solo un 34% de los encuestados considera que esta conducta siempre es perjudicial (en contraste con el 62% que se registra en los países de la OCDE).

No obstante, es posible desplegar cierto optimismo. Según Marcel (2008), los ciudadanos latinoamericanos valoran, de manera creciente, el esfuerzo como principal razón del éxito profesional (en lugar de los contactos o la suerte), reconocen el beneficio de invertir en educación y destacan que en todos estos aspectos hay una responsabilidad compartida entre el Estado y la población, un concepto que podría indicar cierta predisposición a fortalecer el contrato social. Una tendencia que también se expresa en términos financieros, ya que una parte de los ciudadanos de la región se muestra dispuesta a pagar más impuestos para financiar servicios públicos de calidad en salud, educación y seguridad (OCDE, 2010b, y CAF, 2012).

En este marco, el incremento del ahorro y la cobertura previsional, incluso la aspiración a una protección previsional universal con gran alcance en la reducción de la desigualdad y la erradicación de la pobreza en la vejez, podría ayudar a cambiar las actuales percepciones negativas sobre el Estado. Esta posibilidad parece encontrar respaldo en algunas experiencias regionales recientes en las que una idea convocante, como la lucha contra la pobreza o el hambre, ha generado un notable apoyo social. La idea de relacionar, de un modo formal, parte de la recaudación del impuesto al valor agregado (IVA) o de los impuestos sobre los recursos naturales al financiamiento del pilar universal se ubica en esta línea, la de afianzar la percepción del vínculo entre el pago de impuestos y sus beneficios, y eventualmente recabar el favor de la población.

Desde el punto de vista político, iniciar la transformación del sistema de pensiones supone un desafío, ya que tal vez por la juventud de la población y el riesgo político que todo gobierno (o partido en la oposición) afronta al embarcarse en una reforma profunda, el tema de pensiones no aparece entre las 30 prioridades en materia social o económica de los ciudadanos latinoamericanos. Sin embargo, dos aspiraciones de los habitantes de la región, intrínsecamente relacionadas con una reforma previsional como la que ha sido planteada en el capítulo anterior, sí lo están: la pobreza y el desempleo (junto con la lucha contra la crisis económica, la corrupción y la violencia, véase el gráfico 6.2). Debido a que, como se ha destacado, los dos objetivos centrales en una reforma del estilo de la que se sugiere son erradicar la pobreza en la vejez y mejorar los incentivos a la participación y la contratación formal para generar ahorro previsional, estas demandas de la población podrían ser capitalizadas en favor de la reforma. En ese sentido, es importante destacar el papel de la comunicación, para transmitir de manera convincente que estos cambios no tienen como único objetivo la población mayor ya cubierta sino también la población sin protección y los trabajadores en actividad.

La literatura especializada en economía política destaca que otro de los retos que caracteriza a las reformas previsionales es que sus beneficiarios tienden a estar dispersos (trabajadores jóvenes y de mediana edad, de ingresos medios y bajos) y, en general, muestran una escasa propensión a participar en el proceso político, no solo por medio

Gráfico 6.2
El desempleo como problema en América Latina y el Caribe, según los ciudadanos (porcentaje de encuestados que lo menciona entre las cinco prioridades)

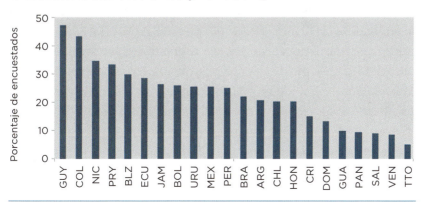

Fuente: Elaboración propia a partir Machado y Vesga (2013).

de los votos sino también por otros canales (protestas, contactos con el Congreso, los representantes locales o el ministro). Su interés es menor que el de otros grupos, en especial el de los mayores.

En la propuesta que presenta este libro, la cobertura universal de los adultos mayores supone que la economía política podría ser más favorable, pues define claramente una serie de beneficiarios en el corto plazo. En cambio, el financiamiento de los subsidios a los aportes de trabajadores y empresas podría recabar menos apoyos por la dispersión y el carácter indirecto de algunos de los beneficios (como el aumento de la formalidad laboral).

Otra dimensión del desafío que plantea la economía política de la reforma tiene que ver con el propio proceso de aprobación por parte de las diferentes instituciones legislativas. La evidencia muestra que en economías de alto ingreso las reformas son más probables si cuentan con el consenso del gobierno y el principal partido de la oposición (OCDE, 2010a). Esto no ha ocurrido en la región, donde las reformas que marcaron los años ochenta y noventa fueron impulsadas, en la mayoría de los casos, solo por el partido en el poder, sin un debate social profundo e, incluso, en marcos no democráticos. En la segunda etapa de cambios en el sistema previsional, cuyo inicio se puede establecer a mediados de la década pasada, los procesos también difieren significativamente.[1]

El escaso debate y la reducida participación social contrastan con el hecho de que los ciudadanos de la región manifiestan un notable apoyo a la idea de que sea el gobierno el principal proveedor de pensiones, inclusive en Chile, donde el sector privado gestiona el sistema desde hace más de tres décadas. Según datos de la encuesta regional *Latin American Public Opinion Project* (LAPOP) de 2010, el 82% de los chilenos considera que el gobierno debe ser el responsable primordial de proveer pensiones, un porcentaje que solo superan la población de Paraguay y la de Uruguay, donde casi el 90% de los habitantes apoya este criterio (en el otro extremo, el 54% de los bolivianos, el 52% de los hondureños y el 39% de los haitianos sostienen esta posición). A partir de estos fundamentos es posible afirmar que

---

[1] Véase una revisión de los procesos políticos en Argentina y Chile, en Rofman, Fajnzylber y Herrera (2009).

las reformas que combinen una mejor regulación (de un esquema público o privado) con un pilar solidario podrían generar no solo interés sino también respaldo.

Además, en ocasiones, los ciudadanos suscriben iniciativas que no los benefician monetariamente de manera directa. El caso de Brasil vale como ejemplo: allí el aval a las pensiones rurales es mayoritario, aun entre las clase medias y altas, que no se benefician con esa medida (Machado y Vesga, 2013). Este hecho parece indicar que es posible lograr el apoyo financiero suficiente para una reforma como la que se propone en este texto.

Dentro de este contexto de economía política, las emergentes clases medias podrían actuar como detonante de una serie de cambios previsionales ambiciosos, en sintonía con los contenidos de la reforma propuesta (con reducciones en los aportes en ingresos medios y bajos) y los recientes cambios socioeconómicos en ALC.[2] Este grupo muestra un crecimiento considerable en la región, así como también cierta capacidad de ahorro. Sin embargo, sus integrantes tienden a ser, en su gran mayoría, informales, incluso en países de renta media como Colombia, México o Perú (Carranza, Melguizo y Tuesta, 2012).

Las ventanas de oportunidad demográfica y económica para reformar

Si se resuelven los desafíos que presenta la economía política expuestos más arriba, desde un punto de vista técnico, este es, en general, un buen momento para implementar reformas que propicien el aumento del ahorro y la ampliación de la cobertura previsional en ALC. En primer lugar, porque la región todavía es joven, circunstancia que facilita la aprobación política de las reformas y disminuye el costo de las mismas. Solo Argentina, Brasil, Chile, Costa Rica, Cuba y Uruguay muestran un estadio avanzado de transición demográfica (la tasa de natalidad se ha reducido hasta alcanzar niveles similares a los de la mortalidad, de modo que la población se ha estabilizado;

---

[2] Véanse los análisis de la OCDE (2010b) y los del Banco Mundial, en Ferreira et al. (2013), así como Moreno (2011).

Celade, 2011). No obstante, esta ventana de oportunidad se irá cerrando progresivamente, en línea con el envejecimiento demográfico, y las reformas serán más urgentes y más costosas. Según las proyecciones de la Comisión Económica para América Latina y el Caribe (CEPAL), la cifra de adultos mayores en la región pasará de los 38 millones actuales a más de 140 millones en 2050, es decir, se triplicará y alcanzará la quinta parte del total de la población.

En segundo lugar, porque la reforma de los sistemas de pensiones, en especial por su relación con un mejor funcionamiento del mercado de trabajo, constituye un elemento central dentro de una estrategia de impulso a la productividad y al crecimiento potencial y una motivación compartida por todas las economías de la región. De acuerdo con estimaciones del Banco Interamericano de Desarrollo (BID), si todos los países de ALC realizan las reformas adecuadas, incluidas las laborales y las pensionales, el crecimiento potencial de la región podría aumentar hasta dos puntos porcentuales al año hasta el 6% (Powell, 2013). En cambio, si ALC no realiza reformas estructurales, crecerá a tasas modestas, en la dirección que indica el limitado incremento de la productividad. Aún en el marco de escenarios no pesimistas de crecimiento internacional y alza en el precio de las materias primas, no superará la denominada "trampa de la renta media".

En tercer lugar, los avances en la gestión macroeconómica que se han producido en las últimas dos décadas y la consecuente buena situación fiscal estructural que existe en varios de los países latinoamericanos permiten plantear reformas ambiciosas. El aumento de los ingresos fiscales, por ejemplo, llevó a reducir la deuda e incrementar el gasto en inversión productiva y programas contra la pobreza (véase OCDE-CEPAL, 2011). Como muestra el gráfico 6.3, desde 2000 y hasta 2007, el año previo a la crisis mundial, esta mejora fue, en parte, estructural. En otras palabras, las mejoras en los saldos fiscales fueron notables, incluso si se tiene en cuenta la contribución que realizaron el entorno económico favorable y los ingresos extraordinarios derivados de los altos precios de las materias primas.[3] Este espacio fiscal acumulado en los años de bonanza permitió, de hecho, financiar

---

[3] Véanse Vladkova-Hollar y Zettelmeyer (2008); Daude, Melguizo y Neut (2011), y Corbacho, Gonzáles y Ardanaz (2013), y algo más matizado en Powell (2012).

Gráfico 6.3
Saldos fiscales estructurales primarios en economías seleccionadas de América Latina, 2000 vs. 2007 (como porcentaje del PIB)

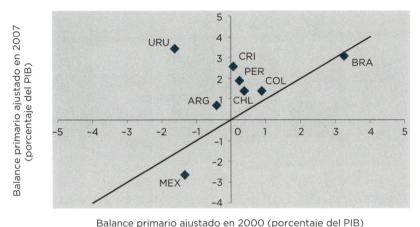

Balance primario ajustado en 2000 (porcentaje del PIB)

Fuente: Daude, Melguizo y Neut (2011), actualizado.

programas de estímulo fiscal similares a los que se han implementado en países de la OCDE.

Además, la estimación de gasto (entre el 1,1% y el 2.5% del PIB) se puede entender como un techo de gasto ya que, es esperable, un mejor diseño del sistema de pensiones favorecería el empleo formal y la productividad, y ello permitiría un nivel de PIB más alto. Además, las necesidades adicionales de ahorro serían menores debido a que una propuesta como la descrita sustituiría programas existentes, sobre todo los no contributivos focalizados y algunas reducciones temporales de aportes a jóvenes, mujeres o trabajadores de pequeñas empresas. En este último caso, seguirían beneficiándose pues están sobre representados entre los trabajadores de ingresos medios y bajos. Así, ya en la actualidad, el gasto promedio en pensiones no contributivas en ALC se sitúa en torno al 0,4% del PIB cada año, aunque se eleva a cerca del 1% en Bolivia, Brasil o Chile. En resumen, en promedio los recursos adicionales necesarios serían no superiores a 1% del PIB al año en el escenario base de reforma(gráfico 6.4).

Finalmente, esta comparación del esfuerzo fiscal a corto y mediano plazo debe incorporar el costo asociado a la decisión de no realizar reformas, ante el previsible incremento de la pobreza en la vejez.

Gráfico 6.4
Costo de la reforma previsional frente al gasto actual en pensiones no contributivas (promedio ALC)

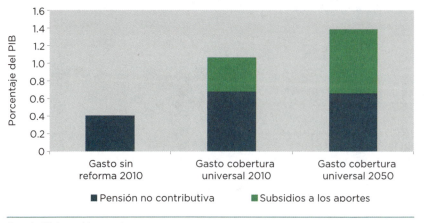

Fuente: Elaboración propia.

Como se mostró en el capítulo 2, el número de personas mayores de 65 años que no podrán financiar una pensión adecuada será elevado: entre 66 millones y 83 millones. Esta situación ejercerá una presión social y política sobresaliente sobre la extensión de los programas no contributivos.

Es muy probable que los programas no contributivos descritos incrementen su peso significativamente en el presupuesto público (en la actualidad su gravitación todavía es limitada). Así, según el nivel de los beneficios que se otorguen (si se actualizan por inflación, por inflación y productividad o, incluso, con índices que se ubiquen por encima de los anteriores), la expansión a los ciudadanos mayores de 65 años que no ahorren para su pensión podría llegar a representar hasta cinco veces el presupuesto actual (véase el gráfico 6.5).

En búsqueda de las mejores fuentes de financiamiento

El desafío en materia fiscal se centra en identificar no solo las fuentes de financiamiento suficientes para afrontar este gasto adicional sino también en definir una estructura más favorable al empleo

Gráfico 6.5
Proyección del gasto en pensiones no contributivas en América Latina y el Caribe, 2010 y 2050 (según actualización; como porcentaje del PIB)

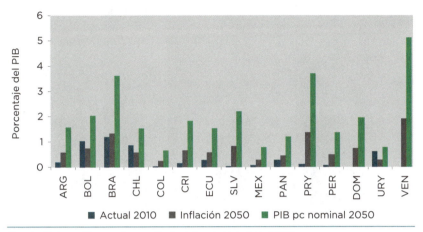

Fuente: Elaboración propia a partir de datos de HelpAge (2012).
Nota: Costo estimado de cubrir a los ciudadanos mayores de 65 años que se quedan sin pensión en 2050, con un nivel de pensión presente actualizado por inflación o por crecimiento del PIB per cápita nominal. En Bolivia se asume que se cubre a toda la población mayor de 65 años. En Brasil se incorpora tanto las pensiones rurales como el Beneficio de Prestación Continuada.

formal, el crecimiento económico y la reducción de la pobreza y la desigualdad.

Como se menciona en el capítulo 3, el financiamiento de los sistemas de protección social sobre la base de ingresos laborales no parece haber funcionado bien en ALC: menos de la mitad de los trabajadores de la región está aportando a los sistemas previsionales, lo que genera una significativa desprotección para amplios segmentos de la sociedad, en especial para aquellos sectores de ingresos medios y bajos.

Además, este financiamiento ha introducido distorsiones notables en el funcionamiento de los mercados laborales en la región y constituye una de las explicaciones a los altos niveles de informalidad.[4] Por eso, es necesario evaluar opciones, tanto tributarias como no tributarias, que tomen en cuenta la situación de partida del sistema fiscal, los efectos económicos de cada alternativa y la economía política de su reforma.

---

[4] Véanse Levy (2008); Pagés (2010), y las referencias que se citan allí.

Gráfico 6.6
Presión tributaria en América Latina y el Caribe por tipo de impuesto como porcentaje del PIB (según un promedio simple)

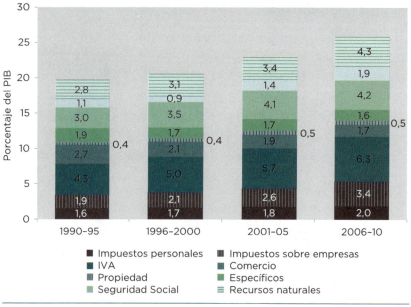

Fuente: Corbacho, Fretes y Lora (2013), sobre la base de BID y CIAT (2012).

La recaudación fiscal en ALC sigue siendo inferior, de manera significativa, a la de los países de la OCDE, a pesar de los avances recientes (véase la evolución desde 1990 hasta la actualidad en el gráfico 6.6). Si bien en esta materia existe una alta heterogeneidad entre las economías de la región (Argentina, Brasil o Uruguay tienen una recaudación tributaria en términos de producto similar al promedio de la OCDE, mientras que en Centroamérica y el Caribe las tasas impositivas son muy inferiores), la media de esta carga fiscal es ocho puntos menor que la que se observa entre las economías avanzadas (el 17,5% frente al 25,4% del PIB en promedio en el período 2006–10; Corbacho, Fretes y Lora, 2013), una diferencia que no se explica totalmente por el menor ingreso per cápita.

La disparidad principal entre la recaudación tributaria de los países de la región y los de la OCDE proviene de los impuestos personales directos. Entre otras razones, por el menor aporte del impuesto a la renta personal (un 2% del PIB, frente al 9% en países de la OCDE),

Gráfico 6.7
Cotizaciones sociales e impuestos a las nóminas en América Latina y el Caribe, 1987-2009 (como porcentaje del salario)

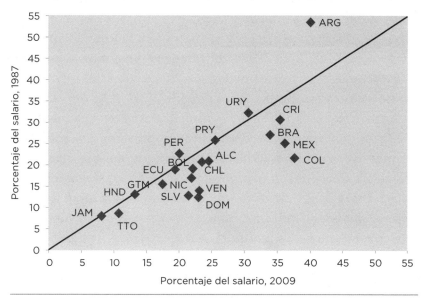

Fuente: Lora y Fajardo (2012).

cuya base es muy reducida por la combinación de varios elementos, como la mencionada informalidad laboral, la multiplicidad de exenciones tributarias y la debilidad de los organismos de recaudación. Esta diferencia es mayor si se incorporan las cotizaciones sociales, que en ALC son inferiores, no solo por los factores que se han señalado sino también porque algunas de las reformas de los sistemas de pensiones de los noventa redujeron el papel del Estado en estas políticas. En cambio, en el caso de los impuestos sobre las rentas de sociedades la recaudación en la región se aproxima al 3,4% del PIB en el último quinquenio, una cifra que se ubica bastante cerca del promedio de los países desarrollados (el 3,9%, según OCDE-CEPAL, 2011).

Si bien es cierto que esta carga fiscal directa (impuestos sobre la renta personal y aportes a los sistemas de pensiones y salud) es reducida, recae, por diseño, por prácticas de elusión y evasión y por una fiscalización selectiva, casi íntegramente sobre los trabajadores dependientes formales. En este sentido, como se simboliza en el gráfico 6.7, la carga fiscal sobre cada trabajador formal en concepto de cotizaciones para salud y pensiones por sí sola se sitúa, en promedio, en el 22% del salario (cifra que supera el 30% en Argentina, Brasil, Colombia, Costa Rica, México y Uruguay), luego de haber experimentado incrementos de manera generalizada desde los años ochenta (Corbacho, Fretes y Lora, 2013). Además, hay que añadir otros costos no salariales que se desprenden de la protección al empleo, las vacaciones y los costos por despido, que suman sobre el trabajo formal unos 13 puntos porcentuales adicionales. En este aspecto se destacan los casos de Brasil y Perú, donde el costo suplementario es de 25 y 32 puntos, respectivamente (Pagés, 2010). Este conjunto de datos invita a ser precavido con estos impuestos por sus potenciales efectos para debilitar los incentivos. El principal margen para generar ingresos, entonces, dentro de los impuestos sobre la renta personal, parece ser reducir el nivel de mínimo exento (es decir, bajar el nivel de ingreso a partir del cual se comienza a pagar ya que hoy es sumamente elevado para los estándares internacionales), de modo que los estratos de renta media-alta también contribuyan (OCDE-CEPAL, 2011; Corbacho, Fretes y Lora, 2013).

Entre las fuentes de financiamiento alternativas se destacan los impuestos al consumo (sobre el valor añadido y sobre productos específicos), los ingresos por materias primas y los impuestos sobre las propiedades. La opción que probablemente cuenta con más apoyo como fuente de financiamiento de los sistemas de protección social es la de los impuestos al consumo.[5] Es cierto que en ALC estos impuestos ya representan una gran parte de la recaudación, con niveles apenas más bajos que los que se observan en países de la OCDE (el 6,3% frente al 6,6% del PIB). Sin embargo, existen notables diferencias entre países, como puede verse en Panamá, con un 2,9%; en México, con un 3,8%; en Colombia, con un 5,3%, y en la mayoría de las economías de Centroamérica (véase el gráfico 6.8).

Una opción para incrementar la recaudación de este gravamen es el denominado "impuesto al valor agregado (IVA) personalizado", por el que se eliminarían las numerosas deducciones y los demás gastos

---

[5] Véanse Levy (2008), y Antón Sarabia, Hernández y Levy (2012), para el caso de México.

Gráfico 6.8
Impuestos sobre el consumo y aportes obligatorios a salud y pensiones en América Latina y el Caribe, 2010 (como porcentaje del PIB)

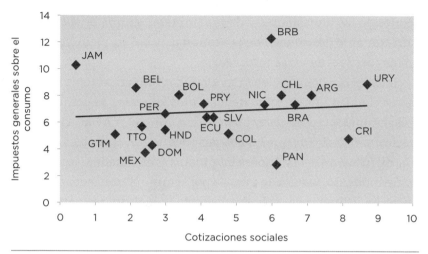

Fuente: BID y CIAT (2012).
Nota: El dato de cotizaciones sociales incluye todos los aportes a pensiones y salud públicas y privadas de contribución obligatoria.

tributarios existentes en este impuesto en la región y se compensaría a los deciles más pobres con transferencias directas (Barreix, Bes y Roca, 2010 y 2012). Según diferentes análisis para Chile, Colombia, Costa Rica, Ecuador, El Salvador, República Dominicana y Uruguay, esta medida, combinada con ligeras modificaciones en las tasas en alguno de los casos, permitiría recaudar entre uno y dos puntos del PIB para el financiamiento de la reforma previsional. Y se anularía una fuente de regresividad y opacidad en el presupuesto público.

Además, la literatura especializada sostiene que la decisión de sustituir cotizaciones sociales por impuestos al consumo podría tener efectos positivos sobre el nivel de empleo formal y la competitividad de la economía. Como se modeliza en Bird y Smart (2011), la base impositiva del IVA es mayor que la de las cotizaciones sociales, debido a que grava los beneficios empresariales. Es decir, el IVA permite recaudar los mismos ingresos que las cotizaciones sociales, pero a una tasa impositiva legal más baja, y reduce las ineficiencias creadas por el sistema impositivo. Según los autores, gracias a este potencial recaudatorio superior se podrían compensar algunos de los incentivos a la informalidad que genera el IVA (véase Emran y Stiglitz, 2005). Dentro de su modelo, que cuenta con un sector informal de la economía, Bird y Smart muestran que una reforma fiscal neutral en términos de recaudación, que incluya la subida del IVA y la rebaja de los aportes de los trabajadores y de las empresas, abriría la posibilidad a un aumento del tamaño de la economía (y del empleo) formal y a un mayor nivel de los salarios reales.

Estos resultados, que deben ser evaluados empíricamente, derivan de dos canales: la reducción de los costos laborales de contratación de las empresas (que a su vez podrían transmitir el IVA hacia mayores precios) y el hecho de que las cotizaciones no son ajustables en frontera, mientras que el IVA sobre los productos exportados sí es devuelto.[6] En todo caso, se trata de una vía por la que optaron, hace décadas, Australia, Dinamarca o Nueva Zelanda, e incluso, recientemente, algunas economías de Europa (Alemania, España o Francia) la adoptaron como respuesta frente a la crisis (con una rebaja en las cotizaciones sociales, en algunos casos, de manera temporal, para colectivos de difícil empleabilidad).

Esta medida se podría implementar mediante la vinculación, según el marco legal, de una parte de la recaudación del IVA con el financiamiento del sistema previsional (en concreto, de la pensión universal y los subsidios a los aportes, de acuerdo con la propuesta que ofrece el capítulo 5). De esta forma se compensaría el carácter regresivo de este impuesto, se reforzaría la relación entre el pago de impuestos y el uso de esos ingresos y se favorecería una gestión de los recursos más responsable (al limitar la extensión de los beneficios a la recaudación disponible).

Una segunda fuente de financiamiento proviene del hecho de que varios de los países de la región (entre los que se destacan Argentina, Bolivia, Chile, México, Perú) son exportadores netos de materias primas. Por ello podrían emplear parte de los ingresos asociados, los impositivos y los no tributarios, a modo de recurso adicional para

---

[6] Véase el estudio seminal de McLure (1981), así como también OCDE (2007), y González-Páramo y Melguizo (2013), para una revisión cuantitativa de la literatura sobre el tema.

financiar la reforma previsional. En la actualidad, ALC recauda casi dos puntos del PIB en impuestos sobre los recursos naturales, el doble que a inicios de los noventa (véase el gráfico 6.6).

De este modo, a los criterios de eficiencia económica y suficiencia recaudatoria se uniría el de equidad intergeneracional, ya que los altos precios sostenidos desde 2000 han generado ingresos extraordinarios que deberían distribuirse entre las generaciones actuales y las futuras. No obstante, tanto en el caso del IVA (Hemming, 2013), como, especialmente, en el de ingresos por materias primas, se deberán incorporar consideraciones cíclicas, debido a que el consumo y los precios muestran una elevada volatilidad. Mientras que en los tributos sobre recursos naturales no renovables será preciso considerar su horizonte de agotamiento, para lo que habrá que prever reglas e instituciones específicas.

Por último, una fuente potencial de recaudación en la región la constituyen las tasas sobre las propiedades (inmobiliarias, vehículos, terrenos), que producen ingresos muy reducidos (apenas el 0,5% del PIB). Pero esta posibilidad encierra un obstáculo: si bien es un tributo que debería entrar en una reforma impositiva general, su naturaleza y la gestión por parte de entidades locales hacen difícil su utilización para financiar una política nacional como el aumento de la cobertura previsional.

Favorecer la economía política y asegurar la sostenibilidad: reglas e instituciones

La reforma previsional exige un Estado eficaz y eficiente, para lo que se necesita reforzar los marcos institucionales en los que las políticas de pensiones se diseñan, aplican y financian. En función de cada país, esta recomendación general se materializaría en diferentes grados: desde mejores estadísticas (fiscales y previsionales), mecanismos de evaluación y cálculo de presupuesto plurianual hasta reglas fiscales que incorporen de manera formal y periódica los pasivos previsionales contingentes. En un futuro, la región puede aspirar al establecimiento de consejos fiscales independientes, que evalúen las perspectivas de mediano plazo de las cuentas públicas sobre la base de los compromisos explícitos e implícitos. De aquí en adelante, este capítulo desarrolla estas propuestas.

En el ámbito de las pensiones, en primer lugar se necesita más y mejor información. Es fundamental disponer de datos y estudios actuariales de la situación y las perspectivas del sistema previsional para poder evaluar si cumplirá con las funciones de prevención de la pobreza en la vejez y mantenimiento del nivel de vida después de la jubilación. Estos análisis deberían ser globales (es decir, en base de los esquemas de los trabajadores del sector privado y de los funcionarios del gobierno central y regional). Además, los datos tienen que ser transmitidos a la sociedad con sencillez, transparencia, credibilidad, publicidad y periodicidad. Un buen ejemplo en la región es el de Barbados. Allí, el Sistema Nacional de Pensiones está obligado por ley a realizar una revisión actuarial y a presentarla en el Parlamento. A finales de los noventa, esta norma permitió anticipar buena parte de los retos que caracterizan los sistemas públicos de reparto. En este marco se creó un subcomité con representantes del gobierno, sindicatos, empresa privada y académicos, que plantearon públicamente las opciones de reforma. Algunas de las propuestas fueron el incremento de las contribuciones, el incremento de las contribuciones junto con la edad de jubilación o la reducción de beneficios. Tras someterlas a consulta pública, el Estado optó por la que conquistó mayor apoyo social.

Por otra parte, las proyecciones deberían incorporar de manera explícita la incertidumbre asociada, por la evolución económica, demográfica e incluso política. Solo así se podría superar el escepticismo con el que muchos gestores de políticas públicas y la población en general acogen las estimaciones de largo plazo del gasto en pensiones por parte del Estado. En Estados Unidos estos análisis los realiza la Oficina Presupuestaria del Congreso e incluyen los diferentes escenarios y las distintas probabilidades de cada uno de ellos según la experiencia previa en mortalidad, inmigración, crecimiento de los salarios o rentabilidad de las inversiones, entre otros factores (Oficina Presupuestaria del Congreso, 2001). Una alternativa, ante la menor disponibilidad de datos históricos en la región, sería la construcción de diferentes escenarios: demográficos (sobre todo por los flujos migratorios), macroeconómicos (productividad y empleo) e institucionales (tasa de cobertura y nivel de pensiones), como proponen Doménech y Melguizo (2008) para España.

En segundo lugar, las decisiones sobre la política del gasto en pensiones deben incorporarse en un cálculo presupuestario plurianual, debido a su impacto de mediano y largo plazo. En este sentido, los presupuestos podrían integrar cuantitativamente (dentro de un marco fiscal o una regla fiscal), o cualitativamente, las proyecciones de gasto público asociadas a las pensiones y sus alternativas de financiamiento. Una práctica que refleja de manera muy positiva la unión de marcos fiscales y compromisos de pensiones es el Grupo de Trabajo sobre Envejecimiento que funciona dentro de la Comisión Europea. Este equipo, conformado por funcionarios de la propia Comisión Europea y representantes de los países de la Unión Europea, realiza, cada tres años, proyecciones del gasto público en pensiones, salud, dependencia, desempleo y educación, que se utilizan en la evaluación de los objetivos de déficit público dentro del Pacto de Estabilidad y Crecimiento (Comisión Europea, 2012).

La región cuenta con un sólido punto de partida, ya que muchas de las economías tienen marcos o reglas fiscales en vigor (Argentina, Brasil, Colombia, Costa Rica, Ecuador, Jamaica, México, Panamá, Perú, Venezuela).[7] En los casos de países exportadores de materias primas se podría poner en práctica con la inclusión de las proyecciones del gasto en pensiones dentro de la regla fiscal, combinada con un fondo que acumule ingresos derivados tanto del IVA como de los recursos no renovables. De hecho, Chile, Ecuador, México y Venezuela ya cuentan con ambas instituciones (una regla y un fondo de reserva), mientras que Colombia y Perú solo tienen una regla fiscal (Villafuerte, López-Murphy y Ossowski, 2010).

Para forzar que los principios de financiamiento se cumplan se podría exigir que cualquier cambio en las reglas del sistema de pensiones requiera una amplia mayoría en el Congreso (por ejemplo, si el Gobierno decide modificar los criterios de actualización de pensiones no contributivas). La medida podría hacerse extensiva, incluso,

---

[7] Véanse FMI (2009) y Berganza (2012), para una revisión de las reglas fiscales en la región.

ante la necesidad de crear un nuevo recurso tributario, ampliar el porcentaje del IVA afecto o eliminar un gasto existente. Esta regla podría implementarse por medio de un fondo de estabilización (constituido sobre la base del IVA afecto o de impuestos sobre materias primas), que además permitiría responder a las variaciones cíclicas de la economía.[8] Así, los ingresos extraordinarios que producen los buenos momentos se ahorrarían para compensar las etapas en las que el PIB y el consumo se desaceleran y la recaudación es menor.

En tercer lugar, la experiencia en algunos países de la OCDE muestra las ventajas de contar con instituciones fiscales independientes, que se ocupen de la elaboración de las proyecciones y de calcular el impacto (sobre saldo fiscal y sobre economía) de alternativas de reforma previsional.[9] Estas instituciones pueden tomar como referencia las evaluaciones del gasto público asociado con el envejecimiento (pensiones, salud, dependencia, desempleo y educación) realizadas en la Comisión Europea o, aún más ambiciosos, las prácticas de los consejos fiscales de Holanda o Suecia y la mencionada Oficina Presupuestaria del Congreso de Estados Unidos. Este último organismo fue creado hace tres décadas, es independiente del gobierno y cuenta con casi 250 empleados y un presupuesto cercano a los 50 millones de dólares anuales. No realiza recomendaciones, pero sí análisis públicos para informar las decisiones presupuestarias y económicas, así como también las proyecciones de ingresos y de gasto, en especial en los ámbitos de salud y pensiones a mediano plazo (10 años) y largo plazo (75 años). Todos estos argumentos llevan a considerarla el ejemplo más exitoso en el ámbito internacional y un buen modelo (Curristine, Harris y Seiwal, 2013).

Dentro de la región, el Consejo Consultivo Previsional de Chile, constituido en 2009 para evaluar el Sistema de Pensiones Solidarias, se puede considerar como un paso en esta dirección. La entidad, que cuenta con cinco miembros de reconocido prestigio en pensiones, asesora al ministro de Trabajo y Previsión Social y al ministro de Hacienda en materias relacionadas con el Sistema de Pensiones Solidarias (incluso en los métodos, criterios y parámetros generales que inciden

---

[8] Para el caso de México, véase Hemming (2013).
[9] Para una revisión, véanse Debrun, Hauner y Kumar (2009), y Hagemann (2010).

en el otorgamiento y la revisión de los beneficios) y analiza su impacto en el mercado laboral, los incentivos al ahorro y efectos fiscales. Estos exámenes e informes son públicos. La iniciativa no supone renunciar a las políticas, que deben continuar siendo responsabilidad de los ministerios a cargo, pero permite disponer de una institucionalidad más técnica y menos dependiente del ciclo político.

En cuarto y último lugar, sería aconsejable que alguna institución del Estado, existente o creada para tal fin, incluya el mandato de evaluar y analizar el sistema de pensiones en su integralidad y en su interacción con otras políticas, como las vinculadas con salud y desempleo. En demasiadas ocasiones el diseño de las pensiones no contributivas se realiza sin coordinación con áreas afines y a veces sin cruzar las bases de datos de beneficiarios de pensiones contributivas. Asimismo, el organismo debería estudiar las fuentes de financiamiento alternativas y el alcance sobre las partidas de ingresos y de gasto público.

A modo de conclusión

Un requisito básico en cualquier reforma previsional de aumento de cobertura es su sostenibilidad fiscal. Los avances en el ahorro previsional y en la cobertura proyectados para la reforma propuesta permitirán reducciones de la pobreza y de la desigualdad, y podrían ser superiores en términos de ahorro a los estimados para un escenario de no reforma (en especial si se cae en la "pendiente resbaladiza" de las pensiones no contributivas). No obstante, la reforma requerirá de ingresos públicos adicionales en el corto plazo, y probablemente también en el mediano plazo. Por eso es necesario que vaya acompañada de un análisis de las opciones factibles y concretas de financiamiento, así como también de su institucionalidad.

Sobre la base de los niveles de recaudación de las principales figuras impositivas de la región, este capítulo sostiene que el esquema de financiamiento de la reforma previsional debe incorporar los diferentes efectos económicos, en términos de eficiencia (en especial sobre el mercado de trabajo), equidad y estabilidad, de las diversas clases de tributos. Una recomendación central es reducir la gran cantidad de gravámenes al trabajo formal o, al menos, no sumarle más cargas, por sus efectos negativos sobre la formalidad laboral. En ese sentido, se propone profundizar en vías alternativas de financiamiento, como los impuestos al consumo y los ingresos públicos por materias primas.

La compleja economía política que caracteriza la política fiscal y previsional, desafiante, sobre todo en ALC, requiere que las reformas incorporen un reforzamiento de los marcos fiscales, que deberán seguir preservando la sostenibilidad fiscal y la posibilidad de estabilización macroeconómica. Pero, al mismo tiempo, los cambios en el sistema previsional deberían responder a las demandas sociales (pobreza, educación, infraestructura), y anticipar las presiones de gastos sociales relacionados con el envejecimiento. Este criterio, además, podría ayudar a restablecer la confianza de los ciudadanos en el Estado, un valor que en la actualidad se encuentra limitado en buena parte de los países de ALC.

El capítulo reconoce que iniciar este proceso de reforma no es fácil. La región es relativamente joven y eso explica que las pensiones no se encuentren entre las principales preocupaciones de los ciudadanos. A este hecho se une la opinión de los partidos, tanto del que está en el poder como de los que se encuentran en la oposición, que ven esta reforma como una iniciativa especialmente riesgosa en términos políticos. Una opción es comunicar de manera clara el impacto que una reforma pensional podría tener en la reducción de la pobreza y el aumento de la formalidad entre los trabajadores de ingreso bajo y entre las clases medias. Para contribuir a este objetivo se pueden constituir comisiones de reforma, que cuenten con integrantes de reconocido prestigio nacional e internacional y que permitan aportes públicos tanto de instituciones del Estado como del sector privado y académico. La mejor práctica en la región es, probablemente, el mencionado Consejo Asesor Presidencial para la Reforma Previsional en Chile. Los 15 expertos independientes que lo conformaron realizaron sesiones de trabajo con académicos, representantes del sector empresarial, de organizaciones de trabajadores, de organismos internacionales, y sobre esa base elaboraron un informe (Consejo Asesor Presidencial para la Reforma Previsional, 2006) en el que se basó la reforma aprobada en 2008. La experiencia expuesta de Barbados muestra, además, que este método se puede extender a las diferentes realidades de la región.

Si los países de la región logran superar esos retos políticos, encontrarán que este es un buen momento para abordar las reformas, precisamente porque la estructura demográfica aún es joven, por la emergente clase media como un factor de cambio, porque en la última década se han efectuado avances en la gestión macroeconómica y porque para buena parte del área la coyuntura económica es favorable. Además, este tipo de reformas podría impulsar el crecimiento potencial de la región. Es preciso aprovechar estas buenas perspectivas, ya que la ventana de oportunidad se irá cerrando y las reformas serán más urgentes y más costosas cada vez.

ANEXO METODOLÓGICO

A continuación se presenta una breve reseña metodológica de los supuestos utilizados para el cálculo de los estimadores en base a las encuestas de hogares presentes en este libro.

Las encuestas utilizadas para las estimaciones se detallan en el cuadro A1. La cobertura geográfica de las mismas abarca todo el territorio nacional, salvo la encuesta de Argentina que incluye 31 aglomerados urbanos y no cubre la zona rural.

Se presentan dos tipos de indicadores de cobertura de la seguridad: por un lado, la cobertura entre los ocupados y, por otro, la cobertura de los adultos mayores. En cuanto a la cobertura previsional de la población ocupada (cotizantes sobre ocupados) se tomó a la población de entre 15 y 64 años, teniendo en cuenta las siguientes limitaciones:

i. La condición de aseguramiento: todas las encuestas preguntan sobre la condición de cotización, salvo las de Bolivia y República Dominicana, que se refieren a afiliación.
ii. El alcance: algunas preguntan a los ocupados y otras solo a los trabajadores asalariados (Argentina, Ecuador, Perú, República Dominicana y Venezuela).
iii. En la mayoría de las encuestas la pregunta sobre cotización/afiliación se refiere tanto a la actividad principal como a la secundaria, aunque en algunos países solo se tiene en cuenta la actividad principal (Ecuador, El Salvador, Nicaragua y Perú).

Estas características hacen que los indicadores no sean del todo comparables entre los países, aunque esta es la mejor aproximación de los mismos con la que se cuenta hasta el momento.

En relación con la cobertura pasiva, se tomó como referencia la población de 65 años de edad y más, y la construcción de la variable atendió a las siguientes cuestiones:

i. La persona tiene cobertura si recibe ingresos por pensión o jubilación.
ii. La mayoría de los países solo hace referencia a la cobertura del sistema contributivo nacional, y algunos también indagan sobre la cobertura del régimen no contributivo (Argentina, Bolivia, Chile, Costa Rica, Ecuador y México). En la mayoría de los países pueden distinguirse ambos tipos de cobertura, pero en el caso de Argentina no es posible saber el tipo de régimen que financia la prestación a partir de los datos de la encuesta.

Para las variables de corte (género, deciles de ingreso laboral, tamaño de la empresa, tipo de ocupación) se utilizó la misma metodología que en Rofman y Oliveri (2011).

Para la denominación de los países, se utilizó la nomenclatura estándar ISO 3166-1 alpha-3 que se presenta en el cuadro A2.

Por último, a lo largo del libro, cuando se presentan promedios de la región de América Latina y el Caribe (ALC), estos corresponden a promedios ponderados por la población de cada país.

Cuadro A1
Fuentes de datos utilizadas en el libro

País	Año	Ronda	Nombre de Encuesta	Agencia Ejecutora
ARG	2010	II Sem.	Encuesta Permanente de Hogares – Continua (EPHC)INDEC	
BOL	2009	Nov-Dic	Encuesta de Hogares (EH)	INE
BRA	2011	Sept	Pesquisa Nacional por Amostra de Domicilio (PNAD	IBGE
CHL	2011	Nov-Dic	Encuesta CASEN (CASEN)	MIDEPLAN
COL	2010	III Trim.	Gran Encuesta Integrada de Hogares (GEIH)DANE	
CRI	2010	Jul	Encuesta de Hogares de Propósitos Múltiples (ENAHO)	DGEC
DOM	2010	Oct	Encuesta Nacional de Fuerza de Trabajo (ENFT)	BCRD
ECU	2010	Dic	Encuesta Periódica de Empleo, Desempleo y Subempleo (ENEMDU)	INEC
GTM	2010	Anual	Encuesta Nacional de Empleo e Ingresos (ENEI)	INE
HND	2010	May	Encuesta Permanente de Hogares de Propósitos Múltiples (EPHPM)	DGEC
JAM	2012	Oct	Labour Force Survey (LFS)	STATIN – PIOJ
MEX	2010	Ago-Nov	Encuesta Nacional sobre Ingresos y Gastos de los Hogares (ENIGH)	INEGI
NIC	2010	III Trim.	Encuesta Continua de Hogares (ECH)	INEC
PAN	2010	Ago	Encuesta Hogares (EH)	DEC
PER	2010	Anual	Encuesta Nacional de Hogares (ENAHO)	INEI
PRY	2010	Oct-Dic	Encuesta Permanente de Hogares (EPH)	DGEEC
SLV	2010	Anual	Encuesta de Hogares de Propósitos Múltiples (EHPM)	DGEC
URY	2010	Anual	Encuesta Continua de Hogares (ECH)	INE
VEN	2010	II Sem.	Encuesta de Hogares por Muestreo (EHM)	INE

Fuente: Elaboración propia en base a encuestas de hogares de los países de la región.

Cuadro A2
Nomenclatura estándar para la denominación de los países

País	Nomenclatura ISO 3166-1 alpha-3.
Argentina	ARG
Bahamas	BHS
Barbados	BRB
Belice	BLZ
Bolivia	BOL
Brasil	BRA
Chile	CHL
Colombia	COL
Costa Rica	CRI
Ecuador	ECU
El Salvador	SLV
Guatemala	GTM
Guyana	GUY
Honduras	HND
Jamaica	JAM
México	MEX
Nicaragua	NIC
Panamá	PAN
Paraguay	PRY
Perú	PER
República Dominicana	DOM
Trinidad y Tobago	TTO
Uruguay	URY
Venezuela	VEN

Referencias bibliográficas

Aguirre, M. 2012. *Elaboración de un estudio de cuña fiscal para Argentina, Bolivia, Brasil, Chile, Colombia, Costa Rica, Jamaica, México, Perú, República Dominicana, Uruguay y Venezuela.* Washington, D.C.: BID. (Documento mimeografiado.)

Águila, E., C. Díaz, M. Manqing Fu, A. Kapteyn y A. Pierson. 2010. *Envejecer en México: condiciones de vida y salud.* Ciudad de México: Centro Fox, AARP y RAND Corporation.

Ahmad, A. y C. Pagés. 2009. "Are All Labor Regulations Equal? Evidence from Indian Manufacturing." *Journal of Comparative Economics*, Vol. 37(1):62–75 (marzo) (Elsevier).

Albrecht, J., L. Navarro y S. Vroman. 2009. "The Effects of Labour Market Policies in an Economy with an Informal Sector." *Economic Journal*, vol. 119(539):1105–29, 07 (Royal Economic Society).

Alesina, A. y R. Perotti. 1997. "The Welfare State and Competitiveness." *American Economic Review*, vol.87(5):921–939.

Almeida, R. y P. Carneiro. 2012. "Enforcement of Labor Regulation and Informality." *American Economic Journal: Applied Economics*, vol. 4(3):64–89 (julio) (American Economic Association).

Amarante, V., M. Manacorda, A. Vigorito y M. Zerpa. 2011. *Social Assistance and Labor Market Outcomes: Evidence from the Uruguayan PANES.* Publicaciones del BID Nro. 79.879. Washington, D.C.: BID.

Andrade, A., M. Bruhn y D. McKenzie. 2012. "A Helping Hand or the Long Arm of the Law? Experimental Evidence on What Governments Can Do to Formalize Firms." Documento de trabajo de investigación de políticas Nro. WPS6435, Serie evaluaciones de impacto Nro. IE 92. Washington, D.C.: Banco Mundial.

Antón, A., F. Hernández y S. Levy. 2012. *The End of Informality in Mexico? Fiscal Reform for Universal Social Insurance.* Washington, D.C.: BID.

Antunes, A. R. y T. V. Cavalcanti (2007). "Start Up Costs, Limited Enforcement, and the Hidden Economy." *European Economic Review*, Vol. 51(1):203–224.

Arenas de Mesa, A. y C. Mesa-Lago. 2006. "The Structural Pension Reform in Chile: Effects, Comparisons with Other Latin American Reforms, and Lessons." *Oxford Review of Economic Policy*, Vol. 22(1):149–167.Oxford, Reino Unido: Oxford University Press.

Argueta, N. 2011. *Entre el individuo y el Estado: condicionantes financieros del sistema de pensiones en El Salvador*. San Salvador, El Salvador: Fundación Dr. Guillermo Manuel Ungo (Fundaungo) y Friedrich Ebert Stiftung.

Ashraf, N., D. Karlan y W. Yin. 2006. "Female Empowerment: Impact of a Commitment Savings Product in the Philippines." Documento de trabajo Nro. 949. New Haven, CT: Economic Growth Center, Yale University.

Attanasio, O., C. Meghir y A. Otero. 2011. "Pensiones, trabajo e informalidad: impacto de la reforma previsional de Chile de 2008". Santiago de Chile: Dirección de Presupuestos, Gobierno de Chile. Disponible en: http://www.dipres.gob.cl/594/articles-89389_doc_2pdf.pdf.

Auerbach, A. J., J. Gokhale y L. J. Kotlikoff. 1991. "Generational Accounting: A New Approach for Understanding the Effects of Fiscal Policy on Saving." Documento de trabajo Nro. 9107. Cleveland, OH: Federal Reserve Bank of Cleveland.

———. 1994. "Generational Accounting: A Meaningful Way to Evaluate Fiscal Policy." *Journal of Economic Perspectives*, Vol. 8(1):73–94 (American Economic Association).

Auerbach, P., M.E. Genoni y C. Pagés. 2007. "Social Security Coverage and the Labor Market in Developing Countries." Documentos de discusión del IZA Nro. 2979. Bonn: Institute for the Study of Labor (IZA).

Autor, D. H., J. J. Donohue y S. J. Schwab. 2006. "The Costs of Wrongful-Discharge Laws." *The Review of Economics and Statistics*, Vol. 88(2):211–231 (mayo) (MIT Press).

Banco Mundial. 1994. *Envejecimiento sin crisis: políticas para la protección de los ancianos y la promoción del crecimiento*. Washington, D.C.: Banco Mundial.

———. s/f. *Pensions database*. Washington, D.C.: Banco Mundial, Social Protection and Labor Unit, Human Development Network. Disponible en http://web.worldbank.org/WBSITE/EXTERNAL/TOPICS/EXTSOCIALPROTECTION/EXTPENSIONS/0,,contentMDK:23231994~menuPK:8874064~pagePK:148956~piPK:216618~theSitePK:396253,00.html.

———. Varios años. *Indicadores del Desarrollo Mundial.* Washington, D.C.: Banco Mundial.

Banco de Previsión Social de Uruguay. s/f. Información extraída del sitio web. Sitio oficial disponible en http://www.bps.gub.uy/.

Barr, N. y P. Diamond. 2006. "The Economics of Pensions." *Oxford Review of Economic Policy*, Vol. 22(1):15–39. Oxford, Reino Unido: Oxford University Press.

Barreix, A., M. Bes y J. Roca. 2010. *El IVA personalizado. Aumentando la recaudación y compensando a los más pobres.* (Documento mimeografiado.)

———. 2012. "Resolviendo la trinidad imposible de los impuestos al consumo. El IVA personalizado". En: A. Bárcena y N. Serra (eds.), *Reforma fiscal en América Latina: ¿qué fiscalidad para qué desarrollo?* Barcelona: CEPAL y CIDOB.

Barros, R. Paes de, F. H. G. Ferreira, J. R. Molinas Vega y J. Saavedra Chanduvi, 2009. "Measuring Inequality of Opportunities in Latin America and the Caribbean," World Bank Publications, The World Bank, number 2580

BBVA (Banco Bilbao Vizcaya Argentaria). 2007. *Hacia el fortalecimiento de los sistemas de pensiones en México: visión y propuestas de reforma.* Ciudad de México: BBVA.

———. 2008a. *Presente y futuro del sistema pensional colombiano: diagnóstico y propuestas de reforma.* Bogotá: BBVA.

———. 2008b. *Una mirada al sistema peruano de pensiones: diagnóstico y propuestas.* Lima: BBVA.

Behrman, J., O. S. Mitchell, C. Soo y D. Bravo. 2012. "Financial Literacy, Schooling, and Wealth Accumulation." *American Economic Review*, Vol. 102(3):300–304.

Bell, L. 1997. "The Impact of Minimum Wages in Mexico and Colombia." *Journal of Labor Economics* Vol. 15(3). suppl.: S102–S135.

Berganza, J. C. 2012. "Fiscal Rules in Latin America. A Survey." Documentos ocasionales Nro. 1208. Madrid: Banco de España.

Bérgolo, M y G. Cruces. 2011. "Labor Informality and the Incentive Effects of Social Security: Evidence from a Health Reform in Uruguay." Publicaciones del BID Nro. 62.318. Washington, D.C.: BID.

Berstein, S. 2011. "Implementación de la reforma previsional en Chile". Documento de trabajo Nro. 45. Santiago de Chile: Superintendencia de Pensiones.

Beshears, J., J. J. Choi, D. Laibson y B. C. Madrian. 2011. "The Availability and Utilization of 401(k) Loans." Documento de trabajo del NBER Nro. 17.118. Cambridge, MA: National Bureau of Economic Research, Inc.

Besley, T. y R. Burgess. 2004. "Can Labor Regulation Hinder Economic Performance? Evidence from India." *The Quarterly Journal of Economics*, Vol. 119(1):91–134 (febrero) (MIT Press).

Betcherman, G., N. Meltem Daysal y C. Pagés. 2010. "Do Employment Subsidies Work? Evidence from Regionally Targeted Subsidies in Turkey." *Labour Economics*, Vol. 17(4):710–722 (agosto) (Elsevier).

BID (Banco Interamericano de Desarrollo). 2008. *Encuesta longitudinal de seguridad social en Lima Metropolitana (Perú) y México D.F.* Washington, D.C.: BID.

———. 2010. Encuestas de hogares (circa 2010). Washington, D.C.: BID.

BID-Banco Mundial-OCDE (Organización para la Cooperación y el Desarrollo Económicos). 2013. *Una mirada a las pensiones en América Latina y el Caribe*. París: BID-Banco Mundial-OCDE.

BID y CIAT (Centro Interamericano de Administraciones Tributarias). 2012. *Latin American and Caribbean Fiscal Burden Database*. Washington, D.C.: BID y CIAT.

Bird, R. y M. Smart. 2011. *Financing Social Insurance in Latin America*. (Documento mimeografiado.)

Blanchard, O. J. y J. Tirole. 2008. "The Joint Design of Unemployment Insurance and Employment Protection: A First Pass." *Journal of the European Economic Association*, Vol. 6(1):45–77, 03 (MIT Press).

Boeri, T. y P. Garibaldi. 2006. "Shadow Sorting." Documento de discusión del CEPR Nro. DP5487. Londres: Centre for Economic Policy Research.

Bosch, B. y R. M. Campos-Vázquez. 2010. "The Trade-offs of Social Assistance Programs in the Labor Market: The Case of the 'Seguro Popular' Program in Mexico." Serie documentos de trabajo del Centro de Estudios Económicos 2010–12. Ciudad de México: Centro de Estudios Económicos, El Colegio de México.

Bosch, M. y J. Guajardo. 2012. "Labor Market Impacts of Non-Contributory Pensions: The Case of Argentina's Moratorium." Publicaciones del BID Nro. 78.158. Washington, D.C.: BID.

Bosch, M. y W. F. Maloney. 2006. "Gross Worker Flows in the Presence of Informal Labor Markets. The Mexican Experience 1987–2002." Documento de discusión del CEP Nro. dp0753. Londres: Centre for Economic Performance, London School of Economics & Political Science.

———. 2010. "Comparative Analysis of Labor Market Dynamics Using Markov Processes: An Application to Informality." *Labour Economics*, Vol. 17(4):621–631 (agosto) (Elsevier).

Bosch, M. y M. Manacorda. 2010. "Minimum Wages and Earnings Inequality in Urban Mexico." Documento de discusión del CEPR Nro. 7.882. Londres: Centre for Economic Policy Research.

Bosch, M., y J. Esteban-Pretel. 2012. "Job Creation and Job Destruction in the Presence of Informal Markets." *Journal of Development Economics*, Vol. 98(2):270–286 (Elsevier).

Bosch, M. R. Maldonado y N. Schady. 2013. "The Effects of the 'Bono de Desarrollo Humano' on the Labor Market." Documento mimeografiado.

Bosch, M., M. B. Cobacho y C. Pagés. 2011. "Taking Stock of Eight Years of Implementation of Seguro Popular in Mexico." Washington, D.C.: BID. (Documento mimeografiado.)

———. 2013. "Effects of Non-Contributory Systems on Informality: Taking Stock of Eight Years of Implementation of Mexico's Seguro Popular." En: M. Frölich, D. Kaplan, C. Pagés, D. Robalino y J. Rigolini (eds.), *Social Insurance and Labor Markets: How to Protect Workers while Creating Good Jobs*. Oxford, Reino Unido: Oxford University Press.

Bosch, M., E. Goñi-Pacchioni y W. Maloney. 2012. "Trade Liberalization, Labor Reforms and Formal–Informal Employment Dynamics." *Labour Economics*, Vol. 19(5):653–667 (Elsevier).

Bosch, M., Maldonado y N. Schady. 2013. "The Effect of Conditional Cash Transfers on Formal Employment: The Case of Ecuador". (Documento mimeografiado.)

Bosch, M. A. Melguizo y L. Oliveri. 2013. "Efectos del salario mínimo en América Latina". Documento mimeografiado.

Bosch, M., A. Popova y A. F. Sánchez. 2013. "The Labor Supply Effects of Rural Pensions in Brazil." Washington, D.C.: BID. (Documento mimeografiado.)

Bruhn, M. 2011. "Reforming Business Taxes: What is the Effect on Private Sector Development?" *World Bank Other Operational Studies* Nro. 11.053. Washington, D.C.: Banco Mundial.

Bruhn, M. y D. McKenzie. 2013. "Using Administrative Data to Evaluate Municipal Reforms: An Evaluation of the Impact of Minas Facil Expresso." Documento de trabajo de investigación de políticas Nro. 6.368. Washington, D.C.: Banco Mundial.

Busso, M., M.V. Fazio y S. Levy Algazi. 2012. "(In)formal and (Un)productive: the Productivity Costs of Excessive Informality in Mexico." Documento de trabajo del BID Nro. IDB-WP-341. Washington, D.C.: BID.

CAF (Corporación Andina de Fomento). 2012. *Finanzas públicas para el desarrollo: fortaleciendo la conexión entre ingresos y gastos.* CAF Banco de Desarrollo de América Latina, Reporte de Economía y Desarrollo. Bogotá: CAF.

Calmfors, L. y J. Driffill. 1988. "Centralization of Wage Bargaining." *Economic Policy*, Nro. 6:13–61.

Camacho, A. y E. Conover. 2011. "Manipulation of Social Program Eligibility." *American Economic Journal: Economic Policy*, Vol. 3(2):41–65 (mayo) (American Economic Association).

Camacho, A., E. Conover y A. Hoyos. 2009. "Effects of Colombia's Social Protection System on Workers' Choice between Formal and Informal Employment." Documentos CEDE 006003. Bogotá: Universidad de los Andes, CEDE.

Cannobbio, L. y Jeri, T. 2010. "Estadísticas sobre las personas adultas mayores: un análisis de género". Informe final. Santiago de Chile: Senama (Servicio Nacional del Adulto Mayor).

Carranza, L., A. Melguizo y D. Tuesta. 2012. "Matching Pension Schemes in Colombia, Mexico and Peru: Experiences and Prospects". En: R. Holzmann, R. Hinz, N. Takayama y D. Tuesta (eds.), *Matching Defined Contributions Schemes: Role and Limits to Increase Coverage in Low and Middle Income Countries* (pp. 193–213). Washington, D.C.: Banco Mundial.

Carvalho Filho, I. E. 2008. "Old-age Benefits and Retirement Decisions of Rural Elderly in Brazil." *Journal of Development Economics*, Vol. 86(1):12–146 (abril) (Elsevier).

CBO (Oficina Presupuestaria del Congreso de EE.UU.). 2001. "Uncertainty in Social Security's Long-Term Finances: A Stochastic Analysis." Washington, D.C.: CBO.

Celade (División de población de la Comisión Económica para América Latina y el Caribe). 2011. *Estimaciones y proyecciones de población a largo plazo 1950–2100. Revisión 2011*. Santiago de Chile: CEPAL. Disponible en: http://www.eclac.cl/celade/proyecciones/basedatos_BD.htm.

Centro de Microdatos. 2012. Información extraída de la página web. Santiago de Chile: Universidad de Chile. Sitito oficial disponible en: http://www.microdatos.cl/.

CEPAL (Comisión Económica para América Latina y el Caribe). s/f. *Base de datos sobre gasto público social en América Latina y el Caribe*. Santiago de Chile: CEPAL, División de desarrollo social. Disponible en: http://dds.cepal.org/gasto/indicadores/.

———. 2012. *Gasto social en América Latina y el Caribe*. Santiago de Chile: CEPAL, Portal de inversión social en la región. Disponible en http://dds.cepal.org/gasto/indicadores/.

Choi, J. J., D. Laibson, B. C. Madrian y A. Metrick. 2004. "Saving for Retirement on the Path of Least Resistance." Levine's Bibliography 122247000000000606, UCLA Department of Economics.

Clark, R. y M. D'Ambrosio. 2002. "Saving for Retirement: The Role of Financial Education." TIAA-CREF Institute Working Paper Nro. 4-070102-A.

Clark, R., M. D'Ambrosio, A. McDermed y K. Sawant. 2003. "Financial Education and Retirement Saving." TIAA-CREF Institute Working Paper Nro. 11-020103.

Clements, B., D. Coady, F. Eich, S. Gupta, A. Kangur, B. Shang y M. Soto. 2012. *The Challenge of Public Pension Reform in Advanced and Emerging Market Economies*. Occassional Paper Nro. 275. Washington, D.C.: FMI.

Comisión Europea. 1994. *Growth, Competitiveness, and Employment. The Challenges and Ways forward into the 21st Century*. Bruselas: Comisión Europea, Boletín de la Comunidad Europea.

———. 2012. "The 2012 Ageing Report: Economic and budgetary projections for the EU-27 Member States (2010–2060)." *European Economy* 2.

Consar (Comisión Nacional del Sistema de Ahorro para el Retiro). s/f. Información extraída de la página web. Ciudad de México: Consar. Sitio oficial disponible en http://www.consar.gob.mx/index.shtml.

Consejo Asesor Presidencial para la Reforma Presidencial. 2006. *El derecho a una vida digna en la vejez. Informe del Consejo Asesor Presidencial para la Reforma Presidencial*. Santiago de Chile: Consejo Asesor Presidencial.

Corbacho, A. y G. Schwartz. 2007. "Fiscal Responsibility Laws." En: M. Kumar and T. Ter Minassian (eds.), *Promoting Fiscal Discipline*, pp.58–106. Washington, D.C.: FMI.

Corbacho, A., V. Fretes y E. Lora (eds.). 2013. *Recaudar no basta: los impuestos como instrumento de desarrollo*. Serie Desarrollo en las Américas (DIA). Washington, D.C.: BID.

Corbacho, A., A. Gonzales y M. Ardanaz. 2013. *Structural Fiscal Balances in Latin America and the Caribbean: New Dataset and Estimations*. (Documento mimeografiado.)

Corbo, V. y K. Schmidt-Hebbel. 2003. "Efectos macroeconómicos de la reforma de pensiones en Chile." En: FIAP (ed.), *Resultados y desafíos de las reformas a las pensiones*, pp. 259–351.

Cotlear, D. 2011. "Population Aging: Is Latin America Ready?" Publicaciones del Banco Mundial Nro. 2.542 (abril). Washington, D.C.: Banco Mundial.

Cruces, G., S. Galiani y S. Kidyba. 2010. "Payroll Taxes, Wages and Employment: Identification through Policy Changes." *Labour Economics*, Vol. 17(4):743–749 (agosto) (Elsevier).

Cuesta, J. y M. Olivera. 2010. "Social Security Distortions onto the Labor Market: Estimates for Colombia." Documento de trabajo de investigación de políticas Nro. 5.390. Washington, D.C.: Banco Mundial.

Curristine, T., J. Harris y J. Seiwal. 2013. *Case Studies of Fiscal Councils – Functions and Impact*. Washington, D.C.: FMI.

Da Costa, R., J. R. de la Iglesia, E. Martínez y A. Melguizo. 2011. "The Economy of the Possible: Pensions and Informality in Latin America." Documento de trabajo del Centro de Desarrollo de la OCDE Nro. 295. París: OCDE.

Daude C., A. Melguizo y A. Neut. 2011. "Fiscal Policy in Latin America: Countercyclical and Sustainable?", *Economics e-Journal,* Vol. 5, 2011-14. Disponible en http://dx.doi.org/10.5018/economics-ejournal.ja.2011-14.

Daude, C. y A. Melguizo. 2010. "Taxation and More Representation? On Fiscal Policy, Social Mobility and Democracy in Latin America." Documento de trabajo del Centro de Desarrollo de la OCDE Nro. 294. París: OCDE.

Daveri, F. y G. Tabellini. 2000. "Unemployment and Taxes. Do Taxes Affect the Rate of Unemployment?" *Economic Policy*, 30:48-104.

De Andrade, G.H., M. Bruhm y D. McKenzie. 2001. "A Helping Hand or the Long Arm of the Law? Experimental Evidence on What Governments Can Do to Formalize Firms" Documento de trabajo de investigación de políticas Nro. WPS 6435, serie evaluaciones de impacto Nro. IE 92. Washington, D.C.: Banco Mundial.

De Paula, A. y J. A. Scheinkman. 2007. "The Informal Sector." PIER Working Paper Archive 07-033. Philadelphia, PA: Penn Institute for Economic Research, Department of Economics, University of Pennsylvania.

Debrun, X., D. Hauner y M. S. Kumar. 2009. "Independent Fiscal Agencies." *Journal of Economic Surveys*, Vol. 23(1):44-81.

Dethier, J. J., P. Pestieau y R. Ali. 2010. "Universal Minimum Old Age Pensions: Impact on Poverty and Fiscal Costs in 18 Latin American Countries." Documento de trabajo de investigación de políticas Nro. 5292. Washington, D.C.: Banco Mundial.

Disney, R. 2004. "Are Contributions to Public Pension Programmes a Tax on Employment?" *Economic Policy*, 9:267-311.

Djankov, S., R. La Porta, F. López-de-Silanes y A. Shleifer. 2002. "The Regulation of Entry." *The Quarterly Journal of Economics*, Vol. 117(1):1-37 (febrero) (MIT Press).

Doménech, R. y A. Melguizo. 2008. "Projecting Pension Expenditure in Spain: On Uncertainty, Communication and Transparency." En: D. Franco (ed.): *Fiscal sustainability: Analytical Developments and Emerging Policy Issues*, pp.707-729. Roma: Banca d'Italia.

Duflo, E. y E. Sáez. 2003. "The Role of Information and Social Interactions in Retirement Plan Decisions: Evidence from a Randomized

Experiment." *The Quarterly Journal of Economics*, Vol. 118(3):815–842 (agosto) (MIT Press).

Edwards, S. y A. Cox Edwards. 2002. "Social Security Privatization Reform and Labor Markets: The Case of Chile." Documento de trabajo del NBER Nro. 8924. Cambridge, MA: National Bureau of Economic Research, Inc.

Emran, M. S. y J. E. Stiglitz. 2005. "On Selective Indirect Tax Reform in Developing Countries." *Journal of Public Economics*, Vol. 89(4):599–623.

Encuesta de Protección Social de Chile. 2006. Microdatos. Santiago de Chile.

Encuesta de Protección Social para México, D.F. y Lima Metropolitana. 2008. BID. Washington, D.C.

Fajnzylber, E., G. Plaza y G. Reyes. 2009. "Better-informed Workers and Retirement Savings Decisions: Impact Evaluation of a Personalized Pension Projection in Chile." Research Working Paper Series Nro. 31. Santiago de Chile: Chilean Pension Supervising Authority.

Ferreira, F. H. G., J. Messina, J. Rigolini, L. F. López-Calva, M. A. Lugo y R. Vakis. 2013. *Economic Mobility and the Rise of the Latin American Middle Class*. World Bank Latin American and Caribbean Studies No. 11858. Washington, D.C.: Banco Mundial.

Fields, G. 2009. "Segmented Labor Market Models in Developing Countries." En: H. Kincaid y D. Ross (eds.), *The Oxford Handbook of Philosophy of Economics*, pp. 476–510. Oxford, Reino Unido: Oxford University Press.

FMI (Fondo Monetario Internacional). 2009. *Fiscal rules – Anchoring Expectations for Sustainable Public Finances*. Washington, D.C.: FMI.

Forteza, A., I. Apella, E. Fajnzylber, C. Grushka, I. Rossi y G. Sanroman. 2009. "Work Histories and Pension Entitlements in Argentina, Chile and Uruguay." Social Protection Discussion Papers Nro. 52446. Washington, D.C.: Banco Mundial.

Fugazza, M. y J. F. Jacques. 2001. "Unemployment and the Underground Economy." Ponencia presentada en la Journée Jourdan (marzo). París: Université Paris Dauphine.

Galasso, V. y P. Profeta. 2002. "The Political Economy of Social Security: A Survey." *European Journal of Political Economy*, vol. 18(1):1–29 (marzo) (Elsevier).

Galiani, S. y P. Gertler. 2009. "Informe final sobre los cambios del programa 70 y más". Documento de discusión de Sedesol. Ciudad de México: Sedesol, Instituto Nacional de Salud Pública.

Garroway, C. y J. R. de la Iglesia. 2012. "On the Relevance of Relative Poverty for Developing Countries." Documento de trabajo del Centro de Desarrollo de la OCDE Nro. 314. París: OCDE.

Gasparini, L., F. Gutiérrez y L. Tornarolli. 2007. "Growth and Income Poverty in Latin America and the Caribbean: Evidence from Household Surveys." *Review of Income and Wealth*, Vol. 53(2): 209–245, 06. Ottawa, Ontario: International Association for Research in Income and Wealth.

Gill, I., T. Packard y J.Yermo. 2005. "Keeping the Promise of Old Age Income Security in Latin America." Washington, D.C.: Banco Mundial y Stanford University Press.

Goñi Pacchioni, E. 2013. "Pandemic Informality." Washington, D.C.: BID.

González-Páramo, J. M. y A. Melguizo. 2013. "Who Bears Labour Taxes and Social Contributions? A Meta-analysis Approach." *SERIEs - Journal of the Spanish Economic Association*, Vol. 4(3):247–271.

Gruber, J. 1994a. "The Incidence of Mandated Maternity Benefits." *American Economic Review*, Vol.84(3):621–641.

Gruber J. 1994b. *Payroll Taxation, Employer Mandates and the Labor Market: Theory, Evidence and Unanswered Questions.* (Documento mimeografiado.)

Gruber, J. 1997. "The Incidence of Payroll Taxation: Evidence from Chile." *Journal of Labor Economics*, Vol. 15(3), suppl.: S72–S101.

Gruber J. y A. B. Krueger. 1990. "The Incidence of Mandated Employer-provided Insurance: Lessons from Workers' compensation insurance." Documento de trabajo del NBER Nro. 3557. Cambridge, MA: National Bureau of Economic Research, Inc.

Hagemann, R. 2010. "Improving Fiscal Performance through Fiscal Councils." Documento de trabajo del Departamento de Economía de la OCDE Nro. 829. París: OCDE.

Hamermesh, D. S. 1993. *Labor Demand*. Princeton, NJ: Princeton University Press.

Harris, J. R. y M. P. Todaro. 1970. "Migration, Unemployment & Development: A Two-Sector Analysis." *American Economic Review*, Vol. 60(1):126–42.

Hart, K. 1973a. "Informal Income Opportunities and Urban Employment in Ghana." *Journal of Modern African Studies*, Vol. 11(1): 61–69.

———. 1973b. *Employment, Income and Inequality: A Strategy for Increasing Productive Employment in Kenya*. Ginebra: OIT.

Hastings, J. S. y L. Tejeda-Ashton. 2008. "Financial Literacy, Information, and Demand Elasticity: Survey and Experimental Evidence from Mexico." Documento de trabajo del NBER Nro. 14538. Cambridge MA: National Bureau of Economic Research, Inc.

Hastings, J. S. y O. S. Mitchell. 2011. "How Financial Literacy and Impatience Shape Retirement Wealth and Investment Behaviors." Documento de trabajo del Nro. 16740. Cambridge, MA: National Bureau of Economic Research, Inc.

Hastings, J. S., O. S. Mitchell y E. T. Chyn. 2010. "Fees, Framing, and Financial Literacy in the Choice of Pension Manager." Pension Research Council WP2010-09 (16 de julio). Disponible en SSRN: http://ssrn.com/abstract=1678077 o en http://dx.doi.org/10.2139/ssrn.1678077.

Heckman, J. J. y C. Pagés (eds.). 2008. "Law and Employment: Lessons from Latin America and the Caribbean" (pp. 1–107), *The Chicago University Press*. Chicago, IL: University of Chicago, American Bar Foundation y BID.

HelpAge. 2012. *International Pensión Watch Database*. Londres: HelpAge.

Hemming, R. 2013. "The Cyclical Characteristics of Universal Social Insurance." Serie de documentos de trabajo del BID Nro. IDB-WP-405. Washington, D.C.: BID.

Hinz, R., R. Holzmann, N. Takayama y D. Tuesta (eds.). 2012. *Matching Defined Contributions Schemes: Role and Limits to Increase Coverage in Low and Middle Income Countries*. Washington, D.C.: Banco Mundial.

Hoek, J. 2002. "Labor Market Institutions and Restructuring: Evidence from Regulated and Unregulated Labor Markets in Brazil." Serie de documentos de trabajo Nro. 484. Ann Arbor, MI: William Davidson Institute at the University of Michigan.

Holzmann, R. y R. Hinz. (2005). Old Age Income Support in the 21st Century: An International Perspective on Pension Systems and Reform. World Bank Publications. The World Bank No. 7336.

IMSS (Instituto Mexicano de Seguridad Social). s/f. Información extraída de la página web. Ciudad de México: IMSS. Sitio oficial disponible en http://www.imss.gob.mx/Pages/default.aspx.

INEC (Instituto Nacional de Estadística y Censos). 2007. *Encuesta de empleo, desempleo y subempleo (Enemdu)*. Quito, Ecuador: INEC. Disponible en http://www.inec.gob.ec/estadisticas/?option=com_content&view=article&id=61&Itemid=106.

———. 2009. *Encuesta de empleo, desempleo y subempleo (Enemdu) 2003-11*. Quito, Ecuador: INEC.

Jaramillo, M. y L. Alcázar. 2012. "El impacto de la licencia municipal en el desempeño de las microempresas en el Cercado de Lima". Documentos de investigación dt64, Grupo de Análisis para el Desarrollo (Grade). Lima: Grade.

Juárez, L. 2009. "Crowding out of Private Support to the Elderly: Evidence from a Demogrant in Mexico." *Journal of Public Economics*, Vol. 93(3-4):454-463 (abril) (Elsevier).

Juárez, L. y T. Pfutze. 2012. "The Effects of a Non-Contributory Pension Program on Labor Force Participation: The Case of 70 y más in Mexico." Monterrey: Instituto Tecnológico de México. (Documento mimeografiado.)

Kaplan, D. S. y S. Levy. 2013. "The Evolution of Social Security Systems in Latin America." En: M. Frölich, D. Kaplan, C. Pagés, D. Robalino y J. Rigolini (eds.), *Social Insurance and Labor Markets: How to Protect Workers while Creating Good Jobs*. Oxford, Reino Unido: Oxford University Press.

Kaplan, D., E. Piedra y E. Seira. 2011. "Entry Regulation and Business Start-ups: Evidence from Mexico." *Journal of Public Economics*, Vol. 95(11):1501-1515 (Elsevier).

Kaplan, D. y J. Sadka, J. 2011. "The Plaintiff's Role in Enforcing a Court Ruling: Evidence from a Labor Court in Mexico." (Documento no publicado.)

Karlan, D., M. McConnell, S. Mullainathan y J. Zinman. 2012. "Getting to the Top of Mind: How Reminders Increase Saving." Documento de trabajo del NBER Nro. 16205. Cambridge, MA: National Bureau of Economic Research, Inc.

Kast, F., S. Meier y D. Pomeranz. 2012. "Under-Savers Anonymous: Evidence on Self-Help Groups and Peer Pressure as a Savings Commitment Device." Documento de trabajo del NBER Nro. 18417. Cambridge, MA: National Bureau of Economic Research, Inc.

Kolm, A. S. y B. Larsen. 2002. "Moral Cost, the Informal Sector and Unemployment." Documento de trabajo 1-2001. Copenhague: Department of Economics, Copenhagen Business School.

———. 2004. "Does Tax Evasion Affect Unemployment and Educational Choice?" Documento de trabajo 4-2004. Copenhague: Department of Economics, Copenhagen Business School.

Kugler, A. 1999. "The Impact of Firing Costs on Turnover and Unemployment: Evidence from the Colombian Labour Market Reform." *International Tax and Public Finance*, Vol. 6(3):389-410 (agosto) (Springer).

Kugler, A. y M. Kugler. 2008. "Labor Market Effects of Payroll Taxes in Developing Countries: Evidence from Colombia." Documento de trabajo del NBER 13855. Cambridge, MA: National Bureau of Economic Research, Inc.

———. 2009. "Labor Market Effects of Payroll Taxes in Developing Countries: Evidence from Colombia." Economic Development and Cultural Change, University of Chicago Press, Vol. 57(2):335-358, 01.

Landerretche, O. y C. Martínez. 2011. "Voluntary Savings, Financial Behavior and Pension Finance Literacy: Evidence from Chile." Documento de trabajo wp328. Santiago de Chile: Universidad de Chile, Departamento de Economía.

LeDuc Media. s/f. *World Life Expectancy: Live Longer, Live Better*. Sitio web oficial disponible en http://www.worldlifeexpectancy.com/.

Levy, S. 2008. *Good Intentions, Bad Outcomes. Social Policy, Informality and Economic Growth in Mexico*. Washington, D.C.: Brookings Institution Press.

Lindbeck, A. y M. Persson. 2003. "The Gains from Pension Reform." *Journal of Economic Literature*, XLI(1), 74–112.

Loayza, N. y J. Rigolini. 2011. "Informal Employment: Safety Net or Growth Engine?" *World Development*, Vol. 39(9):1503-1515 (septiembre) (Elsevier).

Loayza, N. V., A. M. Oviedo y L. Servén. 2005a. "Regulation and Macroeconomic Performance." Documento de trabajo de investigación de políticas Nro. 3469. Washington, D.C.: Banco Mundial.

———. 2005b. "The Impact of Regulation on Growth and Informality. Cross-country Evidence." Documento de trabajo de investigación de políticas Nro. 3623. Washington, D.C.: Banco Mundial.

Lora, E. y J. Fajardo. 2012. "¿Hay un sesgo anti-laboral en los impuestos en América Latina?" Policy Brief Series IDB-PB-177. Washington, D.C.: BID.

Lucas, R. E. Jr. 1978. "On the Size Distribution of Business Firms." *Bell Journal of Economics*, Vol. 9(2):508-523.

Lustig, N., C. Pessino y J. Scott, 2013. "The Impact of Taxes and Social Spending on Inequality and Poverty in Argentina, Bolivia, Brazil, Mexico, Peru and Uruguay." An overview: Working Paper 1313, Tulane University, Department of Economics.

Lustig, N. y L. F. López-Calva (eds.) (2010). "Declining Inequality in Latin America. A Decade of Progress? Washington, D.C.: Brookings Institution Press.

Lustig, N. y S. Higgins. 2013. "Commitment to Equity Assessment (CEQ): Estimating the Incidence of Social Spending, Subsidies and Taxes." (Handbook.) Documento de trabajo CEQ Nro. 1. Nueva Orleans, LA: Center for Inter-American Policy and Research and Department of Economics, Tulane University e Inter-American Dialogue.

Lustig, N. y C. Pessino. 2012. "Social Spending and Income Redistribution in Argentina during the 2000s: the Rising Role of Noncontributory Pensions." Documentos de trabajo del CEMA Nro. 499. Buenos Aires: Universidad del CEMA.

Machado, F. y G. Vesga. 2013. *The Political Economy of Pension Reform.* (Documento mimeografiado.)

Madrian, B. C. 2013. "Matching Contributions and Savings Outcomes: A Behavioral Economics Perspective". En: R. Holzmann, R. Hinz, N. Takayama y D. Tuesta (eds.), *Matching Defined Contributions*

Schemes: Role and Limits to Increase Coverage in Low and Middle Income Countries, (pp. 289-309). Washington, D.C.: Banco Mundial.

Madrian, B.C., D. I. Laibson y J. J. Choi. 2009. "Reducing the Complexity Costs of 401(k) Participation Through Quick Enrollment." Scholarly Articles 4686772. Cambridge, MA: Harvard University, Department of Economics.

Madrian, B. C. y D. F. Shea. 2001. "The Power of Suggestion: Inertia in 401(k) Participation and Savings Behavior." *The Quarterly Journal of Economics*, Vol. 116(4):1149-1187 (noviembre) (MIT Press).

Maloney, W.F., P. Fajnzylber y G.V. Montes-Rojas. 2011. "Does Formality Improve Micro-firm Performance? Evidence from the Brazilian SIMPLES Program." *Journal of Development Economics*, Vol. 94(2):262-276 (marzo) (Elsevier).

Maloney, W. y J. Méndez. 2004. "Measuring the Impact of Minimum Wages. Evidence from Latin America." NBER Chapters, en: *Law and Employment: Lessons from Latin America and the Caribbean*, pp. 109-130. Cambridge, MA: National Bureau of Economic Research, Inc.

Marcel, M. 2008. *Movilidad, desigualdad y política social en América Latina*. (Documento mimeografiado.)

Mazumdar, D. 1975. "The Urban Informal Sector." Documento de trabajo Nro. 211. Washington, D.C.: Banco Mundial.

McLure, C. E. 1981., "VAT versus the Payroll Tax." En: F. Skidmore (ed.), *Social Security Financing*, pp.129-172. Cambridge, MA y Londres: The MIT Press.

Melguizo, A., A. Muñoz, D. Tuesta y J. Vial. 2009. "Pension Reform and Fiscal Policy: Some Lessons from Chile." En: D. Franco (ed.), *Pension Reform, Fiscal Policy and Economic Performance*, pp.709-734. Roma: Banca d'Italia.

Mesa-Lago, C. 2004. "Evaluación de un cuarto de siglo de reformas estructurales de pensiones en América Latina". *Revista de la CEPAL*, 84:59-82.

———. 2008. "Social Insurance (Pensions and Health), Labour Markets and Coverage in Latin America." Social Policy and Development Programme Paper Nro. 36 (agosto). Nueva York: Instituto de Investigación de las Naciones Unidas para el Desarrollo Social.

Micco, A. y C. Pagés. 2006. "The Economic Effects of Employment Protection: Evidence from International Industry-Level Data." Documento de discusión IZA Nro. 2433. Bonn: Institute for the Study of Labor (IZA).

Ministerio de Desarrollo Social del Gobierno de Chile. s/f. *Ficha de Protección Social*. Santiago de Chile: Ministerio de Desarrollo Social del Gobierno de Chile. Sitio oficial disponible en: http://www.nuevaficha.gob.cl/.

Ministério do Trabalho e Emprego de Brasil. 2011. Información extraída de la página web. Sitio oficial disponible en: http://portal.mte.gov.br/portal-mte/.

Moreno, L. A. 2011. La década de América Latina y el Caribe, una oportunidad real. Washington, D.C.: BID.

MTSS (Ministerio de Trabajo, Empleo y Seguridad Social). 2003. Libro Blanco de la Previsión Social. Buenos Aires: MTSS.

Mulligan, C. B., y X. Sala-i-Martin. 1999. "Gerontocracy, Retirement, and Social Security." Documento de trabajo del NBER Nro. 7117. Cambridge, MA: National Bureau of Economic Research, Inc.

Naciones Unidas. 2005. *Living Arrangements of Older Persons around the World*. Nueva York: Naciones Unidas.

———. 2010. *World Population Prospects, the 2010 Revision*. División de Población del Departamento de Economía y Asuntos Sociales de las Naciones Unidas (Undesa). Nueva York: Naciones Unidas. Disponible en http://esa.un.org/wpp/other-information/faq.htm.

Nagamine, R. y E. Barbosa. 2013. "La experiencia del microemprendedor individual en la ampliación de la cobertura previsional en Brasil". Brasília: Ministério da Previdência Social. (Documento mimeografiado.)

Neumark, D., W. Cunningham y L. Siga. 2006. "The Effects of the Minimum Wage in Brazil on the Distribution of Family Incomes: 1996–2001." *Journal of Development Economics*, Vol. 80(1):136–159 (junio) (Elsevier).

OCDE (Organización para la Cooperación y el Desarrollo Económicos). 1990. "Employer versus Employee Taxation: The Impact on Employment." *OECD Employment Outlook*, pp.157–177. París: OCDE.

———. 1994. *The OECD Jobs Study. Evidence and Explanations. Part II. The Adjustment Potential of Labour Market.* París: OCDE.

———. 2007. "Financing Social Protection: The Employment Effect." *OECD Employment Outlook*, pp.57–206. París: OCDE.

———. 2010a. *Making Reform Happen. Lessons from OECD countries.* París: OCDE.

———. 2010b. *Latin American Economic Outlook 2011: How Middle-Class is Latin America?* París: OCDE.

———. 2010c. Labour Force Statistics, 1989–2009. París: OCDE.

———. 2012. *OECD Pensions Outlook 2012.* París: OCDE. Disponible en http://www.oecd.org/insurance/private-pensions/oecdpensionsoutlook2012.htm.

———. 2013. Pensions at a Glance 2013. Paris: OCDE.

OCDE-CEPAL (Comisión Económica para América Latina y el Caribe). 2011. *Perspectivas Económicas de América Latina 2012. Transformación del Estado para el Desarrollo.* París y Santiago de Chile: OCDE y CEPAL.

OIT (Organización Internacional del Trabajo). 1952. *C102 - Social Security (Minimum Standards) Convention* (Nro. 102). Ginebra: OIT. Disponible en http://www.ilo.org/dyn/normlex/en/f?p=NORMLEXPUB:12100:0::NO:12100:P12100_INSTRUMENT_ID:312247:NO.

———. 2008. *Paraguay: evaluación actuarial del régimen de jubilaciones y pensiones administrado por el Instituto de Previsión Social (IPS). Proyecciones 2000–2050.* Ginebra: OIT.

———. 2012. *R202: Recomendación sobre los pisos de protección social.* Ginebra: OIT. Disponible en http://www.ilo.org/dyn/normlex/es/f?p=1000:12100:0::NO::P12100_ILO_CODE:R202.

OPS (Organización Panamericana de la Salud). 2012. *Quinquennial Report of the Director.* Washington, D.C.: OPS. Disponible en http://www.paho.org/annual-report-d-2012/Chapter1.html.

OSHA (Administración de Seguridad y Salud Ocupacional). s/f. Información extraída de la página web. Washington, D.C.: OSHA, Departamento de Trabajo de los Estados Unidos. Sitio oficial disponible en http://www.osha.gov/as/opa/spanish/index.html.

Packard, T. 2001. "Is There a Positive Incentive Effect from Privatizing Social Security? Evidence from Latin America." Documento de trabajo de investigación de políticas. Washington, D.C.: Banco Mundial.

Pagés, C. (ed.). 2010. *La era de la productividad: cómo transformar las economías desde sus cimientos*. Serie Desarrollo en las Américas (DIA). Washington, D.C.: BID.

Pagés. C. y M. Stampini. 2009. "No Education, no Good Jobs? Evidence on the Relationship between Education and Labor Market Segmentation." *Journal of Comparative Economics*, Vol. 37(3):387–401 (septiembre) (Elsevier).

Pallares-Miralles, M., C. Romero y E. Whitehouse. 2012. "International Patterns of Pension Provision II: A Worldwide Overview of Facts and Figures." Social Protection Discussion Paper Nro. 1211. Washington, D.C. Banco Mundial.

Pension Watch. s/f. "Social Protection in Older Age." Disponible en http://www.pension-watch.net/about-social-pensions/about-social-pensions/social-pensions-database/.

Perry, G. E., W. F. Maloney, O. S. Arias, P. Fajnzylber, A. D. Mason y J. Saavedra-Chanduvi. 2007. *Informality: Exit and Exclusion*. Washington, D.C.: Banco Mundial.

Powell, A. (coord.). 2012. *The World of Forking Paths. Latin America and the Caribbean Facing Global Economic Risks*. Latin America and the Caribbean Macroeconomic Report. Washington, D.C.: BID-Intal.

———. 2013. *Rethinking Reforms. How Latin America and the Caribbean Can Escape Suppressed World Growth*. Latin America and the Caribbean Macroeconomic Report. Washington, D.C.: BID-Intal.

Prescott, E. C. 2004. "Why do Americans Work So Much More than Europeans?" *Quarterly Review*, Vol.28(1):2–13 (Federal Reserve Bank of Minneapolis).

Rauch, J. E. 1991a. "Modelling the Informal Sector Formally." *Journal of Development Economics*, Vol. 35(1):33–47 (enero) (Elsevier).

———. 1991b. "Comparative Advantage, Geographic Advantage and the Volume of Trade." *Economic Journal*, Vol. 101(408):1230–44 (septiembre) (Royal Economic Society).

Rodrigues de Oliveira, P. y A. L. Kassouf. 2012. "Impact Evaluation of the Brazilian Non-contributory Pension Program Benefício de Prestação Continuada (BPC) on Family Welfare". Quebec: Partnership for Economic Policy.

Rofman, R., E. Fajnzylber y G. Herrera. 2009. "Reforming the Pension Reforms: The Recent Initiatives and Actions on Pensions in Argentina and Chile." En: D. Franco (ed.), *Pension Reform, Fiscal Policy and Economic Performance*, pp.261-308. Roma: Banca d'Italia.

Rofman, R. y L. Luchetti. 2006. "Social Security in Latin America: Concept and Measurements of Coverage." Social Protection Discussion Papers Nro.131. Washington, D.C.: Banco Mundial.

Rofman, R. y M. L. Oliveri. 2011. "La cobertura de los sistemas previsionales en América Latina: conceptos e indicadores". Serie de documentos de trabajo sobre políticas sociales Nro. 7. Buenos Aires: Oficina de América Latina y el Caribe, Banco Mundial.

Sebrae (Serviço Brasileiro de Apoio às Micro e Pequenas Empresas). 2012. Información extraída de la página web. Sitio oficial disponible en http://www.sebrae.com.br/.

Sethuraman, S.V. 1981. *The Urban Informal Sector in Developing Countries*. Ginebra: OIT.

Skog, J. 2006. "Who Knows What About Their Pensions? Financial Literacy in the Chilean Individual Account System." PARC Working Paper Series Nro. WPS 06-11.

Social Security Association. 2012. Social Security Programs Throughout the World: The Americas, 2011.

Superintendencia de Banca, Seguros y AFP de la República del Perú. *Sistema Privado de Pensiones (SPP)*. Lima: Superintendencia de Banca, Seguros y AFP. Disponible en http://www.sbs.gob.pe/0/modulos/jer/jer_interna.aspx?are=0&pfl=0&jer=150.

Thaler, R. y S. Benartzi. 2004. "Save More Tomorrow: Using Behavioral Economics to Increase Employee Saving." *Journal of Political Economy*, Vol. 112(1), pt. 2. Chicago, IL: University of Chicago.

Thaler, R. H. y C.R. Sunstein. 2008. *Nudge: Improving Decisions about Health, Wealth and Happiness*. New Haven, CT: Yale University Press.

Todd, P. y C. Joubert. 2011. "Impacto de la reforma previsional de Chile de 2008 sobre la participación de la fuerza laboral, el ahorro previsional y la equidad de género". Santiago de Chile: Dirección de

Presupuestos, Gobierno de Chile. Disponible en http://www.dipres.gob.cl/594/articles-89389_doc_1pdf.pdf.

United States Social Security Administration. 2008. Información extraída de la página web. Sitio oficial disponible en http://www.ssa.gov/.

Universidad de Chile. 2012. "Evaluación de Impacto del Programa de Subsidio al Empleo Joven". Informe final corregido. Santiago de Chile: Centro de Microdatos.

University of Michigan. 2013. *Growing Older in America: The Health and Retirement Study (HRS)*. Ann Arbor, MI: University of Michigan, National Institute on Aging, National Institute of Health y US Department of Health and Human Services.

Villafuerte, M., P. López-Murphy y R. Ossowski. 2010. "Riding the Roller Coaster: Fiscal Policies of Nonrenewable Resource Exporters in Latin America and the Caribbean." Documento de trabajo del FMI Nro. WP/10/251. Washington, D.C.: FMI.

Vladkova-Hollar y J. Zettelmeyer. 2008. "Fiscal Positions in Latin America: Have They Really Improved?" Documento de trabajo del FMI Nro. WP/08/137. Washington, D.C.: FMI.

Wagstaff, A. y W. Manachotphong. 2012. "Universal Health Care and Informal Labor Markets: The Case of Thailand." Documento de trabajo de investigación de políticas Nro. 6116 Washington, D.C.: Banco Mundial.

Zenou, Y. 2008. "Job Search and Mobility in Developing Countries. Theory and Policy Implications." *Journal of Development Economics*, Vol. 86(2):336–355.